城市发展与管理案例研究

寇晓东 编著

西北工业大学出版社

西 安

【内容简介】 本书是《城市发展与管理导论》的姊妹篇,侧重结合特定城市(西安市)或地区在具体领域的发展和管理实践问题,提供具有一定深度和可读性的研究文本,而后者则侧重介绍城市发展与城市管理研究的一般性框架内容,两者围绕"城市发展与管理"的主题形成"点"与"面"的共生关系。本书案例的主体内容,主要结合西安市"十三五"期间城市发展与城市管理若干重要领域展开,具体内容包括区域综合改造、开发区融合、城市首位度、特色小镇建设、房价攀升以及行政审批改革、双创实践、"厕所革命"、应急管理与社区服务等,同时也涉及京津冀地区大气污染防治、浙江台州基层协商民主等主题。

希望本书能够为城市研究领域的读者和研究人员提供一本具有地方特色的案例读本。

图书在版编目(CIP)数据

城市发展与管理案例研究/寇晓东编著. —西安:西北工业大学出版社,2021.12
ISBN 978-7-5612-7907-6

Ⅰ.①城… Ⅱ.①寇… Ⅲ.①城市发展-案例-西安 ②城市管理-案例-西安 Ⅳ.①F299.274.11

中国版本图书馆 CIP 数据核字(2021)第 187117 号

CHENGSHI FAZHAN YU GUANLI ANLI YANJIU
城 市 发 展 与 管 理 案 例 研 究

责任编辑:肖 莎		策划编辑:李 杰	
责任校对:张 友		装帧设计:李 飞	
出版发行:西北工业大学出版社			
通信地址:西安市友谊西路 127 号		邮编:710072	
电 话:(029)88491757,88493844			
网 址:www.nwpup.com			
印 刷 者:陕西奇彩印务有限责任公司			
开 本:787 mm×1 092 mm		1/16	
印 张:10.375			
字 数:272 千字			
版 次:2021 年 12 月第 1 版		2021 年 12 月第 1 次印刷	
定 价:45.00 元			

如有印装问题请与出版社联系调换

前 言

从2018年春季学期开始,笔者连续为西北工业大学公共管理专业的学术型硕士研究生和专业学位硕士(MPA)研究生开设"城市发展与管理导论"课程。此外,在2020年春季,该课程作为"综合素养类课程",可由全校本科生选修。

在三年的教学过程中,笔者一方面选用了中国人民大学杨宏山教授主编的《城市管理学》(第二版和第三版)教材作为教学的基础内容支撑,另一方面也从自己开展城市研究的核心理论框架(基于WSR方法论的城市发展研究)、新近课题成果以及国内外重要文献引介、相关现场教学等多个维度,为学生提供了较为全面的知识体系和必要实践认知。在这个过程中,教学案例的组织开发与课堂应用,也是整个教学过程的重要环节。

呈现在读者面前的这本《城市发展与管理案例研究》既是上述课程案例教学内容与成果的一个集中和初步体现,也收入了笔者近年来所承担并主笔的政府咨询类课题的若干成果文本。因此,本书采取"编著"的署名方式应算恰当。内容方面,本书共收入11篇篇幅不等的案例文本,分为以下几个层次。

(1)案例一至案例三,是较为规范的案例研究文本。其中案例一和案例二由笔者带领相应团队成员(汪红、李子恒,张兰婷、张琳、张晓晗)在大量调研和深入访谈基础上完成素材收集后主笔定稿,并分别在2019年和2020年入选中国专业学位教学案例中心案例库(公共管理类)。案例三的基础是一篇课程案例作业,后经笔者与学生(林倩倩)共同修改参加2020年的入库投稿,经评审专家提出修改意见后,又由笔者做了完善并定稿,尽管最终没有通过会评,但文本本身仍有其价值。

(2)案例四至案例六,以笔者承担的委托调研课题报告文本为主。其中案例四和案例五是对西安市碑林区的环大学创新产业带双创实践、长乐健康小镇建设所做调查研究的成果,也作为一种案例研究呈现。案例六的基础是一篇课程案例作业,经笔者与学生(秦一菲)共同修改参加2020年的入库投稿。

(3)案例七和案例八,以笔者承担的应用导向的课题报告文本为主。这两个案例是对大西安城市开发板块融合发展、西安城市首位度做出的具体研究,相关成果起到了咨政建言作用,故同时收录。

(4)案例九至案例十一,是学生完成的课程案例研究文本,由笔者进行了必要修改。其中案例九由MPA学生(董珊、余方、郭雷江)完成,案例十至案例十一由学术型硕士生(孙思阳、杨敏)完成,反映了不同层面的学生介入本课程案例研究的相应程度。要指出的是,这部分案例(除案例九)的文本高度依赖相关文献,学生在其中的作用更多的是组织、编排文献,以呈现各自案例主题的概貌,所以这部分案例的内容更多的是"汇编"而非"撰写"。

尽管这本作为教学辅助性质的案例读本还有诸多不完善之处,如体裁、体例、篇幅不尽一致等,但作为阶段性的教学案例研究成果汇总仍有其必要性。以上是对本书成书来龙去脉及其大体内容的简要说明,以便各位读者了解并做选择性阅读。在此,要感谢所有参与本课程的学生,特别是参与了本书有关案例成文过程的各位学生。写作本书曾参阅了相关文献、资料,在此谨向其作者深致谢忱。

恳请读者朋友对本书内容不吝赐教并指正,有任何批评、修改及完善的意见建议,都可发至笔者邮箱 yak@nwpu.edu.cn。

寇晓东

西北工业大学公共管理系

2020 年 12 月 8 日

目 录

案例一　政策扩散视角下西安大兴新区综合改造中的政府创新 …………………… 1

案例二　多维创新框架下相对集中行政许可权改革的"莲湖模式" ………………… 16

案例三　2017年西安房价攀升"揭秘":基于房地产价格决定理论视角 …………… 32

案例四　西安市"碑林环大学产业带"的创新之路 ……………………………………… 51

案例五　西安市碑林区长乐健康小镇建设研究 ………………………………………… 64

案例六　小角落的大革命:2017年西安市"厕所革命"观察 …………………………… 75

案例七　大西安生产力布局前瞻 ………………………………………………………… 90

案例八　基于城市首位度的西安发展策略探析 ………………………………………… 100

案例九　A市Q区城市驿站"微阵地"彰显服务"大作为" ……………………………… 133

案例十　"大气十条保卫战":区域协同治理过程透视 ………………………………… 137

案例十一　基层协商民主的"台州样本" ………………………………………………… 150

案例一　政策扩散视角下西安大兴新区综合改造中的政府创新

摘要：西安大兴新区位于西安市中心城区西北部，其所在区域曾是西北地区最大的商品物资仓储区。20世纪90年代后，在西安城市格局及功能变迁过程中，该区域的角色定位发生了变化，原先的仓储区需要转型成为主城区的核心区，西安大兴新区由此应运而生。面对项目申请手续、组建市级工作协调机构、筹集改造资金、拓展新区规划范围、争取自求平衡及封闭运行政策、新区企业搬迁拆迁等难题，在汲取已有经验基础上，新区管委会勇于创新、敢于争先，开创了西安市第一个自下而上、以区为主、准开发区体制实施的城市片区综合改造，实现了企业搬迁、城市建设、环境整治、社会发展等多项目标任务的协同并进。回顾历史，西安大兴新区如同一只雄鹰，飞翔出一条从无到有、从小到大、以区为主、市区共管、自下而上、多元开发的新轨迹，探索出一种由市下放部分事权、推动独立经济功能区快速发展的综合改造新模式。

关键词：西安大兴新区，综合改造，政府创新，政策扩散

一、案例描述

（一）大兴新区的"前世今生"

西安市莲湖区大兴路地区，是西安市在20世纪五六十年代依托陇海铁路西安西货站的便利条件所设立的西北地区最大的商品、物资仓储区（库区），布局有80多家工业仓储企业，其中中省企业占40%，市属企业占40%。进入20世纪90年代后，伴随着我国由计划经济向市场经济转型，大兴路地区的仓储业逐渐被现代物流业取代，其大部分仓储企业的经营业态也变为简单的物业经济和粗放的加工业。随着西安城市骨架的拉大，特别是第三轮、第四轮城市规划调整，大兴路地区仓储功能分别调整为灞桥新筑国际港务区、长安引镇现代物流园区、未央六村堡空港物流区等园区，产业发展由工业仓储调整为商住商贸，区域功能定位为城市副中心区，从而地区改造的必要性日益凸显。在此背景下，大兴路地区综合改造工作团队，也在莲湖区某街道办事处领导L的领导下显现。

大兴路地区综合改造开始之初，"先干什么？如何干？"是一个关键问题。为了解决该问题，工作团队相继走访了解，发现成都、武汉、沈阳这3个城市有颇多可借鉴之处，并且这3个城市和西安一样都属二线城市，工业基础、经济发展水平以及在全国整体发展中的地位基本一致。于是在2005年9月，工作团队以"莲湖区两区开发办"（简称"两区办"）的名义成立正式组织后，报由区政府牵头，并联合市国土局、市委政研室等部门及开发商，共同到成都、武汉、沈阳

3市考察学习老工业区搬迁改造经验。此番调研发现,3市做法皆有不同:成都市采取市区联动、政策引导的搬迁思路,集中7年时间完成了改造;沈阳市铁西区搬迁采取两区合并、市级授权的思路;武汉市硚口区采取就地改造、发展都市工业的搬迁改造思路。这三大思路对团队负责人的启发很大,由此一个自下而上、以区为主、准开发区体制实施的改革、改造路线图,以及涉及企业搬迁、城市建设、环境整治、社会发展的系统施工图,都得以充分酝酿。

(二)大兴新区振翅记

深夜,灯火交相辉映下的大兴路地区此时好似一只被赋予生命的雏鹰,其对蓝天的渴望自不待言。而这一切,也都被L看在眼里。为了助力这只雏鹰振翅高飞,他决定将此次调研所得凝聚成文,并以"万言书"的形式努力争取上级领导的认同。为此,工作团队连夜对这块儿"敲门砖"反复敲打锤炼,最终形成了约1万字的《中共西安市委政策研究室、西安市国土资源局、莲湖区人民政府联合课题组赴成都、武汉、沈阳3市考察老工业区搬迁改造报告》,并在市委《调查研究》上予以刊发。2005年10月1日上午、10月12日上午,工作团队先后在两区办办公室和西安古都大酒店,分两次向区委及市国土局、市委政研室和区人大、区政府、区政协等部门领导做了专题汇报,赢得大家一致的认可和赞同。自此,雏鹰振翅的帷幕正式拉开。

1. 一纸批文难倒英雄汉

依法治国是国家治理的基本方略,大兴路地区综合改造也不能例外。为了启动综合改造,工作团队首先要解决的就是自身工作的合法性问题,即办理整个综合改造的项目立项审批手续。但对于刚刚起步、实力羸弱的工作团队来说,要申请办理这样一个体量巨大(4.6平方千米)且涉及十多个市级部门的项目整体手续,其难度可想而知。因此,如何解决项目立项审批手续的问题,困扰着整个团队。

正在大家进退维谷的时候,团队负责人L提出"借力打力"的思路,积极借鉴成都市成华区在工业企业搬迁和城市综合改造中所使用的项目一级开发审批方式。此前,成都市成华区在对成渝高速公路入城段以北占地4 704亩地块的整体改造中,以成都市住房保障中心和成华区危房改造开发办公室为项目主体,通过市发改委立项、规划局定点、国土局出具用地证明、房产局核发房屋拆迁许可证,一次性整体完成了项目一级开发审批。这种操作模式,与其时大兴路地区所面临的实际情况极为相似。因此,L随即向西安市副市长提出了立项的思路借鉴及相关方案,经过双方的多次沟通,副市长对该立项思路非常赞同。但在具体实施过程中,相关市级职能部门拘泥于政策条框,认为项目整体立项的方案不符合国家相关规定,致使问题拖而不决。受到市级部门的阻力后,L再次求援副市长并恳请其予以协助。

通过副市长的助力,专题会议最终确定以大兴路地区综合改造工作协调领导小组办公室(原"两区办"的升级,简称"协调办")和市土地储备交易中心的名义,为改造区(4.6平方千米)整体办理项目一级开发立项、规划、拆迁、用地等审批手续。随即,市发改、规划、国土、房管、拆迁、城改等部门相继核发了整体立项、规划、用地、拆迁、城中村改造等10余项审批手续,既保证了新区综合改造的依法实施,也在全省创下了先例。立项之路虽然艰辛,但在各方努力下终得尘埃落定。

2. 利益变革触动"三机构"

大兴路地区综合改造的合法性已经确立,雏鹰放飞之路似乎一马平川,但看似平坦的通途仍然是一波三折。

大兴路地区改造,涉及西安市的3个行政主体,即莲湖区、未央区和市水务局(负责毗邻的汉城湖整治)。其中,莲湖辖区面积最大,拆迁改造的矛盾也最为集中,表现在区域改造涉及的利益关系极为复杂,即区域内中省、市企事业单位的搬迁协调工作难度极大,其典型代表是所谓"三大机构":占地近1 000亩的西安铁路局西安西站、占地近800亩的陕西储备物资管理局五三三处和占地近300亩的省军区射击场、副食品基地、通信站。要靠协调办的力量撬动这些单位,其难度之大可想而知。况且此时协调办还没有直接的开发审批权限,所以虽然手执合法利器,却对"三家机构"无从下手。

为此,协调办工作团队再次呈文上报西安市政府(简称"市政府"),希望与市政府勠力同心共解难题。一方面,协调办工作团队建言市政府,授权大兴路地区综合改造工作协调领导小组全面负责地区改造,遇重大问题即上报市政府决定;另一方面,协调办工作团队还建议市政府,可以参考借鉴成都市政府为该市"东调办"(负责成华区工业企业搬迁的工作机构)明确赋权的做法,向协调办赋予相关工作权责。西安市政府对此高度重视,很快对上述建议方案的可行性进行审议。2007年3月,市政府办公厅下发专门文件,明确授予领导小组6项、协调办14项职责权限,同时规定了相关的议事规则和协调机制。依据这份文件,领导小组及协调办以市政府名义先后召开23次会议、发布6份通告,既发挥了统筹全盘的主体作用,也有效解决了工作推进、关系协调、研究决策等重大问题,前述三家单位的搬迁协调、利益分配等难题,也在此过程中得到合理解决。

3. 巧解分歧赢得资金归

2007年10月的一天,正当各项工作都在步入正轨之时,市国土资源局与莲湖区领导却就一相关文件行文中的逗、句号问题,争得面红耳赤!一个标点符号,竟有这么重要?原来,项目融资是协调办在解决手续办理、改造事权之后,亟待解决的一个重要问题,上面提及的"逗、句号之争"与其密不可分。

事实上,为了有效解决融资难的问题,协调办依托区域改造的项目优势和莲湖区的融资平台,在改造资金筹集上,也摸索出了一条多轮驱动、多元筹集的路子。

(a)2006年4月,两区办通过与市国土局、市土地储备交易中心联合储备土地,让市政府投入资金1.2亿元,解决了改造初期的土地收购储备资金及工作经费来源。

(b)2007年9月,协调办以区基投公司为主体,向国家开发银行贷款10亿元,解决了相当一部分基础设施建设和拆迁储备所需资金。

(c)2008年3月,协调办通过毛地出让(带拆迁出让)方式,从开发商那里成功引资8.35亿元。客观地讲,这次引资打了国家政策的擦边球,但在土地出让方面也有其探索与创新之处。该方式一方面通过招拍挂依法公开确定开发商,加快了项目建设进程,另一方面通过政府与开发商约定,提前锁定25%的政府收益,既解决了政府拆迁资金困难的问题,也实现了拆迁安置方式的多元化。该种操作的依据是,2007年6月25日,协调办经市政府批准,以市政府专题会议形式,明确协调办可以采取挂牌预出让方式实施多元改造。鉴此,莲湖区委书记、区政府区长3次登门市国土局进行协调,请求给予支持。但市国土局以国土资源部关于制止土地闲置的明传电报为据,对预出让方式提出质疑。"逗、句号之争"也就此展开。为说服上级领导,协调办连夜展开专题研究,经过几日的不懈努力终得共识,并再次通过区主要领导向国土局领导提出:明传电报中涉及的坚持净地出让一句后是逗号、不是句号,而逗号后面主要说的是要避免造成新的闲置，显然改造项目不属此类，对此国土局领导无言以对，最终妥协。随即，600亩土地的预出让得以实施，8.35亿元的资金也顺利入账。

(d) 协调办（后为新区管委会）通过引资拆迁的办法，分别于2009年10月、2010年2月，先后从榆商建设、龙湖地产、融侨集团等企业引资16亿元。

在此基础上，协调办逐步形成了银行贷款、招商引资、税费收入等三大筹资渠道，并在后续新的组织机构基础上，建立了集中征收、分期解缴、自求平衡、独立运行的财政管理体制，地区综合改造资金良性循环的局面初步形成。

4. 运行机制自求平衡

面对一望无际的湛蓝苍穹，雏鹰初露锋芒欣喜之余，却对自己的去从略显迷茫。此时，是该遵循旧制、按部就班，还是独辟蹊径、自我成长？换句话说，协调办的未来运作，是作为一个区级部门在区、市两级领导下开展工作，还是能够更进一步，变成一个市级的开发板块，相对独立地在区、市两级指导下开展工作？

对于该问题，协调办负责人L认为，地区改造涉及范围广，若凡事都要听从市级部门安排，一来行政沟通成本巨大，二来市级部门的工作安排难以做到因地制宜。为此，L会同莲湖区主要领导多次与西安市政府主要领导进行磋商。起初，市领导认为若将市级职权下放，会导致市本级财政收入减少，并不愿意。但L及莲湖区领导以下放事权能够加快地区发展并形成示范效应为由，最终说服了市领导。2007年12月，市政府通过会议讨论决定，大兴路地区综合改造参照西安大明宫国家遗址公园保护工程改造管理职权和事权划分的做法，实行自求平衡、封闭运行的管理模式，将市级应收的土地出让金、城市配套费等收入，留归莲湖区及协调办使用，全力支持地区拆迁安置、城市基础设施建设投入。

为进一步规范协调办的组织管理及运作，2008年9月，西安市机构编制委员会参照市纺织城综合改造的机构设置办法，批准成立了西安大兴新区综合改造管理委员会（简称新区管委会），自此，大兴新区综合改造市级管理体制设置到位。

新区管委会组建后，面临的一个突出问题，是地区综合改造管理事权的承接和深化。在前期，协调办的职责主要是摸排情况、建立台账、协调各方关系、进行手续准备。伴随综合改造进入实质性阶段，必须要有一定的事权，才能加快推进综合改造。为此，新区管委会领导一班人，反复与市政府主要领导沟通洽谈，希望能够将若干核心事权下放新区管委会。对此，西安市政府主要领导会同相关部门负责人与新区管委会领导经过为期7天的商讨，最终达成共识。2009年9月，市政府参照市纺织城综合改造相关政策，下发了《关于进一步明确大兴新区综合改造有关政策的批复》（市政发〔2009〕107号），批准大兴新区管委会受市级部门委托，行使新区范围内规划、土地、建设、市政、环保、房屋、发改、市容园林、水务和财政等10项行政管理职能。至此，大兴新区准开发区的管理体制基本到位，一个自求平衡、独立运行的管委会得以确立。

5. 新区规划动态扩张

手续、资金、体制已准备就位，雏鹰展翅指日可待。然而，是振翅于天际，还是盘旋于方圆，却有待抉择——翱翔天际可将山河壮美景致尽收眼底，囿于方寸亦可来去自如。

对于该问题，团队负责人L认为，来去自如固然重要，但若能向全国展示大兴风采，其愿景之美实在振奋。为了达成共识，L将自己的观点与团队成员分享，并希望大家各抒己见。经过4个多小时的讨论，大家对于新区需拓展规划范围的议题达成共识。至此，新区需拓展的方向已毋庸置疑,但如何以及怎样符合大环境地来拓展,又令大家陷入沉思。

为准确领会和把握上级意图,协调办领导多次向市级领导进行汇报。尽管初期略有碰壁,但经过团队不懈努力,市级领导最终同意对同质区域进行合并改造、逐步推进。为此,协调办(后为新区管委会)按照上级指示,对地区改造范围进行了5次拓展。

(a)将最初陇海线以北到梨园路以南4.6平方千米商住商贸新区,向南延伸至大庆路,将原改造面积扩展至7平方千米;

(b)通过市级协调,将西二环以南未央区约1.3平方千米纳入改造范围;

(c)经市政府同意,将汉城湖水环境综合治理区(后为汉城湖景区)约1.7平方千米纳入改造范围,作为新区的大型公建配套工程,自此改造面积扩展至10平方千米;

(d)通过市区联动,于2009年2月将莲湖区与曲江大明宫区域接壤的红庙坡路以北约2.39平方千米区域纳入改造范围,新区改造面积扩展到12平方千米,其中莲湖辖区约10平方千米;

(e)2010年5月,市政府决定将未央区朱宏路以东约1.4平方千米区域纳入新区范围,新区规划总面积约14平方千米。

至此,历时4年、5次拓展区划的实践得以完成。坐拥14平方千米西安城区核心区域的大兴新区,迅速成为西安市"板块开发"的一颗新星。

(三)大兴新区翱翔记

经过一番曲折的开发历程,大兴新区这只"雄鹰"终于开始在高空展翅翱翔,这一切都是源于高效管理体制机制的建立、新区策划规划的高点定位、市政配套建设的加速推进、搬迁储备出让的有序落实和项目带动战略等一系列举措,让这只"雄鹰"朝气十足。这些综合改造的成果不仅为大兴新区的下阶段建设奠定了坚实基础,也为西安市的城市规划建设画下了浓重一笔,更为大西安其他类似板块的开发建设提供了借鉴。

1. 建立高效管理机制

要实现整个综合改造工作高效优质完成,管理体制机制的构建与完善是关键。为此,大兴新区综合改造管理委员会首先完成了内设机构组建和人员配备,形成了"一套班子、两块牌子、三级管理"的运行机制,实行全员聘任、目标管理、绩效考评的管理模式。"一套班子"指大兴新区综合改造管理委员会;"两块牌子"指管委会和建设公司双向运营,分别采用"政府主导"和"市场运作"方式;"三级管理"则是建立管委会、五大中心(综合办公室、总工办、项目运营中心、发展研究中心、新汉风规划与设计研究中心)、各局办及建设公司三级管理体系,各司其职,相互配合,高效运转。

2. 高点规划新区蓝图

大兴新区地处西安主城区,如何将多朝文化完美融合,书写西安"古都文明"的别样传奇,为世人展现多元文化盛宴,是新区必须解决的重大课题。这也促使大兴路地区综合改造在实施过程中进行了大胆的探索与尝试。

(a)在策划方面,于2007年委托陕西中际城市发展研究院完成了地区现状、总体定位、空间布局、改造策略及管理体系等五大主课题,共23个子课题的研究,取得了《策划报告》《VI识别系统》《营销策划方案》《文化定位及表现意向策划方案》等四方面成果,为具体工作开展提供了有益指导。

(b)成立了大兴新区建筑风貌暨"新汉风"城市设计课题研究组以及西安大兴新区新汉风规划与设计研究中心、大兴新区项目规划设计评审专家组等专家团队,延揽专业人才,实现人才储备。2010年5月6日,国际可再生能源民间合作组织聘任中国工程院张锦秋院士为西安国际商贸基地建设规划总顾问,更是为大兴新区的规划建设打了一剂"强心针"。

(c)为了解决规划编制问题,大兴新区委托市规划院、安邦建筑顾问有限公司完成了新区总体规划及控制性详细规划方案编制,于2007年10月顺利通过市政府常务会议审定,并荣获由中国城市规划学会、中国建筑学会、中国风景园林学会三大学会主办的第七届全国人居经典建筑规划设计方案竞赛规划、环境双金奖,为世人呈现了庄重、粗犷、恢宏、大气的新汉风风格,也利用此次机会提升了大兴新区的知名度。

(d)委托相关机构编制了《现代西安文化对汉文化的传承及其利用》《道路绿化设计方案》《城市设计及街景整治规划》《城市街道景观整合规划》《大兴东路总体定位和空间布局规划》《大兴东路产业发展规划》等6个彰显新区特点、体现文化底蕴的专项策划规划方案,充分体现了专业规划、人文生活、居民幸福的发展理念。

3. 加快建设基础设施

大兴新区的市政配套建设工作,主要集中在三方面:基础设施建设、环境优化建设和学校、医院等配套建设。

在基础设施方面,最突出的工作就是改善交通、完善"两纵"(打通桃园北路、劳动北路)+"三横"(打通梨园路、拓宽大兴东路、丰禾路)的道路网络,实现大兴新区无障碍网格交通建设。目前,大兴东路、桃园北路、劳动北路、梨园路、永全路等5条道路拓宽改造工作都已完成,15条市政管线全部配套到位,绿化、照明、交通控制等配套工程也全部完成,桃园北路二期、劳动北路二期建设也已到位,红庙坡十字立交、机场专用线大兴新区区域星火路、红庙坡路沿线综合整治等工作,将进一步增强区域交通活力。

在环境优化建设方面,大兴广场、大兴公园借助国际竞赛完成了方案设计,地上、地下建设"双管齐下",居民生活休闲"两手抓"。

此外,新区省级标准化小学、区级文体中心、红庙坡医院改扩建及110 kV变电站、热交换站等公建配套设施的建设,也让新区日益成为一片宜居的乐土。

4. 启动搬迁储备出让

为了解决土地问题,大兴新区采取了多种方式,主要在企业搬迁、城中村改造和土地出让三方面取得了重大突破。

2007年6月,西安市工业搬迁办在新区成立了市工业企业搬迁改造大兴新区试点办公室,将改造区80多家工业仓储企业整体纳入西安市工业企业搬迁改造试点范围,先后两次公布了49家限期搬迁企业名单,同时与西安市及渭南市、兴平市等11个工业园区签订了搬迁合作协议,完成了38户工业仓储企业的搬迁改造,同步实施了成片国有土地的收储。2010年8月,大兴新区与高陵县合作建设工业园区,引导新区有扩大规模意向的企业将生产、加工车间搬迁到工业园区,将设计、营销、总部留在新区,置换的土地用于发展第三产业。至此,大兴新区的企业搬迁工作取得显著成效。

新区城中村和市政基础设施的拆迁工作始于2008年3月,通过采用"政府主导土地一级开发"模式,率先完成了白家口村整村拆除,同时分批、分期启动了区域内18家单位39条铁路专用线的拆除工作。

此外,对732亩国有土地进行了预出让和出让,办理土地出让手续的11宗地块实现土地出让金收入14.09亿元,上缴区财政土地纯收益4.57亿元,在解决土地利用问题的同时也增加了地方财政收入,可谓双赢。

5. 实施项目带动战略

战略高度决定了一个地区建设的格局和潜力。大兴新区这只"雄鹰"想要飞得更高、看得更远,就需要给自己做出相应的发展定位。通过引进大项目来带动区域的开发建设,无疑是重要的战略举措。

2008年12月3日,利用PPP合作模式(国际组织提供平台、当地政府提供资源、开发商投资建设),大兴新区管委会与国际可再生能源民间合作组织签订了关于建立西安国际商贸基地的框架协议,发布《西安宣言》,西安国际商贸基地由此成功落户大兴新区,并由龙湖集团负责投资建设。2010年5月6日,西安市政府、国际可再生能源民间合作组织成功举办西安国际商贸基地奠基仪式,启动了西安国际商贸基地核心区的建设工作。

着眼国际舞台的行动由西安国际商贸基地开启,着眼区域发展的布局则由"天朗大兴郡"项目带动。作为区域内规模最大的人居项目,"天朗大兴郡"开发了大兴东路以北600余亩的区域,总建筑面积130万平方米,总投资80亿元,旨在建设集居住、商务、休闲、娱乐和创意产业为一体的城市综合体。此外,23栋、50万平方米的安置楼建设也稳步推进,其中白家口村安置楼、西安国际商贸基地项目安置楼已经完工。

(四)结语

从2002年2月起,大兴新区的综合改造先后经历酝酿阶段、调研阶段、准备阶段、开发阶段、建设阶段五大历程。其中,酝酿阶段花费了3年时间,遭遇了项目启动阻碍,由于机构设置、区域建设定位等因素耽搁了进程;调研阶段,主要前往成都市成华区、武汉市硚口区、沈阳市铁西区进行考察,学习老工业区搬迁改造经验,历时1年的"取经"确定了大兴新区各方面问题的解决方案;准备阶段,主要是成立组织机构、筹措建设资金、定位土地使用性质、建立域外合作等工作,为综合改造项目前期启动奠定基础;开发阶段,主要是进行招商,洽谈合作细节,进行拆迁安置;建设阶段,是开发阶段的升华,全面落实策划规划,加速实现区域综合改造各个目标。整个过程,既遭遇了很多艰辛和困难,也克服了重重阻力和障碍,个中经验值得总结。

当然,大兴新区的综合改造也留有不少遗憾,比如:新区管委会的管理体制机制不够完善,后续组织建设缺乏再创新;大兴新区新汉风的建筑风貌,偏离了最初的设计要求,建设效果有些不尽如人意等。

总之,"顺应时势、抓住机遇,高点定位、勇于创新,艰苦创业、任劳任怨,科学决策、追求卓越"等一系列创新举措,让大兴新区向"国际化、现代化、生态化商住商贸宜居新区"的战略目标迈出了一大步。未来新区仍将坚持"政府主导、规划先行、市场运作、迁储并举"的工作原则继续前行,那些前期留下的遗憾也会在未来的建设过程中逐步改进。

(五)思考题

(a)您认为在大兴新区的综合改造过程中,存在着哪些政府创新之处?
(b)推动并承担大兴新区综合改造的工作团队及其负责人,在有关的政府创新中,扮演了什么样的角色?起到了怎样的作用?
(c)如何从政策扩散视角来看待并分析大兴新区综合改造中的政府创新?
(d)影响上述政策扩散过程的因素和机制有哪些?
(e)您对类似大兴新区这样的基层政府创新,有怎样的评价?

二、案例说明

(一)课前准备(略)

(二)适用对象

西安大兴新区综合改造涉及城市更新、城市规划与管理以及基层政府创新、政策创新扩散等问题,因此它的适用对象主要是城市的管理者,城市发展及公共政策领域的学者,以及和城市管理、公共政策专业相关的研究生和本科生。

(三)教学目标

本案例适用于公共政策分析和城市规划与管理等课程,希望达到的主要教学目标如下:
(a)让学生在充分了解大兴新区综合改造过程的基础上,对政策扩散及其在政府创新中所起到的作用有清晰的认知,特别是对案例中政策扩散的形式、影响因素、相应机制等有准确的判断。
(b)结合大兴新区综合改造的具体实践,引导学生建立起城市更新的基本概念,对城市更新的时空背景、涉及因素、实施与管理等形成较为全面的认知。
(c)对基层政府创新、基层官员创新有更加深入的了解。

(四)教学内容及要点分析

作为政策过程理论的一个重要研究领域,政策扩散或政策创新扩散,正在受到越来越多学者的关注。这一理论主要考察政府为何采纳新政策以及采纳行为如何在不同层级、区域政府间传播扩散。学界普遍接受沃克对政策创新扩散的定义,即一个政府首次采纳的政策或项目,无论这个政策或项目出现多久,也无论其他政府是否已经采纳它[①]。本案例将侧重使用政策扩散理论,对大兴新区综合改造中的政府创新进行全面分析。

1. 大兴新区综合改造中政策扩散的形式

大兴新区综合改造过程中的政策扩散涉及多个主体,同时存在"自上而下"的垂直扩散和同层级间的水平扩散两种扩散形式,政策扩散过程颇为复杂,是区域政策扩散的典型案例。

(1)垂直扩散

目前,中国较为常见的政策扩散模式为自上而下的垂直扩散,指"在政府科层组织体系内部,上级政策推动者选择和采纳某项政策,并用行政指令要求下级采纳和实施该项政策的公共政策扩散模式"[②],具有层级性和行政指令性。虽然这种政策扩散模式具有一定的强制性,但是在单一制国家结构下的中国,中央政府出台的政策必然影响地方政府政策的制定和推行,而地方政府管理的下级政府也会受到地方政府政策的直接影响。

2009年6月,国务院批准实施《关中—天水经济区发展规划》,从国家战略层面对西安2020年的建设发展提出新目标——成为建成区800平方千米、人口1 000万以上的国际化大都市。该规划的出台,为当时西安的城市建设发展规划提供了纲领性指导。与此相应,《西安市城市总体规划(2008—2020年)》突出了西安"国家历史文化名城"的城市性质,提出西安的城市职能之一是"国家重要的航空航天、科研教育、现代制造、高新技术等产业基地",发展目标为"突出古代文明与现代文明交相辉映,老城区与新城区各展风采,人文资源与生态资源相互依托的城市特色,建设丝绸之路经济带重要节点,具有历史文化特色的国际化大都市"。由此可见,西安在城市发展中除了要加强现代化产业体系建设,还要充分利用丰富的历史文化资源,实现古今对话、"古典"与"现代"交融。

考察大兴新区综合改造历程可以发现,一方面,上位规划、自身区位等因素决定了大兴新区仓储功能的迁移,另一方面,立足域内丰富的文化资源设立的"新汉风"规划与设计研究中心,多方聘用专家对新区规划建设风貌严格把关,突出新汉风建筑风格,展现区域历史文化底蕴,既是对西安"历史文化名城"城市性质的呼应,也是西安城市规划在大兴新区综合改造中的反映。此外,从时间维度看,大兴新区综合改造的阶段目标设定与工作进度安排,都受到了西安市城市规划进程的直接影响,这在一定程度上也是西安市城市规划与发展政策的显著扩散。

(2)水平扩散

根据政策扩散理论,地理区位临近的区域,由于信息交流的便利性、低成本以及面临问题的相似性等原因,产生政策扩散的可能性很大,此即区域临近效应或水平扩散。成都、武汉两座城市与西安地理位置相近,同属二线城市,在工业基础、经济发展水平以及全国城市发展格局方面具有相似性,因此这两座城市的建设经验容易被西安借鉴。此外,沈阳的老工业区也面临城市转型、城市功能转变等挑战,需要因时而变、进行改造。对西安而言,城市发展的首要任务是拉大城市骨架,然后是城市内部建设与内涵提升。以上3个城市在21世纪初期已完成城市空间扩张的目标,旧工业搬迁、城中村改造等提升城市内涵的任务也取得了显著成果,为西

---

① JACK L W. The Diffusion of Innovations among the American States[J]. American Political Science Review,1969,63(3):880-899.

② 王浦劬,赖先进. 中国公共政策扩散的模式与机制分析[J]. 北京大学学报(哲学社会科学版),2013,50(6):14-23.

安的规划建设提供了良好示范。

基于以上原因,莲湖区"两区办"在2005年9月,推动由区政府牵头,联合市国土局、市委政研室等部门以及开发商前往成都、武汉、沈阳3市学习有关经验,并以《中共西安市委政策研究室、西安市国土资源局、莲湖区人民政府联合课题组赴成都、武汉、沈阳三市考察老工业区搬迁改造报告》(见图1-1)的形式,实现了三市相关政策创新在西安大兴新区的水平扩散。

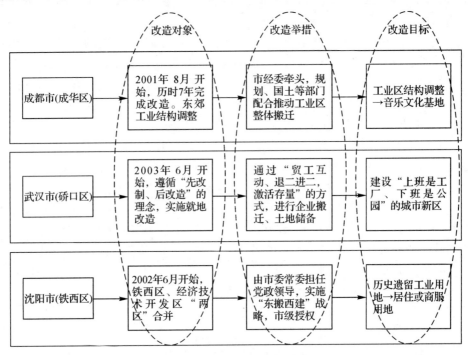

图1-1 考察报告的内容概要

(3)特定领域扩散

需要指出的是,这里的"特定领域扩散"与前述垂直扩散、水平扩散在逻辑上不是并列的关系,提出它是为了进一步分析大兴新区综合改造过程中政策扩散(主要是水平扩散)的细节与细部。

(a)成都市成华区、武汉市硚口区、沈阳市铁西区对老工业搬迁的三种不同思路,启发了大兴新区的综合改造思路。成华区"市区联动、政策引导"的搬迁思路,硚口区"就地改造、发展都市工业"的改造思路,铁西区"两区合并、市级授权"的改造思路,让大兴新区得以有机综合,形成了自身的改造思路——"政府主导、规划先行、市场运作、迁储并举"(见图1-2)。在这个思路的引导下,大兴新区的多方面建设得到有序开展。

(b)案例一开始提到的大兴综合改造整体立项审批对成都市"项目一级开发审批方式"的借鉴,以及提到的大兴"协调办"工作权责对成都市"东调办"工作权责的借鉴,都可以视为在特定领域的创新扩散。

(c)案例所呈现的西安市内一些地区的特定做法也为大兴新区综合改造提供了创新示范,主要包括大明宫遗址公园保护工程改造管理职权和事权划分、市纺织城综合改造办(现为灞河新区管委会)的机构设置以及莲湖区自身的融资模式创新等。对于这些创新经验,大兴新区都进行了借鉴(见图1-3),并结合自身发展目标和特色做出了必要调整。

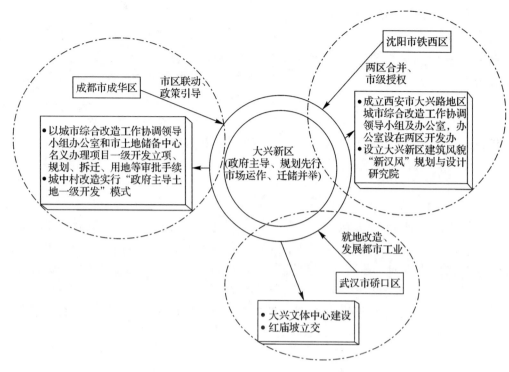

图 1-2 大兴新区综合改造思路的确定

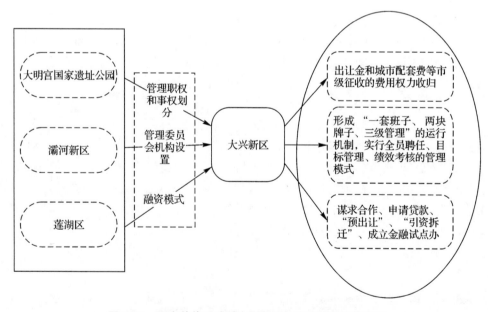

图 1-3 西安其他区域对大兴新区综合改造的特定影响

综上认为,大兴新区综合改造中的政府创新不是单一城市或区域在单个维度的政策扩散的结果,而是多个城市(以及所在城市内部多个区域)、多个维度以及多个特定领域的政策扩散的混合产物,既体现出大兴新区政府创新的多个源头,也反映了大兴新区政府创新的综合性、复杂性以及自主性。

2. 大兴新区综合改造中政策扩散的影响因素

(1) 区域临近效应

区域近邻效应,指特定政策在其实施地区的周围邻近区域产生示范或影响。本案例,主要体现在两方面,一是成都、武汉老工业区搬迁改造对西安大兴新区的影响,二是西安其他区域(如大明宫、灞河新区等)在特定领域对西安大兴新区的影响。首先,与遥远地区相比,临近地区在区位特点、发展环境、存在问题等方面有着较大相似性,一个地区的政策易于被另一个地区采纳,可行性高。其次,由于相似性高、政策调整程度接近,花费的时间、人力资源少,政策再利用成本较低。最后,采纳政策区域的居民可以见证政策"原始实施地区"的政策效果,增加政策实施的影响力度,化解阻力。

(2) 斜向影响

公共政策在时间和空间上存在势能差或位势差,通常会沿着扩散动力源向周围政策势能较低的地区扩散,因此存在斜向影响。斜向影响一般存在于多元的、行政级别不同的、无统辖关系的地方政府之间,目标相同、背景相似等原因也会促进无统辖关系的政府之间进行信息交流与互换。尽管西安位于西北地区,沈阳处于东北地区,但沈阳的老工业基地背景使其在新的城市建设环境中不得不实行旧工业区改造,其中旧工业搬迁任务繁重的铁西区也自然成了大兴新区综合改造学习的目标。

(3) 全国性交流网络

社会网络理论认为,在一定的社会关系中,每个参与者及其行为不是独立存在而是相互依赖的,参与者之间的联系纽带正是他们相互转移资源(包括物质和非物质)的渠道,网络结构环境会为个体行动提供机会或限制。成都、武汉、沈阳、西安分别位于中国的西南、中部、东北、西北,国家层面的城市发展战略布局,让这4座城市在各自区域范围内都占据着重要地位。由于其他城市已经完成城市骨架拉大的阶段性目标,西安也必须紧随其后,在加强与它们的交流对话中持续学习,从而实现全国城市网络体系发展的一体化、均衡化。

(4) 观念领导区域

观念领导区域是具备频繁地、非正式地影响其他地区的行为与态度的地区。一般来说,观念领导区域会率先完成特定目标并取得显著成效,或者处于发展领域前沿,因此对其他地区的发展能够提供很多可借鉴的经验,起到"引路人"的作用。本案例中,成都率先完成城市骨架拉大、城市发展空间扩张的目标,同时在老工业区搬迁改造过程中创造了很多新的经验,无论是在城市建设发展的整体阶段还是在城市更新的具体经验做法上,都比西安领先,再加上两者十分相似的旧工业改造背景、相同的城市区域建设目标,自然成为西安大兴新区的主要学习对象。整个案例也反映出,正是来自成都的大量管理建设创新经验,促成了大兴新区旧工业搬迁的"政策扩散"。

3. 大兴新区综合改造中政策扩散的主要机制

(1) 强制

在我国,地方政府需要接受上级政府的领导,对上级政府负责。进入21世纪,根据国务院下达的通知、公告、命令等规范性文件,各主要城市在自身优势、特色基础上纷纷完成阶段性的城市定位与规划,并出台一系列城市规划文件,如《西安城市总体规划(2008—2020年)》《武汉城市总体规划(2006—2020年)》《成都市城市总体规划(2016—2035年)》等。西安的城市规划受国家政策指导和规范,而大兴新区综合改造则是西安城市规划的具体体现,必须在片区定位、产业布局、城市功能以及文化特色等方面符合西安市政府的要求。

(2)学习

基于政策扩散的政策学习,不是简单机械的照搬、模仿,而是有选择、有目的地进行采纳、借鉴、吸收、转换的过程。从经济学角度看,学习是一个降低政策制定和执行成本的选择,有利于减少资源消耗,提高对新政策的接受程度。此外,在学习中如能运用和筛选有效信息,实现"青出于蓝而胜于蓝"的效果,则是一种高级的"学习"。大兴新区在综合改造过程中,不仅学习了其他城市的成功经验,也借鉴了西安市内其他地区的有效做法,既降低了开发建设的探索成本,也节约了人力物力财力资源,通过缩短周期,加速了地区建设。

(3)竞争

接受政策扩散的目的是降低政策成本,实现地区利益。从经济学角度考虑,"经济人"特征使得每个主体都会谋求自身利益最大化,利益的独享性也决定了不同主体之间会形成竞争关系。尤其当追求的目标、努力的愿景相同或者相似时,这种对利益的追求导致竞争更加明显。因为二线城市与一线城市之间的发展差距越来越大,所以只能望其项背,同时导致二线城市之间的竞争加剧。西安在二线城市竞争中没有绝对优势,因此需要加快城市建设步伐,完成城市转型,实现可持续发展。大兴新区团队对此有着清醒认知,并通过有效沟通,在其综合改造过程中多次获得来自西安市级层面的支持。这也表明,大兴新区将自身的综合改造与西安的城市发展目标做了有效衔接,使其成为西安与其他二线城市竞争的重要载体。

(4)模仿

模仿机制是政策制定者直接套用、复制其他地区政府或部门政策的"政策克隆"过程。该机制的优势是最大限度地缩短政策制定、执行周期,降低相应成本。一般模仿的"对象"都是成功典范,因此在实施过程中遭遇的阻力会减少,人们对成功实行地区认可的"成功心理"也相应转移到"复制地区"。在大兴新区综合改造过程中,整体立项手续审批、"协调办"的工作权责设置以及管委会组织机构设置等操作,大体上都是直接照搬了已有成功经验,从而极大地缩短了准备时间,实现了加速发展。

(5)社会化

社会化指政府采纳某项政策,并非因为对其他政府的理性学习或刻意模仿,而是由于周边地区都采纳某项政策所带来的规范同形压力。某种政策在社会系统中得到广泛认可后,其他组织出于谋求合法性的考量也会采纳相同政策。在旧工业搬迁改造方面,成都市成华区"市区联动、政策引导",武汉市硚口区"就地改造、发展都市工业"、沈阳市铁西区"两区合并、市级授权"的改造思路都取得了显著成效,对大兴新区而言,这既是可借鉴的经验,也是一种发展压力的施加。由于已经明确了区域改造的综合目标,大兴新区就无可避免地要接受来自上述区域的发展压力,这也为其提供了学习借鉴的直接动力。

大兴新区建设中的政府创新,很大程度是政策扩散的产物,同时也有明显的"自主创新"的成分,比如市级事权下放的落实、管委会五大中心的设立以及国际化路径等,限于篇幅和案例分析主题,不再赘述。

(五)教学安排(略)

(六)补充材料

1. 视频:西安大兴新区整体规划与"新汉风"宣传片

https://tv.sohu.com/v/dXMvMTA4NTk2NjEvNzA4MDU0MC5zaHRtbA==.html?src=pl

2. 视频:西安大兴新区航拍

http://v.youku.com/v_show/id_XMTUwMDI3NjYwMA==.html?fromvsogou=1

3. 进一步的阅读文献

[1] BERRY F S, BERRY W D. State lottery adoptions as policy innovations:An event history analysis[J]. American Political Science Review,1990,84(2):395-415.

[2] WALKER R M, AVELLANEDA C N, BERRY F S. Exploring the diffusion of innovation among high and low innovative localities:A test of the Berry and Berry model[J]. Public Management Review,2011,13(1):95-125.

[3] ALLEN M D, PETTUS C, HAIDER-MARKEL D P. Making the national local:Specifying the conditions for national government influence on state policy making[J]. State Politics and Policy Quarterly,2004,4(3):318-344.

[4] MINTROM M. Policy entrepreneurs and the diffusion of innovation[J]. American Journal of Political Science,1997,41(3):738-770.

[5] BROWN L A, COX K R. Empirical regularities in the diffusion of innovation[J]. Annals of the Association of American Geographers,1971,61(3):551-559.

[6] SHIPAN C R, VOLDEN C. The mechanisms of policy diffusion[J]. American Journal of Political Science,2008,52(4):840-857.

[7] DOBBIN F, SIMMONS B, GARRETT G. The global diffusion of public policies:Social construction, coercion, competition, or learning?[J]. Annu. Rev. Sociol.,2007(33):449-472.

[8] KARCH A. Democratic laboratories:Policy diffusion among the American states[M]. Ann Arbor:University of Michigan Press,2007.

[9] KARCH A. Emerging issues and future directions in state policy diffusion research[J]. State Politics & Policy Quarterly,2007,7(1):54-80.

[10] MINTROM M, VERGARI S. Policy networks and innovation diffusion:The Case of State Education Reforms[J]. The Journal of Politics,1998,60(1):126-148.

[11] 张克. 西方公共政策创新扩散:理论谱系与方法演进[J]. 国外理论动态,2017(4):35-44.

[12] 叶静. 分散性权威与政策跨国扩散:自由贸易区在中国的设立[J]. 世界经济与政治,

2014(7): 139-155.
[13] 刘伟. 学习借鉴与跟风模仿: 基于政策扩散理论的地方政府行为辨析[J]. 国家行政学院学报, 2014(1): 34-38.
[14] 朱旭峰, 赵慧. 政府间关系视角下的社会政策扩散: 以城市低保制度为例(1993—1999)[J]. 中国社会科学, 2016(8): 95-116.
[15] 马亮. 公共服务创新的扩散: 中国城市公共自行车计划的实证分析[J]. 公共行政评论, 2015, 8(3): 51-78.
[16] 张克. 政策扩散视角下的省直管县财政改革: 基于20个省份数据的探索性分析[J]. 北京行政学院学报, 2017(1): 17-26.
[17] 朱亚鹏, 丁淑娟. 政策属性与中国社会政策创新的扩散研究[J]. 社会学研究, 2016(5): 88-113.
[18] 定明捷, 张梁. 地方政府政策创新扩散生成机理的逻辑分析[J]. 社会主义研究, 2014(3): 75-82.
[19] 杨静文. 我国政务中心制度创新扩散实证分析[J]. 中国行政管理, 2006(6): 41-44.
[20] 林雪霏. 政府间组织学习与政策再生产: 政策扩散的微观机制: 以"城市网格化管理"政策为例[J]. 公共管理学报, 2015(1): 11-23.
[21] 刘央央, 钟仁耀. 基于博弈论视角的支出型贫困救助政策扩散研究[J]. 社会保障研究, 2017(5): 45-54.
[22] 周志忍, 李倩. 政策扩散中的变异及其发生机理研究: 基于北京市东城区和S市J区网格化管理的比较[J]. 上海行政学院学报, 2014(3): 36-46.
[23] 杨代福. 中国政策创新扩散: 一个基本分析框架[J]. 地方治理研究, 2016(2): 3-12.
[24] 王家庭. 国家综合配套改革试验区制度创新的空间扩散机理分析[J]. 南京社会科学, 2007(7): 39-44.
[25] 朱旭峰, 张友浪. 地方政府创新经验推广的难点何在: 公共政策创新扩散理论的研究评述[J]. 人民论坛·学术前沿, 2014(17): 63-77.
[26] 余池明. 新时代我国城市治理的新任务和新方略[J]. 前线, 2018(1): 49-50.
[27] 赵宇峰. 城市治理新形态: 沟通、参与与共同体[J]. 中国行政管理, 2017(7): 12.
[28] 邓伟骥, 何子张, 旺姆. 面向城市治理的美丽厦门战略规划实践与思考[J]. 城市规划学刊, 2017(5): 33-40.
[29] 王林, 莫超宇. 城市更新和风貌保护的城市设计与城市治理实践[J]. 规划师, 2017(10): 135-141.

案例二 多维创新框架下相对集中行政许可权改革的"莲湖模式"

摘要：党的十八届三中全会以来,我国"放管服"改革加速推进,相对集中行政许可权改革(行政审批服务局改革)成为其重要组成。地处西北的陕西省于2017年10月启动该项改革试点,西安市莲湖区是试点单位之一。至2019年12月,莲湖区试点满2周年之际,一个相对集中行政管理改革的"莲湖模式"呼之欲出。为什么在陕西这个欠发达省份,能够涌现出"莲湖模式"？带着疑问,本案例团队以参与式观察、深度访谈等方式对莲湖区的改革进行了较为深入、系统的调查研究,并初步揭示其"创新密码",涉及改革的动力、逻辑和创新体系,同时提出理解这些创新经验所需要的理论视角。案例正文侧重呈现莲湖区的改革历程、基本成效、显著创新,分析部分重点阐释支撑创新的改革逻辑、驱动因素与理论内涵。两部分内容共同为"莲湖模式"描绘了一幅"肖像"画,也为陕西省深入推进市县两级相对集中行政许可权改革提供了可行参照。

关键词：相对集中行政许可权,改革试点,西安市莲湖区,多维创新

一、案例描述

(一)引言

2019年8月14日,星期三,陕西西安。

这天对西安市莲湖区市民中心(西安市莲湖区行政审批服务局)来说,又是一个紧张而忙碌的工作日。一天里,该中心接待了来自陕西省咸阳市、内蒙古自治区呼和浩特市和河北省黄骅市的4批次共计112人的考察调研,同时还安排了多项重要工作:陪同西安市行政审批服务局相关处室到区北关街道调研,与区科技局会商5G信号全覆盖,研判推行食品经营(含小餐饮)许可实行承诺制,等等。

对于一个运行刚刚满一年的区级市民中心和开展相对集中行政许可权改革试点仅一年半的区级行政审批服务局而言,是什么样的"吸引力"让省内外各级政府相关部门纷至沓来、考察学习？又是什么样的"内驱力"打造出何种公共管理与服务创新、进而塑造了如此强烈的"吸引力"？

抱着对这些问题的好奇,案例团队以驻点调研、专题座谈、深度访谈等相结合的方式,对莲湖区相对集中行政许可权改革试点的背景参照、来龙去脉、基本成效、主要创新、未来前瞻等进行综合研究,尝试对前述问题给出自己的解答。

(二)改革的背景、参照与回溯

1. 时代背景:转职能与"放管服"

客观上,相对集中行政许可权改革不是一个新话题。早在2001年,由国务院行政审批制度改革工作领导小组发布的《关于贯彻行政审批制度改革的五项原则需要把握的几个问题》即提出,"本级政府应当创造条件,打破部门界限,将分散在政府各职能部门的审批事项相对集中"。2003年8月27日,由全国人大常委会审议通过的《行政许可法》第25条明确规定:"经国务院批准,省、自治区、直辖市人民政府根据精简、统一、效能的原则,可以决定一个行政机关行使有关行政机关的行政许可权。"这些都为相对集中行政许可权改革提供了法律依据及保障。

从全国范围的实践看,相对集中行政许可权改革从零星探索步入有计划地系列试点,是近四五年的事。这与党的十八大以来,经济发展进入新常态、供给侧改革成为政策重心,中央政府进而力推以"放管服"改革为核心内容的政府职能转变紧密相关。进入新时代,国际国内形势发生了新的变化,党中央决定进一步深化改革、扩大开放,要求对标国际标准、优化营商环境、激发市场活力,"放管服"改革进一步提速。在此背景下,以相对集中行政许可权为基本内容、以"行政审批服务局"为重要载体、以"一枚印章管审批"为突出标志的行政审批改革,成为"放管服"改革的热点和焦点之一。

2. 基础参照:成都市武侯区和天津市滨海新区

2008年12月,成都市武侯区在前期投资办证中心、政务服务中心以及"行政审批委托"等部门的工作基础上,成立全国首个行政审批服务局,作为区政府主管全区行政审批事项办理的政府工作部门。随后十年,武侯区行政审批服务局持续探索推进企业市场准入改革、商事制度改革、证照分离改革、行政审批便民服务扁平化改革、涉审中介服务改革以及行政服务标准化建设、政务服务智慧化建设等创新举措,形成具有武侯特色的行政审批标准化集合。2019年以来,武侯区大力推进"网购式"审批服务便民模式,使审批服务更加便捷高效、公平普惠。

2014年5月,在前期调研酝酿及组织准备的基础上,天津市滨海新区行政审批服务局正式挂牌运行,同时启用审批局行政审批专用章,在体制上实现高起点"一章审批"。此后,滨海新区行政审批服务局不断深化行政审批"滨海模式",全面实现单一窗口全项受理、行政审批标准化、行政审批便利化及审管联动"四项机制",同步提升审批服务智能化水平。2019年以来,滨海新区大力推广企业设立全程电子化登记,企业开办营业执照、公章刻制、发票申领累计用时不超过1.5个工作日的工作方式,同时大幅提高工程建设项目审批效率,各类投资项目审批从立项到走完完整流程平均用时仅为61个工作日,创造了领先全国的行政审批"滨海速度"。

成都市武侯区、天津市滨海新区的行政审批改革及创新,为了解和认知西安市莲湖区的行政审批改革提供了参照。

3. 西安市莲湖区行政审批改革回溯

西安市莲湖区位于西安市核心区域,下辖9个街道和131个社区,全区人口71万人,2018年经济总量突破800亿元,连续十年荣获"陕西省城区经济社会发展五强区"称号。2003年以来,在莲湖区委、区政府的统一部署下,莲湖区梯次建立办证办照中心、政务服务中心、"一厅三中心"以及行政审批服务局和市民中心,同步开展"两集中两到位"改革、三级政务服务体系建设、政务服务网建设以及"最多跑一次"改革和相对集中行政许可权改革等创新性工作,有力助推全区经济发展。

2003年12月29日,莲湖区领西安市各区县之先,成立首家办证办照中心并正式运行,实现工商、国税、地税、发改委等18个区级部门、28个投资类行政审批事项进驻,通过一门受理、单轨运行、规范审批、限时办结的"一厅式"办公,为投资者提供迅捷通畅的审批服务。当时,该中心租用了位于桃园路1号沣惠大厦的两个楼层的办公用房,办公面积1 000平方米,共设置18个窗口,工作人员32人。

2008年7月1日,莲湖区将原办证办照中心升级为区政务服务中心并启动运行,通过拓展进驻事项、管理方式及服务功能,实现区级28个部门221项政务服务事项(含112项行政审批事项)集中进驻,形成集便民大厅、投资服务大厅、审批大厅为一体的综合性服务中心。这一时期,中心探索建立了行政许可"九公开""一窗受理""七日办结"、并联审批等制度规范,并引进电子监察系统对审批服务事项进行全程实时监督,特别是成功推进了"两集中、两到位"根本性变革,从而极大提升了行政审批效能。其时,中心在沣惠大厦的租用办公面积达3 000平方米,共设置47个窗口,工作人员110人。

通过延伸区政务服务中心的运行管理模式,莲湖区进一步构建出以区政务服务中心为主导、街道便民服务中心为依托、社区服务站为基础的三级政务服务体系,实现群众办事"只需15分钟"。作为对区政务服务中心的补充,2013年11月1日,莲湖区出入境接待大厅、公共法律服务中心、中小企业服务中心和融资服务中心在莲湖文化大厦同步启动运行,使全区政务服务功能更加丰富完善。此外,莲湖区在2015年、2016年先后建成运行莲湖政务服务网、"莲湖政务服务"移动客户端,引领了西安市"互联网+政务服务"新实践。进入2017年,莲湖区在西安市率先启动"最多跑一次"改革,并在3月4日向社会公布全市第一张事项清单。

15年来的实践引领和持续创新,使莲湖区最终成为陕西省首批相对集中行政许可权改革试点区。2017年11月初,莲湖区成立相对集中行政许可权改革试点工作领导小组,在确定试点工作实施方案后,仅用5天时间就完成了区行政审批服务局和各职能部门机构调整、人员编制划转及档案移交等工作。2017年12月1日,以原区政务服务中心为基础的区行政审批服务局揭牌运行,统一实施区级20个部门的139项行政审批和政务服务事项。3天后,莲湖区行政审批服务局颁发了西安市第一张由行政审批服务局发出的行政许可证书。

2018年8月,莲湖区行政审批服务局的新办公地点——莲湖区市民中心启动运行,标志着莲湖区全面实现辖区审批服务事项的"一门受理、一次办结、一网通办"。该中心建筑面积2.69万平方米,设有141个窗口,工作人员超过500人,涵盖行政审批、政务服务、党群服务、便民服务以及文化传播、教育培训、双创服务、商务洽谈等功能,是目前陕西省各区县中规模最大的新型政务服务综合体。

至2019年10月底,莲湖区市民中心共办理业务140万余件,接待群众193万余人次,顺利通过国务院第二十七督查组的大督查,接待中央、省、市等260批次的考察调研,并承办陕西省优化提升营商环境、西安市深化"放管服"改革转变政府职能现场会,成为省、市营商环境工作的一张名片。

(三)改革的基本成效及经验

1. 基本成效

通过深化"一门、一次、一网"改革,莲湖区的营商环境得到了全面优化提升,初步达到"三少一高"的效果。

(a)窗口集中跑腿少。区市民中心建成后,群众办事不用再来回奔波。开办企业,由原来到工商、银行、制章、税务等部门跑4次变为到区市民中心跑1次;群众在办理其他业务时,出现未带身份证或户口本等情况,可及时到户政窗口给予解决。实现了只进区市民中心这一扇大门,就可办结所有手续。

(b)数据共享材料少。通过数据共享和精简共性材料,群众办事申报材料精简62.2%。如办理小餐饮经营许可业务,由原先需提交6项材料减少到提交3项即可。

(c)效率提升等时少。通过线上线下流程再造,推行"并联审批"和"容缺受理",审批效率大幅提高,平均压缩审批时限超过50%。如开办药店需办理药品、医疗器械和食品经营3个许可证,过去分开办理要1个多月,现在3天就可办理完成。

(d)群众满意评价高。据统计,群众平均办理时长约3分钟,群众满意率达99.6%。区市民中心运行以来,已收到留言和书面表扬316次、锦旗36面。

2. 基本经验

(a)围绕"一门受理",坚持"三个优化"。①优化软硬件配置。集中进驻46个部门和单位,设置办事窗口141个,可办理审批服务事项886项,初步实现"只进一扇门、办结所有事"。②优化服务功能设置。除满足企业注册、办税等基本需求外,还创新设立银行开户、信贷服务等8个功能窗口,引进重庆猪八戒网络公司,为企业提供股权咨询、人力培训。③优化综合配套保障。设置市民学校、长安·莲书馆、美食天地,将电影院、停车场等纳入服务体系,围绕政务服务这一核心功能,为群众提供多样化服务。

(b)围绕"一次办结",实施"三个推行"。①推行企业开办综合服务。申请人只需提交一次资料,即可由工作人员为其办理企业核名、执照办理、印章刻制、银行公户、许可证办理、税务登记、企业融资七项业务,为新办企业提供"一站式、一对一"的全流程帮办服务体验。②推行办事渠道多元服务。在商业综合体设置政务服务驿站、在社区设置政务服务小店,并充分利用银行等社会资源,多渠道受理审批服务事项,方便群众办理业务。③推行便民特色审批服务。推出周末不打烊和中午不休息延时服务,让群众随到随办;推出证照免费邮寄等便民服务,企业足不出户就能办事;设置面积180平方米的24小时自助服务区,提供全天不打烊的服务。

(c)围绕"一网通办",实现"三个率先"。①率先建设"三级服务体系"。以区-街道-社区政务服务机构为依托,建成三级服务体系,推行免费帮办代办,实现"马上办、就近办、多点办",初步形成"15分钟便民政务服务圈"。②率先构建"网上服务平台"。与阿里巴巴合作推进数字化转型,运行西安政务服务网"莲湖模块",首批144个高频事项在"一网通办"平台上线,"网上办"比例达90.71%。③率先投用"数据监控系统"。建立大数据分析平台,对进驻市民中心的事项实行动态监控,收集分析办件数据,大幅优化办事流程。

(四)改革形成的创新体系

基于对莲湖区行政审批改革的回溯以及对莲湖区改革试点取得成效与经验的深入梳理,案例团队认为,莲湖区的改革试点实践体现出了较好的系统性,并在一定程度上形成了改革过程中的"创新体系",共有以下九方面的推进路径。

1. 引入先进理念

理念代表着方向、高度和格局,是改革的先声和先导。区委、区政府强烈的改革意愿,区审批局对自己的"窗口"定位、对职能部门的"伙伴"定位和对办事群众的服务导向,都是与推进改革相匹配的先进理念。事实上,莲湖区的改革执行团队在改革初期即达成重要共识——区审批局、市民中心不是"衙门",必须让来办事的企业、群众"感受到变化"。这种思想深处的变革,为莲湖区的改革奠定了创新的底色。

此外,区审批局、市民中心还充分从企业管理中汲取营养,引入了一系列企业化的管理服务方式。在服务群众方面,市民中心以群众为"锚",向商业综合体学习,结合舒适宜人的空间功能布设、优雅灵动的景观设计、便捷实用的常用器具与免费厕纸、洗手热水、直饮机,以及随处可见的门迎、导办工作人员等,让每位群众从进入大厅起,全程享受到温馨的各种服务。在内部管理方面,区审批局以窗口为"锚",借鉴企业管理模式,内部办公采用大开间隔断式,通过绩效考核等机制,对业务能力强、服务态度好的窗口工作人员进行奖励并给予额外带薪假期,激励窗口工作人员爱岗敬业,激励其他岗位优秀员工向窗口流动。

2. 提供空间载体

莲湖区市民中心的建设投用,首次实现全区政务服务在物理空间上的聚合,为群众只进"一扇门"创造了物质条件,产生了"一门通办"的直接效应。市民中心运行以来,月均办件量约11万件,超过原政务服务中心一年的办件总量(约10万件)。此外,因为市民中心交通便利、设施齐全,可同时办理全国通办事项9项、全省通办事项108项及全市通办事项3项,所以吸引了周边区县企业、群众前来办理业务(据统计其他区县办理业务人员的占比为39.19%)。

市民中心的投用还带来了意料之外的溢出效应——进驻中心的各职能部门在服务态度、效率等方面展开了良性竞争。市民中心投用前,莲湖区的政府服务在空间上散布于原政务服务中心、一厅三中心等处,将其集中在市民中心后,区审批局的领导一度担心各部门的服务水平会有差异,进而影响群众主观感受。但实际的情况是,无论是区属部门还是垂管部门,一旦进驻市民中心就面临着"鱼缸效应",即自己的服务状况随时呈现在其他部门眼前。这种情况下,正向的竞争意识很容易出现,因此在第一个部门更加注重服务形象、态度、品质时,其他部门会立即跟进,从而形成了市民中心进驻部门间隐性但却是正向的服务竞争。

3. 集成两种优势

莲湖区改革试点各项成效的取得,在很大程度上得益于处理好了区审批局与区政务中心的关系。从行政组织隶属关系的角度,前者是后者的组织上级,但是从行政组织功能关系的角度,前者是后者的进驻部门。政务中心改革前是区政府直属事业单位,改革后变为审批局下属事业单位,从全区政务服务工作的主角变为配角,但实质工作量反而增加了,让原有工作人员产生了不同程度的"失落感"。为此区审批局在内部将政务中心"提级"管理,由主要领导直管,对审批局的业务科室由排名第一的分管领导管理,实现了审批局和政务中心各自功能的有机融合,同时也完成了"审批局"和"政务中心"两种行政审批改革模式的优势集成。

另外,莲湖区在开始申报相对集中行政许可权改革试点的同时,即统筹推动相对集中行政许可权制度改革与政务服务体系建设。行政审批制度改革整合优化了审批服务机构和职责,集中了行政许可事项,侧重体制机制创新;市民中心的建成推动了政务服务在物理空间上的聚合,表现为全区政务服务事项进驻大厅统一办理,侧重办事效率提升。两种优势的集成,使得区审批局和区政务中心互相借力、促进,实现了良好的整体服务效能与效果,得到了上级领导和社会各界的好评。

4. 建立制度规范

审管分离后的审管联动,对改革试点的成功影响巨大。如果因为审管分离造成监管的混乱,那么改革也就从根本上失去了意义。因此,审管分离基础上的审管联动,对改革试点的可持续性非常重要。莲湖区对此有着清醒的认知和判断,在整个改革试点过程中,持续加强并完善审管联动制度建设,为审管分离改革提供了重要支撑和保障。

截至目前,莲湖区已经出台 8 项相关制度规范,包括以下几方面:

(a)用于对上、对内开展组织协调的三项制度:《莲湖区相对集中行政许可权事项对上协调联动制度(试行)》《莲湖区相对集中行政许可权事项部门联席会议制度(试行)》和《莲湖区相对集中行政许可权事项动态调整工作制度(试行)》。

(b)用于审批、监管信息及时交互的两项制度:《莲湖区相对集中行政许可权事项审批信息通报制度(试行)》和《莲湖区相对集中行政许可权事项监管结果抄告制度(试行)》。

(c)用于区内审批、监管部门协作的三项制度:《莲湖区相对集中行政许可权事项行政审批与监管协调工作制度(试行)》《莲湖区相对集中行政许可权事项审批监管特派联络员制度(试行)》和《莲湖区相对集中行政许可权改革工作考核评估制度(试行)》。

整体看,这些已经制定实施的制度规范,为莲湖区在改革试点中推进审管分离基础上的审管联动工作,树立了制度导向、奠定了制度基础、拓展了制度空间。

5. 重视技术应用

先进理念、空间载体、组织优势和制度规范,为莲湖区的改革试点提供了创新的基础框架。与此同时,一系列配套技术的及时应用,也大幅提升了改革试点的效率和效能。

(a)超前构建"政务服务网上平台"。2015 年即建成西安市首个网上政务服务平台——莲湖政务服务网,提供 16 项网上预审服务。2016 年开发"莲湖政务服务"移动客户端,群众通过手机可查询政务信息或提交网上预审。2018 年按照全市建设四级一体化政务服务网要求,在全市率先试运行西安政务服务网"莲湖模块",随后作为全市试点区县,配合做好"一网通办"平台的上线工作。2019 年 2 月,全区 146 个高频事项在"一网通办"平台上线。

(b)基于大数据优化办事流程。区市民中心集合所有办事数据、开发相应软硬件平台,对人流量、业务量、受理方式,办事人的地域分布、年龄结构、办事习惯,以及 12345 热线反映的问题等进行实时处理和分析。根据分析结果动态调整窗口设置,解决忙闲不均的问题,缩短群众等待时间。

(c)布设自助终端提供便捷服务。2015 年即开始引进和建设自助终端设备,目前区市民中心共配备出入境签注、人才、社保、税务和商事登记等各类服务终端 182 台。据统计,每天有

2 000余名群众使用自助终端办理业务,在免去排队的同时也减轻了窗口的服务压力。

6. 注重群众体验

改革的设计、技术的便利,最终都要落实到群众办事的切身体验。莲湖区在确定建设区市民中心之始,就以便民利民为导向,通过引入商业综合体设计理念与方法,充分考虑企业、商户和群众的办事需求,科学设置区市民中心功能分区——三楼办理商事登记、行政审批,二楼办理纳税服务,一楼办理社保、人才服务和其他居民事务。在此基础上,从细节入手,为办事群众和企业提供并创造出舒心满意、细致入微的全方位服务体验。

①营造"进门体验",主动降低办事大厅业务种类多、人流量大等不利因素的影响,在全省首家采用无声叫号系统,营造出相对安静的办事环境,既提高办事效率,也提升办事群众的舒适度。②创新"窗口体验",充分考虑办事群众的主体心理感受,将窗口工作人员的工位统一设计为面向群众而坐,同时在窗口工作台的设计和座椅采购上充分考虑人性化因素,既保证工作人员工作时的舒适感,又确保书写方便,受到办事群众的广泛好评。③优化"便利体验",在大厅导办台准备轮椅,方便残疾人和腿脚不便的老年人办事,设置第三卫生间、母婴室、儿童游乐室、医务室等,面向特殊群体提供相应服务。④推出"全时体验",全面推行延时服务,各功能区均安排中午值班,为有需要的群众提供服务。⑤强化"反馈体验",推出市民中心客服电话(029)86112345,既方便群众,也提高效率,同时建立电话回访制度,每天对一定比例的办事群众进行回访,有针对性地改进服务水平。

7. 编织服务网络

区审批局组建后,能够统筹规划和利用全区的政务服务资源,在有力推进"15分钟政务服务圈"建设的同时,也不断吸引社会力量的加入,共同编织出协同、有序、高效的莲湖政务服务网络。

一方面,以政务服务信息化和标准化为抓手,持续深化全区三级政务服务体系建设,借助远程审批等技术手段,推动政务服务网下延街道便民服务中心和社区便民服务站。另一方面,积极延伸服务触角,主动探索在商业综合体内嵌入公共服务,如与大唐西市合作设立政务服务驿站,通过远程视频连线、网上审核原件、拍照上传资料、留存联系方式等流程,即可完成小餐饮经营许可证的办理,此外还与中国电信、秦农银行等商业机构合作设立多个政务小店、政务服务驿站,极大方便了周边企业商户和居民办事,形成审批服务的空间网络。

8. 强调团队"作战"

莲湖区在改革中形成了团队作战的三个层面,即区委区政府的强力推动,各职能部门的通力配合,以及实施过程中建立的以区审批局为核心、区委编办和区司法局全力支持配合的工作模式。

在日常工作中,区审批局内部充分发挥团队作用,局全体领导、干部、员工遇有棘手问题就组织相关人员进行讨论,激发解决问题的灵感。遇到重大工作,全体人员分工协作、加班加点一起完成。正因为有这样一个凝心聚力的工作团队及其分工合作,莲湖区的改革试点在短时间内即完成了人员和事项接转、规章制度建立,3个月内各项工作就步入了正轨。与此同时,区市民中心共进驻有工作人员500余名,他们虽然来自不同部门、从事不同岗位,但如遇到情人节、七夕节、办税高峰等情况,政务中心都会抽调导办等其他人员及时支援,热情、高效地为办事群众贴心服务。

9. 推动创新迭代

服务没有止境,创新不能停步。莲湖区改革试点中的持续创新努力,对此做出了绝佳诠释。

①绘制全省首张审批服务地图。通过该地图建立现场踏勘数据库,全区范围内店铺在不改变业态、建筑主体结构及经营条件的前提下,经营者申请行政许可时,可免于现场踏勘,资料审核通过后即可发证,提高了"马上办"的比例。②制作企业设立审批全流程图。以前开办企业,需要跑不同的部门并询问下一步需要办理什么手续,现在对照全流程图,即可了解开办不同类别企业的全部流程及材料。③绘制自然人和法人全生命周期树。按照自然人和法人分类,对群众和企业常办高频事项进行梳理,制作出省内首个自然人和法人全生命周期树,让办事群众和企业一目了然。④汲取商业综合体理念,以政务服务为核心,将横店电影城莲湖区市民中心店、美食天地、市民学校、长安·莲书馆、双创服务机构等进行整合,在国内首次提出、逐渐搭建了新型政务生态系统,带给群众办事、娱乐、教育、商务、餐饮等综合体验。

(五)改革的前瞻

莲湖区相对集中行政许可权改革试点已有成效,特别是其初步形成的创新体系,集中反映了莲湖区各级领导干部在新时代"不忘初心、牢记使命"的政治站位、价值追求以及"善于创新促发展"的探索精神和实干品质。在莲湖区改革试点取得初步成效的同时,也应看到持续推进这项工作所面临的问题及困难,做到未雨绸缪、站高行远。

1. 持续深化改革,提升服务水平

区审批局应按照省、市"三级四同"工作要求,积极与区委编办、区司法局对接,根据机构改革情况,尽快形成调整后的行政许可事项清单及划转意见,完成审管联动制度修订。在主要领导不参与个案事项审批、审批层级内控、分段实施审批等内控制度基础上,强化区审批局内部管理。完善区市民中心运行管理机制,处理好审批事项集中和进驻事项集中的关系,加强业务培训、窗口作风建设、信息化建设,落实首问负责制,使企业和群众办事更加便捷高效。

2. 推进"互联网+政务服务"与"互联网+监管"

加快实现各类服务事项"自助终端办"与"掌上办",运用5G体验、场景运行等新技术,为办事群众和企业提供多样化的优质服务。莲湖区政府要按照中、省推行"互联网+监管"平台相关部署,抓紧组织好全区42个监管单位的账号配置、监管事项认领等工作,持续推进所有监管部门的监管事项全覆盖、监管过程全记录和监管数据可共享,为"双随机、一公开"监管、信用监管、联合监管等提供有力支撑,实现监管业务协同联动。

3. 推进"信用莲湖"建设,打造西部最优营商环境

遵循"守信溢价、失信折价"的现代信用社会理念,通过建立健全守信激励与失信惩戒机制,主动提升政务行为主体诚信水平,对所有行政许可办理情况向社会及时、全面公开,自觉接受社会监督。在行政审批服务中,加快相关信用数据积累及分析,对无不良信用记录的行政相对人实施"绿色通道""容缺受理"等便利措施,对提供虚假材料、伪造相关证件材料等存在弄虚作假行为的行政相对人依法从严审批,并纳入失信"黑名单"管理。

4. 统筹莲湖"数字政府"建设,助推全域治理能力现代化

"数字政府"是数字中国、网络强国、智慧社会三大国家战略的交汇点,是以新一代信息技术和数字化手段为支撑的政府运行新形态,强调数据融通和以人民为中心的"智慧服务"。莲湖区应充分利用改革试点的领跑地位,紧抓新技术机遇,全方位推动以"治理理念创新＋数字技术创新＋政务流程创新＋体制机制创新"为核心的数字政府变革,通过重塑政务流程、组织构架和功能模块,构建纵向贯通、横向协同的数字政府。在此基础上,不断加强数据整合,提高政府数字化治理水平,将政务服务的触觉延伸到社会的神经末梢,同时持续增强数字协商治理能力,提升政府公共服务水平,推动民众参与治理。

(六)思考题

(a)伴随"放管服"改革的不断深入,我国行政审批制度改革持续推进,并在地方实践中形成政务中心和行政审批服务局两种改革模式。您如何评价这两种改革模式的特点、相互的联系与未来走向?

(b)西安市莲湖区此前的政务服务改革实践,为其承担相对集中行政许可权改革试点奠定了较好基础。那么,在莲湖区的改革试点进程当中,您认为有哪些显著的创新之处?是哪些因素驱动形成了这些创新?

(c)显然,行政审批服务局改革不是莲湖区的首创,因此莲湖区的相应改革肯定会从成都市武侯区、天津市滨海区等先行者那里有所借鉴,这在一定程度上即是创新扩散。那么,除了创新扩散,还可以从哪些理论视角,来观察、分析莲湖区改革试点中的相关创新路径及行为?

(d)一段时间以来,"为官不为"的现象开始受到理论界和实务界的共同关注,特别是对于基层政府,由于任务重、压力大、资源少,因此会出现一些疲于应付或改革空转的情况。在此背景下,您如何理解、评价类似莲湖区这样的基层政府创新?您觉得这种现象背后的根本驱动又是什么?

二、案例说明

(一)课前准备(略)

(二)适用对象

西安市莲湖区相对集中行政许可权改革,涉及政府职能转变、"放管服"改革、优化营商环境以及基层政府创新等问题,因此它的适用对象主要是区县一级政府的决策者、管理者和行政审批制度改革的推动者,行政管理及政府治理领域的学者,以及与行政管理、政府治理等专业相关的研究生和本科生。

(三) 教学目标

本案例适用于行政管理学和政府创新的理论与实践等课程,希望达到的主要教学目标如下:

(a)让学生在充分了解西安市莲湖区相对集中行政许可权改革的历程、成效、创新及其背后动因的基础上,对改革所涉及的政府职能转变、政府组织再造、行政审批"一网、一门、一次"等要点有清晰了解,对此项改革的核心即"审管分离"与"审管联动"等有准确把握。

(b)结合西安市莲湖区改革试点的具体实践,引导学生建立起相对集中行政许可权改革的基本概念,对改革的基本内容、内在逻辑、创新路径等形成系统认知,特别是能够主动思考改革创新的驱动因素及其理论意义。

(c)对基层政府创新、基层官员创新有更加深入的了解。

(四) 教学内容及要点分析

案例团队认为,莲湖区的改革试点能够形成案例正文中所呈现的"创新体系",有其内在的逻辑和动因。为此结合文献研究和系统分析,提出了莲湖区改革的一个内在逻辑框架,共涉及五对重要"关系",包括组织维度的"纵""横"关系,行动空间的"法律""政策"关系,行为方式的"规定""自选"关系,行政审批的"集中""分散"关系和审批与监管的"分工""合作"关系。

接下来的问题是,为什么莲湖区的改革团队能够有效应对上述关系?如果说莲湖区改革的创新体系是其"吸引力",那么这个问题则涉及莲湖区改革能够顺利推进的"驱动力",它至少包括了对待改革的正确破题、有效启动和价值导向。

最后,简要探讨莲湖改革所涉及的两方面理论内涵:①政府创新的模式;②政府创新中的服务型领导。

1. 改革的内在逻辑:处理五对"关系"

(1)改革的组织维度:纵向协调与横向协同

对地方政府而言,其在履职过程中不可避免要遇到"条""块"问题:"条",既包括政府组成部门的上级业务条线,也包括垂管部门的上级业务条线;"块",往往成为政府职能碎片化和政府权力部门化的诱因。在这样的组织架构基础上,莲湖区作为区县层面的基层政府开展改革试点,无疑面临着不小的挑战和阻力。

莲湖区在原政务服务中心建设过程中,以极大的改革勇气在2010年、2016年先后推进并实现区本级的"两集中、两到位""三集中、三到位"审批职能改革,并在物理空间上实现了"一心多点"政务服务布局,从而在改革试点正式铺开,特别是市民中心投入运行后,以最快速度、最短时间实现了相对集中行政许可权改革在(横向)权力配置、组织革新和空间集中上的一步到位。

尽管莲湖区的改革探索开始较早,从而改革试点推进相对其他区县较为顺利,但不可否认,莲湖区在推进早期探索,特别是当前试点过程中,始终面临与上级政府及其部门之间的沟通、协调等问题。这些问题由于体制机制的限制不能全部得到解决,但莲湖区通过与省政府办公厅职转办、市行政审批服务局等上级主管部门的持续沟通和有策略地协调,做出了最大程度的工作努力,以确保改革取得实效。

(2) 改革的行动空间:法律约束与政策目标

开展相对集中行政许可权改革:①有《行政许可法》第 25 条作为基本法律依据;②作为深化"放管服"改革的重要举措、势在必行。与此同时,改革涉及的行政审批事项、程序以及行为主体等,多由中央层面的法律、行政法规和部门规章设定,因此地方政府特别是基层政府在推行此项改革时,难免会遇到相应的法律风险,形成遵守法律约束与达成政策目标间的"两难"。

莲湖区在改革实践中,的确遇到了一些"两难"境地。比如在拟定审管联动五项制度规范时,发现制度内容与部分地方性法规或部门规章存在冲突,于是会同区司法局组织政府法律顾问进行讨论和化解。又比如区市场监管局在处理一起小餐饮店违法使用添加剂的问题时,认为需由区审批局做出吊销该店"小餐饮经营许可证"的处罚,但在后者看来,改革试点方案并没有赋予审批局行政处罚权,于是又会同区司法局召集政府法律顾问进行探讨和协调。

当前,包括莲湖区在内的基层改革试点,在依法行政和推进改革之间的确存在张力。解决这一问题,一方面需要基层政府在规避法律风险的前提下尽力推进试点、取得改革实效,为改革自身的合法性提供绩效支撑,另一方面也需要上级政府特别是中央政府加快相关法律规章的调适与修订,为地方基层政府的改革正名、减压。

(3) 改革的行为方式:规定"动作"与自选"动作"

作为陕西省的首批改革试点,莲湖区和其他试点单位一样,都承担着深化"放管服"改革、推进行政效能革命、创新行政审批方式的试点任务,以及提升政府治理能力、优化投资创业环境、激发市场和社会活力的创新使命。同时,莲湖区的改革试点是自身十多年政务服务与行政审批改革创新的有机延续,具有一定的独特性。

在落实上级规定"动作"方面:成立"审批局"、实现审管分离、推行"一网、一门、一次"等,都是莲湖区在改革试点中的具体体现。在自选"动作"的创新方面:①实现审批载体建设创新。莲湖区在开始申报改革试点的同时,即同步安排区市民中心建设。②提早关注审管分离带来的监管风险。在试点工作刚刚半年时,莲湖区委主要领导带领相关部门巡查西大街市容,检查出某金店违规设置门头牌匾,当即提出要注意审管分离后监管不到位的风险。随后区审批局与区城管局、原食药监局分别召开三次联席会,安排布置审管联动工作。③持续简化流程。其包括优化食品经营(小餐饮)等一批办事流程,在全省首推审批地图、企业设立全流程图,推出现场勘验与送证一次完成的服务,推行"一网通办+无差别受理"的窗口受理新模式等,切实为辖区企业、群众带来便利。

(4) 改革的主体内容:行政审批的"集中"与"分散"

相对集中行政许可权有两层含义,一是对之前分散在政府各职能部门的行政许可权,依据一定原则有限度地集中到"审批局",二是针对集中后的某些专业性较强的行政许可事项,"审批局"原则上还需要原职能部门提供技术标准、管理规范、联合踏勘等条件支撑。简言之,相对集中行政许可权涉及审批的集中化和专业化,两者都应适度、均衡。

在莲湖区的改革试点中,因为前期已经实现了"三集中、三到位"改革,所以审批局成立后,很快落实了职能、人员的对应划转,总体上做到了无缝对接。在后续实践中,针对个别已经集中,但运行评估后认为可不集中的许可事项,如《残疾证》办理(两头在残联、办证环节在审批局),也及时向区政府提出了调整建议。此外,针对试点期间陕西省西安市最新确定的"三级四同"行政许可目录标准,莲湖区也集中专门力量进行研究、梳理,以及时调整、更新全区的行政审批事项。

在区审批局、区级职能部门涉及已经集中的专业性行政许可事项的关系方面,因为莲湖区目前的行政许可大量是市场准入、投资及民生服务类,所以区审批局从切实落实审管分离、高质量完成行政许可的角度出发,强化一线审批人员专业素养与技能的培训、考核和提升,截至目前能够独立完成全部行政许可事项的现场踏勘、技术性评审等审批环节,支撑了审批局作为审批主体的封闭运行。

(5)改革的关键耦合:审批与监管的分工与合作

审管分离是相对集中行政许可权改革的基本诉求,借以形成政府审批与监管职能的有效区隔和分工。与此同时,审批、监管在逻辑和时序上又是紧密关联的前、后项,需要形成有效衔接、互动乃至配合,才能真正支撑政府整体职能的顺畅发挥,进而践行整体性政府的现代理念。

因为莲湖区前期改革基础较好,所以区审批局成立运行后,全区审管分离的改革目标在第一时间基本达成。针对审批和监管之间的衔接、配合等问题,莲湖区政府在2018年9月制定并下发了《莲湖区相对集中行政许可权事项行政审批与监管协调联动工作制度(试行)》,但区审批局在改革试点中还是遇到了一些新问题。如由"某剧院票务销售进校园事件"所暴露的审管分离后,监管信息不共享、碎片化的问题,以及法规修订滞后于改革、对改革试点宣传不够等问题。对此,莲湖区委区政府及时召开会议,专题研究分析加强审管联动工作,围绕审管分离责任不清、监管部门之间责任不清、监管部门配合不足等问题,从制度规范层面下力气解决,初步理顺了审管联动相关工作。

2. 改革的动力因素:破题、启动与价值导向

(1)破题:突破三重困境

相对集中行政许可权是刀刃向内的重大改革,牵一发而动全身,面临系统性的障碍,需要系统性的努力。

从本级党委、政府"一把手"的角度看:启动这样力度的改革,几乎要动所有职能部门的"奶酪",必然面临相应"阻力";即便克服了这些阻力,新成立的审批局能否胜任集中审批这项繁重的工作?基本胜任还好,如果不胜任、出了乱子,怎么办?显然,"一把手"对推动这项改革会存在疑虑和担心,因为改革的风险特别是领导责任都要"一把手"来承担。这是敢不敢改的问题。

从对应要成立的"审批局"的潜在负责人角度看:尽管相对集中行政许可权改革是大势所趋、有道理,但一个部门要把大部分同级职能部门的行政审批事项拿来集中办理,有这个能力吗、一定能办好吗?如果大体顺利还行,如果办不顺利、出错、出乱,上级领导会不会打板子?同僚们会不会"看笑话"?等等。权衡下来,对于要成立的"审批局"的潜在负责人来说,承担这项改革,无疑会面临很大的压力及风险。这是能不能改的问题。

从职能部门的角度看:相对集中行政许可权改革,要从本部门拿走实实在在、有"含金量"的审批权,首先会产生心理、行为惯性上的不适应;退一步讲,本部门把审批事项及相应人员移交给新的审批局,一方面是自己的办事力量、资源减少了,另一方面审批局能把这些行业事项管好吗?更为核心的是,本部门不管审批了,主要剩下监管、执法的业务,因为审批不在本部门,监管、执法的工作也就"失控"了。总之,从职能部门的角度看,改革不仅对自己好处不多,而且会带来监管、执法工作量的加重及其相应风险。这是愿不愿改的问题。

综上,敢不敢改、能不能改和愿不愿改,是启动相对集中行政许可权改革首先要面临的三重困境。就莲湖区而言,尽管已经具备十多年政务服务改革与创新的一定积累(试点前已经实现行政审批"三集中、三到位"),但改革一开始,就摆在区委区政府面前一个难题:由于政府组成部门法定职数的限制,成立审批局就必须要同步撤销一个部门。面对这一关口,区委区政府显现出了一往无前的改革魄力和果敢决心,坚持决策并启动这一改革,并妥善分流安置了被撤销部门的干部职工。在执行层面,莲湖区审批局的班底是原区政务服务中心,对包括行政审批在内的政务服务业务整体熟悉,因此有较充分的信心来承担具体改革任务。有区委区政府的决心和区审批局的信心,改革就势在必行,从而也推动职能部门进入改革的角色与状态。

(2)启动:更新三个定位

突破"敢不敢改、能不能改、愿不愿改"的三重困境,只是为启动改革创造了初始条件。改革的真正起步,还需要新的"审批局"充分认知改革的目标与内涵,在此基础上准确把握自身角色定位,清晰界定与其他职能部门的职责关系与关联,重构与办事群众、企业的互动关系,通过三方面定位的更新来形成全新的工作风貌。

就"审批局"自身而言,成立这个新部门的根本目的,在于重塑政府职能结构体系,通过实现审管分离,既提高行政审批效率效能,也倒逼事中事后监管的强化,从而深化政府职能转变、提升政务服务水平,同步优化营商环境。抱着这样的认知,"审批局"就不仅仅是一个履行审批职能的权力部门,更是一个体现新理念、发挥新作用、提供新服务的"窗口"部门,直接代表并影响着政府形象。

对相关职能部门来说,"审批局"是要"收编"他们手中审批权力的新部门,因此在事项、人员划转过程中,需要"审批局"保持低姿态、良沟通,而在划转完成即审管分离后,"审批局"还要在良沟通的基础上加强与职能部门的协调、协作。这一方面是因为改革初期审管分离需要磨合期,另一方面,也是更为重要的原因,是改革能走多远很大程度上取决于改革后的监管能否跟得上,因此审管分离后的审管协调与联动更加重要。为此,"审批局"要和职能部门形成"伙伴"关系,才能让改革行稳致远。

对办事的群众、企业来说,"审批局"已经成为代表政府的第一"窗口"部门,如何把以前的"门难进、脸难看、事难办"变成现在的"门好进、脸好看、事好办",是"审批局"面临的的最大挑战,也是其根本任务。这就需要"审批局"变"部门本位"为"群众本位",把自身视为面向群众、企业的服务部门,然后千方百计地去"便企利民"。

就莲湖区审批局的实践看:它在成立之时就有强烈的"改变"意愿和明确的"角色"意识,既要求所有人员跳出在职能部门工作时的思维和惯性,也希望为全区的群众、企业带来"和以前不一样"的政务服务;在完成事项、人员划转的过程中,局领导班子和每一个相关职能部门都去主动对接、沟通,确保划转顺利完成,在正式开展业务后,与各职能部门也积极衔接、沟通、协调,尽可能实现审管分离基础上的审管联动;在面向群众、企业的审批服务上,它保持着努力为民、不断创新、持续改进的工作态势,在较短时间内即取得了显著成效,成为省市改革的典型示范。

(3)价值导向:服务为本

突破困境、更新定位,都是为了做好审批服务。实际上,任何一项改革都有其价值导向,且往往决定改革成败。在莲湖区的改革试点中,能够观察到明确的"为民服务"的目标价值导向,比如要求区级垂管部门的审批服务也要做到"三集中、三到位",以及进一步精简提速投资项目审批、简化优化商事登记、健全完善区-街-社"三级政务服务体系"等,都是服务导向的切实举措。

此外,在具体改革设计中,也体现出"便企利民"的工具价值导向。比如投入4.55亿元建设区市民中心、实现"只进一扇门",提升优化莲湖政务服务网、深化线上线下服务融合发展,缩减材料流程时限、持续推进"一次办结"等,都着眼于群众和企业的办事方便、时间节省和成本降低,从而实现莲湖区改革试点中目标价值(服务)与工具价值(效率)的有机统一,真正体现出服务为本的鲜明价值导向。

3. 改革的理论内涵

莲湖区改革的动力因素、内在逻辑与创新路径,既构成了顺利推进改革的实践"三部曲"和时序"三阶段",也是相对集中行政许可权改革"莲湖模式"的精髓所在。因为整个莲湖区改革所呈现出的创新是多元化的,所以理解这些创新的理论视角一定是多维度的。限于研究深度,案例团队在此仅提出两点理论思考。

(a)政府创新的模式,涉及莲湖区改革创新中的"能量"转换。在当今快速变化的经济社会环境中,创新被视为一个复杂的过程,难度不断增加。从创新程度看,渐进式与突破式创新是两种不同模式,其在政府改革中如何互动、共存成为研究的重点和难点。在莲湖区改革试点中,案例团队发现渐进式创新(此前的政务服务改革)与突破式创新(审批局改革)呈现紧密联系、互相促进的关系,即审批局改革以此前十几年的政务服务改革为基础,同时又带动后者提速。因此可以从长期改革所累积的创新势能,在新的改革中迅速转换为创新动能并加以释放这一思路,理解当前改革试点的顺利推进。这也意味着,基层政府创新并非偶然,也不会一蹴而就,需要政府决策者在谋划相关创新时,能够发现优势并持续发力。

(b)政府创新中的服务型领导,涉及莲湖区改革创新的核心驱动。作为一种前沿领导理论,服务型领导能够解释莲湖区改革实现不断创新的原因。在调研过程中,莲湖区审批局领导讲述了很多为群众、为下属服务的小故事,让我们意识到:怎么服务好下属和群众,是他们最在乎的事。正如该局负责人所说:"我每天能有多少机会直接面对群众,能接触多少个群众?所以很多时候,我们想为群众做的事情必须通过员工来做,只有服务好员工,他们才能最好地反馈群众到底需要什么,才能更好地服务群众。"这段普通的话,道出了服务型领导发挥领导有效性的关键:服务型领导心系服务初衷,促使领导者注重关心和服务下属,下属在服务型领导的感召下,建立个人服务意识,敢于服务创新和工作建言,同时同事之间形成互相帮助的工作氛围,最终提高了员工服务能力和群众满意度。

(五)教学安排(略)

(六)补充材料

1. 莲湖区市民中心运行一周年纪念视频:《我们这一年》

https://v.youku.com/v_show/id_XNDI5ODEzMDIzNg==.html?spm=a2hzp.8244740.0.0

2. "西安政务"视频:审批服务新体验:生命树来了!

https://mp.weixin.qq.com/s/MV1yA1e7hRscT2WHovVPzA

3. 西安市发布：开微店做直播莲湖区审批局在线服务贴民心

https://xafbapp.xiancn.com/amucsite//pad/index.html?from=timeline&isappinstalled=0#/detail/923248?site1

4. 莲湖区市民中心：莲湖区审批局多措并举优化营商环境

https://mp.weixin.qq.com/s/hufYY7rlpOTRmmkyJWh2vg

5. 陕西省人民政府办公厅关于印发贯彻落实《优化营商环境条例》实施方案的通知

http://www.shaanxi.gov.cn/gk/zfwj/165500.htm

6. 进一步的阅读文献

[1] 方宁. 相对集中行政许可权试点实践探析[J]. 中国行政管理, 2018(12)：22-24.

[2] 赵宏伟. 深化"放管服"改革 优化区域营商环境[J]. 中国行政管理, 2019(7)：21-23.

[3] 张定安. 深化"放管服"改革 优化营商环境[J]. 中国行政管理, 2020(2)：155-156.

[4] 中国行政管理学会课题组, 沈荣华, 孙迎春. 部分发达国家行政审批改革的制度设计和工具选择[J]. 中国行政管理, 2015(1)：142-145.

[5] 艾琳, 王刚. 行政审批制度改革探究[M]. 北京：人民出版社, 2015.

[6] 孙彩红. 地方行政审批制度改革的困境与推进路径[J]. 政治学研究, 2017(6)：81-90, 127-128.

[7] 竺乾威. 行政审批制度改革：回顾与展望[J]. 理论探讨, 2015(6)：5-9.

[8] 宋林霖, 何成祥. 行政审批局建设的四维机制：基于行政组织要素理论分析框架[J]. 北京行政学院学报, 2019(1)：52-60.

[9] 王克稳. 论相对集中行政许可权改革的基本问题[J]. 法学评论, 2017, 35(6)：44-51.

[10] 朱光磊、苏建宁、宋林霖. 构建行政审批局：相对集中行政许可权改革的探索[M]. 北京：中国社会科学出版社, 2017.

[11] 郁建兴, 高翔. 浙江省"最多跑一次"改革的基本经验与未来[J]. 浙江社会科学, 2018(4)：76-85, 158.

[12] 林雪霏. 顶层逻辑与属地逻辑的博弈：行政审批制度改革"双轨制"的困境与契机[J]. 社会主义研究, 2016(6)：78-88.

[13] 刘晓洋. 制度约束、技术优化与行政审批制度改革[J]. 中国行政管理, 2016(6)：29-34.

[14] 王印红, 渠蒙蒙. 办证难、行政审批改革和跨部门数据流动[J]. 中国行政管理, 2016(4)：13-18.

[15] 渠滢. 问题导向下行政审批制度改革精准化研究[J]. 中共中央党校(国家行政学院)学报, 2019, 23(2)：74-79.

[16] 宋林霖, 何成祥. 大数据技术在行政审批制度改革中的应用分析[J]. 上海行政学院学报, 2018, 19(1)：72-80.

[17] 刘淑春. 数字政府战略意蕴、技术构架与路径设计：基于浙江改革的实践与探索[J]. 中国行政管理, 2018(9)：37-45.

[18] 戴长征, 鲍静. 数字政府治理：基于社会形态演变进程的考察[J]. 中国行政管理, 2017(9)：21-27.

[19] 刘恒,彭箫剑. 相对集中行政许可权的制度变迁[J]. 理论与改革,2019(2):175-188.
[20] 刘恒,彭箫剑. 相对集中行政许可权的正当性判断标准研究[J]. 中南大学学报(社会科学版),2019,25(2):39-49.

案例三 2017年西安房价攀升"揭秘"：基于房地产价格决定理论视角

摘要：在中国房地产市场持续发展的大环境下，西安市的房地产市场稳步发展，房价多年来运行在可预期范围之内。但这一情况在2016年底有所改变，特别是在2017年的一年内房价持续走高。2017年被称为西安市房价的"大西安元年"，这一年无论是国家战略支持，还是本地经济引擎发力，都为西安市房地产市场发展提供了基础，使得西安市的房价一路攀升且居高不下。面对房价快速上扬，西安市政府是如何调控的？该调控是否产生了预期的效果？本案例从中国及西安市房地产市场情况切入，深入分析西安市2017年房价的运行特征，同时展示西安市政府推出的一系列房市调控政策，以及政策所达到的调控效果。分析发现，调控政策只是让房价的涨幅和增速有所放缓，调控效果仍待进一步巩固。通过本案例可以更加深入地了解2017年西安房价的变化过程，为该地区房市调控提供建议，以期让房价在可控空间内健康平稳运行。

关键词：西安房价，房地产价格决定理论，调控政策，调控效果

一、案例描述

（一）引言

2017年大西安发展跑出"加速度"，一系列重大政策、重要规划、重点项目相继落地实施，城市建设与城市形象发生了显著变化，其中房价的超预期接连上涨格外引人注目。房地产既是资本密集、行业关联度高的产业，又是提供生活必需品的基础产业，影响着城市居民，尤其是有住房"刚需"群体的生活品质。毫无疑问，2017年是西安市房地产市场的"分水岭"，由之而来的房价高企深刻改变了整个城市的发展轨迹。那么，2017西安房价攀升背后的"秘密"和根本原因是什么呢？本案例将进行"揭秘"。

（二）西安市房地产市场的"前世今生"

1. 中国房地产市场的发展回顾

改革开放之前，我国实行福利住房制度，住房由政府和单位提供，居民只需要交纳少量租金。然而，随着中国经济水平的逐步提高，住房建设投资给政府和企业带来的财务负担日益沉重，居民住房条件改善缓慢。20世纪80年代，原有的住房制度难以为继，住房制度改革开始起步，"提租补贴"成为这一时期的主要标志。1994年至1997年，政府探索建立多层次的住房

供应体系,这一时期房地产业从无到有并得到了政府的鼓励和支持;商品房预售制度的建立解决了房地产行业资金流紧张的被动局面,拓宽了房地产开发融资渠道。1998年,国务院正式发布了《国务院关于进一步深化城镇住房制度改革加快住房建设的通知》,我国开始全面推进住房制度的改革,住房分配货币化渐渐成为主流。2002年,国家强化了土地有偿使用制度,商品房土地出让方式由协议出让改为"招拍挂"方式;房地产金融体系改革进一步推进,以商业银行为主体,多种金融机构共同参与的房地产金融机构体系初步形成;在全国范围内普遍建立了住房公积金制度。2003年,房地产业成为国民经济的支柱产业。

2004—2006年,随着房地产价格在各地迅速蹿升,国家开始从控制土地和信贷两方面入手频繁调控房地产政策。2007年起,我国房地产业进入加强保障性住房建设阶段。2008年发生的金融危机,使该时期房地产调控有所放松,并在年末提出"四万亿"救市政策。面对2009年房价的大幅反弹,中央在2010年进一步加大了保障性住房建设力度,实行"限购""限价"和"限贷"等政策,严格抑制房价。2011年,为了抑制投资、投机性需求,遏制房价上涨,房地产市场调控行政与经济手段并用,政策措施更加严厉。2012年至2013年年底,中央始终明确坚持当时房地产调控政策,减少不必要的变动。进入2014年,我国房地产业改革回归市场化方向,旨在建立成熟、稳定的住房供应体系,房地产政策短期化倾向被长期化代替。2014年至今,我国经济增速放缓和房产价格高位运行并存,调控政策开始注重强化差异化和多元化。

2. 西安市房地产市场的发展历程

西安是国家西北区域的重要城市之一,是"丝绸之路经济带"的文化、金融、商贸和能源中心,也是黄河流域城市的经济、科技、教育中心。随着国家西部大开发战略、"一带一路"倡议的实施与"大西安"规划的推进,西安市经济社会不断发展,外来人口不断迁入。与之对应,西安市房地产业也开始蓬勃发展。纵观西安市房地产市场的发展历程,大致可分为以下五个阶段。

(1)市场化萌芽阶段(1994—1997年)

1994年7月18日国务院发布《国务院关于深化城镇住房制度改革的决定》,确定了住房制度改革的目标:建立与社会主义市场经济体制相适应的新的城镇住房制度,实现住房商品化、社会化;加快住房建设,改善居住条件,满足城镇居民不断增长的住房需求。由此拉开我国城镇住房改革的帷幕。而西安市国有企事业单位较多,大部分居民能够从单位获取福利住房,此时商品房的概念尚未被广大居民所认知。本阶段的商品住宅市场化尚处于萌芽状态。

(2)市场化起步阶段(1998—2002年)

1998年7月,国务院发布《国务院关于进一步深化城镇住房制度改革加快住房建设的通知》,明确规定实行住房分配货币化。西安市在该阶段也开始推动产业结构改革,其中具有代表性的是西安市高新区推出一系列政策,改善园区投资环境、推进配套设施建设,并催生了西安市一大批房地产企业[①]。与此同时,深圳、上海等大城市的先进开发模式被逐渐引入,推动西安市房地产行业逐渐走上了品牌化的道路。

(3)高速发展阶段(2003—2011年)

在此期间,由于很多城市出现楼市"过热"和"炒房"现象,很多大中城市的房价一升再升,

---

① 郭彦雪. 基于VAR模型分析西安市人口结构变化对商品住宅价格的影响研究[D]. 西安:西安建筑科技大学,2017.

国家从土地、信贷、经济适用房建设等方面出台多项政策以控制房价。但该阶段西安市的住宅基本没有受到以上因素的影响,整个住宅市场开始进入高速发展状态,每年销售住宅面积增幅高达40%以上,住宅价格也逐年攀升。鉴于西安市多年保持供需两旺的状态,很多大型房地产企业开始入驻,使西安市房地产业更加繁荣。

(4)调整阶段(2012—2016年)

为了控制住宅价格,国家开始实施持续紧缩的信贷政策,房地产业受到较大冲击。在此期间,西安市的住宅销售面积与2011年相比基本持平或略有下滑,住宅销售单价呈现稳中有升。

(5)飞速发展阶段(2017年至今)

2016年9月底,西安房地产市场开始出现量价齐升的迹象。2017年初,伴随西安市代管西咸新区、人才与户籍新政以及招商引资提速等一系列利好政策叠加,西安市房地产市场全面爆发,房价就像坐了火箭一样快速上涨,且居高不下。与此同时,西安市政府推出一系列楼市调控政策,让房价快速连涨的势头得到了一定的遏制,整体市场相对趋于平稳。发展至今,西安房地产市场化的广度和深度在20多年里发生了根本性变化,房地产投资成为全市固定资产投资的重要构成,房地产业事实上已成为西安市经济发展的支柱产业之一。

(三)西安市近些年房地产价格分析

1. 2004—2016年西安市房地产价格分析

通过查阅《中国城市统计年鉴》和《西安统计年鉴》,笔者统计了2004—2016年间西安市商品住宅的销售总额和销售面积,并求得相应年份西安市商品住宅平均单价(反映实际交易的商品住宅价格变化情况)(见表3-1和图3-1),据此划分了西安房地产价格走势的4个阶段。

表3-1　西安市商品住宅销售总额、面积和平均单价(2004—2016年)

年份	商品住宅销售总额/亿元	商品住宅销售总面积/万平方米	商品住宅均价/(元·平方米$^{-1}$)
2004	71.27	279.90	2 546.27
2005	158.03	476.39	3 317.24
2006	179.47	584.06	3 072.80
2007	251.74	782.91	3 215.44
2008	268.92	715.75	3 757.18
2009	450.71	1 202.12	3 749.30
2010	661.27	1 523.24	4 341.20
2011	973.71	1 674.85	5 813.71
2012	858.53	1 383.87	6 203.84
2013	976.19	1 522.50	6 411.75
2014	928.74	1 525.95	6 086.31
2015	985.35	1 584.08	6 220.33
2016	1 194.41	1 877.78	6 360.76

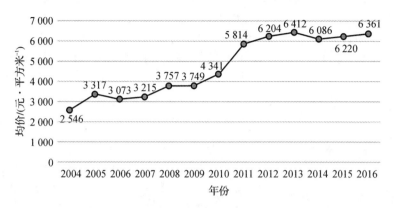

图 3-1 2004—2016 年西安市商品住宅平均单价逐年变化情况

数据来源：西安统计年鉴

第一阶段(2004—2005 年)：高速上涨期。西安市商品住宅均价从 2004 年的 2 546 元/平方米快速升高至 2005 年的 3 317 元/平方米，增幅高达 30%。长期以来，我国土地供应实行双轨制，即通过两种方式完成土地分配：①政府通过无偿划拨把国有土地给使用单位；②政府通过市场化手段有偿出让国有土地使用权。2004 年国土资源部发布《关于继续开展经营性土地使用权招标拍卖挂牌出让情况执法监察工作的通知》，规定 2004 年 8 月 31 日以后所有经营性用地出让全部实行"招标、拍卖、挂牌"制度。土地出让方式的重大变化，使得城市商品房土地价格暴涨，在很大程度上推升了商品住宅销售价格。

第二阶段(2006—2009 年)：平稳上涨期。西安市商品住宅价格在 4 年时间内仅从 3 073 元/平方米升高至 3 749 元/平方米，每年平均增幅不足 7%。与同期国内一、二线城市房价的大起大落不同，例如，北京平均房价从 2006 年的 7 200 元/平方米上涨至 2007 年的 13 000 元/平方米，2008 年又降至 11 000 元/平方米，2009 年则飙升至 23 800 元/平方米。西安市平稳的住宅价格可能与本地区投机购房行为较少、刚性需求常态增长有关。

第三阶段(2010—2011 年)：快速增长期。2009 年以后，西安市房价从 3 749 元/平方米快速升高至 2011 年的 5 814 元/平方米，年均增幅接近 25%。这段时期内，一线城市的地价和房价飞涨，政府调控措施越来越严厉，使得房地产开发商的发展重心开始向西安这样的二、三线城市转移。2010 年 6 月发布的《大西安总体规划空间发展战略研究》也为西安市未来的发展定下基调：在接下来的 10 年时间里，西安要建为建成区面积 800 平方千米和人口达 1 000 万人以上的大都市，成为国家经济战略的平衡点和区域协调的带动点。"大西安"建设引来了众多国内知名房地产商，如中海地产、绿地集团、龙湖地产、万科地产等。这些地产企业在提升西安商品住宅居住品质的同时，也很快推高了西安的商品住宅价格。

第四阶段(2012—2016 年)：稳定期。西安市商品住宅价格从 2012 年的 6 204 元/平方米延续至 2015 年的 6 220 元/平方米，到 2016 年为 6 361 元/平方米。在此期间，绝大多数建材的价格均呈现持平或下降趋势，劳动力成本仅有小幅上升，因此西安市住宅建设成本总体呈现持平趋势。在这个阶段，西安楼市的库存一直处于较高水平。2016 年 3 月全国主要 30 城市库存排行榜数据显示，西安楼市库存消化周期长达 23.37 个月，库存量排全国第七位，即使在接下来楼市回暖背景下,西安楼市去化周期也还要 11 个月[①]。很明显,此时在供应端的西安楼市是处于饱和状态的。库存量大、去化周期长、楼市稳定是这一阶段西安楼市的标签。因此,在省会房价纷纷破万时,西安市依然在艰难地处理库存。也正因为房价"太低",西安市成为 2016 年楼市最特别的"网红",有网友戏称"20 年前,1 平方米约等于 1 400 碗凉皮;今天,1 平方米依然约等于 1 400 碗凉皮"。

2. 2017 年西安市房地产价格分析

(1)房价走势

2016 年 9 月底,郑州、合肥等城市的房地产市场供应出现告急状态,导致一些购房群体开始进入西安市场,引发了第一轮西安市房地产市场的热销。同时,由于全国楼市量价齐升的传导,西安房地产市场也出现量价攀升。进入 2017 年,沉寂多年的西安楼市迎来了"翻身",大西安模式开启。无论是国家战略支持(一带一路、自贸区、国家级中心城市的愿景、米字型高铁建设等),还是西安本地经济引擎的发力(政府执政风格的转变、招商引资的火热进行、人才及户籍政策的助力等),都为西安市房地产市场的发展提供了良好基础,从而也使得西安市房价一路攀升,并于 2017 年 9 月达到了均价突破万元(见图 3-2)。

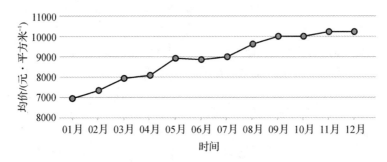

图 3-2　2017 年西安市房价走势

数据来源:焦点房产

(2)房价指数

房屋销售价格指数是一种相对数,用来描述一定时期内房屋销售价格变动程度和趋势。同时采用新建商品住宅和二手住宅销售价格指数,能够综合反映房地产市场价格水平变动趋势。图 3-3 和图 3-4 分别给出了 2017 年西安市新建及二手住宅销售价格的环比指数(上月价格:100)和同比指数(上年同月价格:100)。

整体来看,2017 年西安市住宅销售价格指数一直在 100 以上的高位,并且二手住宅价格指数与新建住宅指数同向变动,可见销售价格在不断上涨。但同时,在 3 月、8 月、11 月都出现了波谷,这与西安市的调控政策是密切相关的。从指数变动范围来看,同比上年变动很大,可见 2017 年较之前的房价飞速上涨;环比变动相对较小,但也出现了不稳定的情况,可见 2017 年西安楼市出现了一定波动。

---

① 西安房地产 18 年来为啥不怎么涨?—西安搜狐焦点 https://xian.focus.cn/zixun/ee95b1f08710ba4a.html

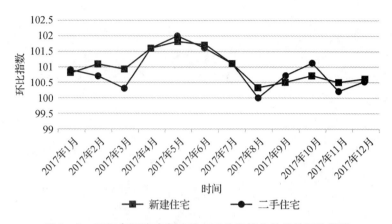

图 3-3 2017 年西安市新建及二手住宅销售价格的环比指数

数据来源:西安统计年鉴

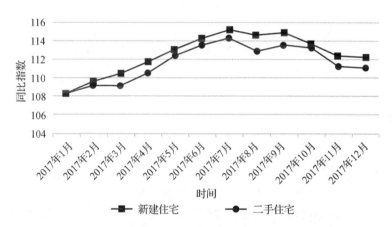

图 3-4 2017 年西安市新建及二手住宅销售价格的同比指数

数据来源:西安统计年鉴

(3)区域商品住宅销售均价

表 3-2 和图 3-5 给出了不同数据来源的 2017 年西安市各主要区域商品住宅销售均价情况。综合比对可以发现,西安的楼市格局绕不开高新、曲江、城南、城东这些热点区域,其成熟的区域配套和大批品牌房地产企业的驻扎开发,吸引了大量购房者涌入。即使此前楼市活跃度低的浐灞、长安,在 2017 年也跃入购房者眼帘。

表 3-2 2017 年西安市各区域商品住宅销售均价(截至 2017 年 12 月 12 日)

区域	曲江	高新	浐灞	城东	城南	长安	城西	城北	西咸
均价/(元·平方米$^{-1}$)	13 318	15 037	10 720	12 078	11 828	10 061	9 629	9 807	8 947

数据来源:焦点房产

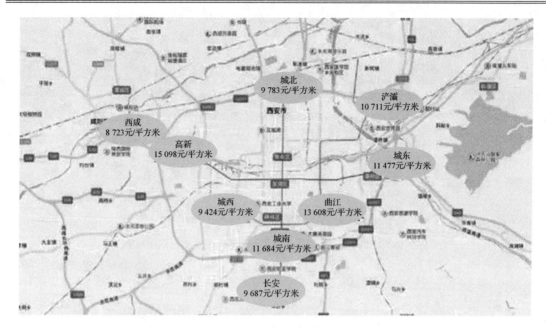

图 3-5 2017 年 10 月西安市各区域商品住宅销售均价

数据来源：至诚财经网

3. 进入 2018 年西安市房地产价格的走势

2018 年以来，西安市的房价继续上扬，其涨幅程度较 2017 年有过之而无不及（见图 3-6）。特别是二手房市场，因为受到政策调控的影响较小，房价上涨的幅度往往惊人。以笔者曾经走访过的西安高新区附近的一家单栋楼盘为例，在 2017 年 3、4 月份时，其中一套 160 平方米的三室两厅两卫的二手房报价为 160 万元，但在 2018 年 6 月前后，其报价已高达 360 万元。

事实上，作为一座西部城市，西安市的房价多年来始终运行在可预期的范围内。但这种状况在 2016 年年底迅速改变，并在 2017 年全年出现了房价持续走高的态势。对此，西安市政府也及时地采取了有针对性的房市调控政策。那么，具体的调控政策措施是怎样？又是否产生了预期的效果呢？

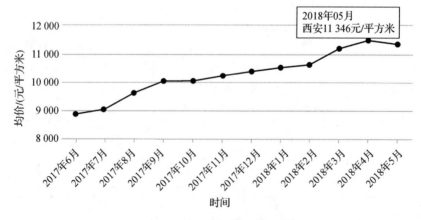

图 3-6 2018 年前后西安市的房价走势

数据来源：焦点房产

(四)西安市2017年的房地产调控政策及其效果

随着"大西安"建设启动、陕西自贸区挂牌等多重利好政策的共同推动,加之全国一线城市房地产价格上涨的外溢,使得西安房市不断升温,呈现量价齐升、开发投资加速增长的势头。为稳定市场预期,抑制房价过快上涨,坚持"房子是用来住的,不是用来炒的"的政策方针,西安市政府于2016年12月,2017年4月、6月及9月先后推出一系列房市调控政策。

1. 西安市2017年房地产调控政策的主要内容

(1)政策演进

2016年12月31日,为进一步改善市场环境、稳定市场预期、防范市场风险,促进房地产市场持续平稳健康发展,西安市自2017年1月1日起,本市及非本市户籍居民家庭(包括夫妻双方及未成年子女),在本市城六区(新城、碑林、莲湖、雁塔、未央、灞桥)范围内只能新购一套住房(含新建商品住房和二手住房)。

2017年4月18日,西安市发布"楼十条"房地产市场新政:除城六区外,将限购范围扩大至长安区等区域;在限购区域内购房(商品住房及二手住房),需取得《不动产权证书》后满2年方可上市交易;商品房首套商业贷款首付比例不低于30%,二套房首付不低于40%,三套及以上购房暂停商业购房贷款发放;购买非普通住房的,首付比例不得低于50%;使用公积金购买首套普通住房,最低首付比例为25%,购买非普通住房的,首付比例最低为30%。

2017年6月25日,西安市人民政府网站公布《西安市政府办公厅关于调整我市住房交易政策有关问题的通知》,指出:即日起,在4月18日以前购买的商品住房从网签之日起满5年方可上市交易;购买的二手住房,房屋产权人取得《不动产权证书》后满2年方可上市交易;非西安本市户籍家庭在限购区域购房需提供2年以上社保或纳税证明①。

2017年9月13日下午,西安市人民政府下发(市政发〔2017〕51号)文件,暂停向拥有2套及以上住房(含新建商品住房和二手住房)的本地户口居民家庭、拥有1套及以上住房的非本市户籍居民家庭售房;公积金购房贷款最高额度由75万元调整为65万元。与此同时,西安市物价局发布《关于实施商品住房销售价格申报的通知》,要求:新建商品住房项目在申请商品房预售许可或现房销售备案前,开发企业应按照"一房一价""明码标价"的有关要求,先向物价部门进行销售价格申报。

(2)调控方向

(a)调整供需关系。从需求端看,扩大限购区域,限制了本地居民改善性需求,也提升了外地人购房门槛;从供应端看,严控土地供给与价格,并强化配建要求,加大"双限"房建设,提高了项目准入门槛。

(b)限购、限售和限贷。从2017年1月1日起,西安楼市开始进入"政策市"。①限购政策四次升级,从第一次"允许新购1套",到第二次"提高首付、扩大限购范围和限卖",再到第三

---

① 西安市人民政府办公厅关于调整我市住房交易政策有关问题的通知 http://www.xa.gov.cn/ptl/def/def/index_1121_6774_ci_trid_2482452.html

次"外地人限购",以及第四次"本地、外地一起限购"。②商品住宅 5 年之内不让出售,以及二手住房两年之内不让出售的限售政策。③9 月 13 日的提前申报销售价格,以及 9 月 22 日市物价局开始实施的控价政策,并对每套房进行价格公示(截至当年 12 月底,西安市公示了 11 个批次的房源以及 2 个批次的房源价格调整)。④信贷政策的变动,首套房商贷首付比例由 20% 提至 30%,公积金贷款首付比例则由 20% 提至 25%,二套房商贷首付比例由 30% 提至 40%,公积金贷款首付比例则由 20% 提至 30%。此外,9 月 13 日的调控政策还降低了公积金购房贷款的最高额度。综上可以看出:西安市 2017 年楼市调控的严格程度,已经超过了 2011 年的"史上最严调控",西安楼市真正进入了"三限时代"——限购、限售和限贷。

(c) 市场整顿。2017 年也是西安市政府对房地产市场整顿力度空前的一年。这一年里,政府严打无证售房、哄抬房价等违规违法行为,并对商品房销售违法违规行为实行计分管理制度,计分超过 5 分将被暂停房屋网签销售;针对购房资格也明确指出,对通过提供虚假资料骗取购房资格的个人,一经查实,注销当事人网签合同,并取消购房家庭成员在西安市的购房资格,且 5 年内不得在西安市购房。除此之外,西安市物价局还对商品房销售价格行为进行了专项检查。

可以说,2017 年西安市政府针对房地产市场的政策调控是全方位的。那么,这些调控是否达到了相应的效果呢?

2. 西安市 2017 年房地产调控的多重效果

在房价上行的同时,2017 年也是西安楼市调控频率最高的年份。首付比例提高、预售监管从严、房贷政策收紧、购房资格严审、投资投机被挤压,这些调控政策的叠加组合,让西安市房价快速连涨的势头得到了一定遏制。比如在已公布的市物价局备案价格中,消失已久的 7 000～8 000 元/平方米的房源"失而复得"。整体看,楼市多次调控后的效果主要表现在以下几方面。

(1) 新房源放量低于供应计划

2017 年 10 月,85 个项目计划预售 29 207 套房源入市,但最终该月份仅新批预售房源 7 862 套,新盘上市的节奏明显推后。观察西安市房管局发放预售证的速度也能明显看出,自价格公示后,预售证发放速度减慢。统计数据显示,2017 年 9 月西安市共发放商品房预售许可证 77 张,10 月仅发放 21 张,11 月(截至 27 日)共发放 42 张[①]。可以看出,在严格监管下原定投放的房源数量远低于计划数字,供应节奏整体放缓。

(2) 品质项目开盘去化率可观

据克而瑞西安机构的统计数据显示:2017 年 10 月最后一周,多家项目集中开盘,从开盘去化率来看,品质项目去化率整体依旧维持在高位,其中蓝光·公园华府雍锦于 10 月 27 日获证开盘当天就全部售罄。进入 11 月份,西安全城多数楼盘都在主打优惠促销牌,且大部分为面向刚需刚改人群的产品。截至 11 月 27 日,共有 20 多个项目开盘,整体去化率达到 74%。

---

① 惠秀燕. 西安房地产市场整体趋于平稳[N]. 陕西日报,2017-11-30(12).

其中的新项目曲江阳光城 PLUS 两次开盘,去化率都高达 90%,它推出的 90～130 平方米户型房源因为适应面广、性价比高而备受青睐。

(3)新房房价涨幅呈稳定态势

2017年11月17日,西安市物价局在官网上发布第六、第七批商品房价格公示名单,涉及36个项目(21个毛坯项目和15个精装修项目),共计10 643套房源。在这些对外公布价格的楼盘中,不仅标明了各项目的备案数据,还有装修情况、申报套数、房源面积等信息,让购房者在置业时能够一目了然。同时,这两批次公示也有着较为明显的特点:高端有供应、刚需有增量、品牌房企所开发项目占比大,具体产品有别墅、洋房类的高端房源,也有批量推出的适合"刚需""刚改"置业群体的高层房源,且价格在8 000～9 000元/平方米,如海伦湾、太奥·青年家、星雨华府等。能够看到,在西安市物价局进行房价指导后,楼盘的报价更为谨慎,"动辄就涨"的态势有所消退。此外,从连续七批次的价格公示来看,入市新楼盘以及加推的项目,同品质类产品的价格与上批次几乎没有变化,凸显了价格调控的效应。

(4)购房者、卖房者更趋理性

2017年5月下旬,西安日报社多名记者先后走访了数十位二手房买卖方、房产中介负责人及相关从业者,发现随着限购政策的实施,西安楼市在趋稳的同时,购房者、卖房者也更为理性[①]。

限购政策推出前,随着楼市趋热,一些原本持观望态度人群的购房热情得到激发,有的甚至开始非理性"追涨"。比如一位老人在一家已看好的小区为儿子选购一套二手房,但因为听信了涨价传言,他报出的求购价位远高于当时的市场价格,所幸中介再三劝告后,老人买房的迫切心情才得到了缓解。在限购政策推出后,非理性"追涨"的情况明显减少。一些中介也反映,尽管他们的接待量、带看量出现了少许下滑,但"炒房者"和"跟风者"减少了,这种理性的回归对房屋买卖双方以及中介来说都是好事。整体看,限购政策让房屋的"居住属性"更为凸显,也为西安楼市的长期稳定奠定了基础。

(5)房产中介行业探索转型升级

限购政策的实施,还带动了房产中介行业主动探索转型升级之路。家住西安市碑林区边东街一小区的蔡女士反映,2016年她去周边几家中介门店咨询业务时,感觉到店员除了关心价格外对其他业务知识和信息不够熟悉,甚至一些常识性的法律法规都解释不清,而最近几周(2017年5月)她帮父母咨询卖房信息时,发现同样还是那几家门店,有的已经改换门面成为品牌房产中介的连锁店,店员主动服务的意识增强了,流程也更加规范合理,特别是能够清楚地解释相关法律法规,帮助买卖双方规避风险。

记者通过走访调查还发现,随着限购政策发挥作用,房产中介行业有更多精力投入"线上+线下"的融合发展。随着房产中介行业互联网服务平台的大量涌现,中介费用明显降低,比如西安市房产中介线下服务费率约为3%,通常是买卖双方各承担一半,但通过互联网平台交易的服务费率则在1.5%上下,使房屋买卖双方都能得到不少实惠。在此背景下,越来越多的房产中介选择"双轮驱动",把互联网的平台优势和实体门店的服务优势相结合,有效降低中介

---

① 杨耀青. 房产市场趋稳向好 中介借力探索转型[N]. 西安日报,2017-05-26(7).

费用,把更多精力用于规范和提升服务,在实现自身转型升级的同时也促进西安楼市的健康发展。

(五)结语

2017年是大西安建设全面启动的一年,更是西安房价持续走高并进入"万元时代"的一年。面对房价的不断攀升,西安市政府也推出了一系列调控措施进行相应的干预。众所周知,房地产市场"短期看政策、中期看土地、长期看人口"。从短期来看,西安市已出台的调控政策对于过快上涨的房价起到了一定抑制作用,房价的涨幅和增速有所放缓。但从中长期来看,考虑到西安土地供应的收紧,特别是人才与户籍新政的叠加效应,预计房价仍然会持续上涨。为此,当前的调控效果有待进一步巩固,要在加快城市发展的同时,继续严格执行相关调控政策,从供应体系、保障体系、租赁市场等方面综合完善西安市的住房体系,确保房地产市场健康平稳运行。

(六)思考题

(a)您认为影响西安市房价的关键因素有哪些?

(b)在何种情况下,政府需要通过政策来干预房地产市场的运行?

(c)您认为在2017年西安市的房价变动过程中,政府扮演了什么角色,又发挥了哪些作用?

(d)西安市政府的调控政策,有哪些可能的"负向"作用?

(e)结合大西安的建设发展现状,综合分析西安市未来房价的可能走向。

二、案例说明

(一)课前准备(略)

(二)适用对象

2017年西安市房地产价格攀升的话题,涉及房地产价格决定因素、市场经济、政府干预以及城市规划与管理等问题,因此其适用对象主要是城市经济、城市管理、公共政策专业相关的研究生和本科生,城市发展及公共政策领域的学者,以及实际参与城市房地产运行的开发商、城市政府管理者等。

(三)教学目标

本案例适用于城市规划与管理和公共政策分析等课程,希望达到的主要教学目标如下:

(a)让学生在充分了解西安市房地产价格演进过程的基础上,对房地产价格的决定因素、政府政策干预以及城市规划、招商引资等活动所起到的作用形成清晰的认知,特别是对案例中的房价影响因素、政府调控政策及其对房价影响的内在逻辑等有进一步认知。

(b)结合影响西安市房价各方面因素的分析,引导学生建立起房价变动的基本概念,对房地产发展的时空背景、涉及因素、实施与调整管理等形成较为全面的认知,对中国特定的房地产供给和需求中的政府和市场关系也有所了解。

(c)对国家层面规划对地方经济社会的拉动作用有更深刻的了解。

(四)教学内容及要点分析

作为价格决定理论的一个重要研究领域,房地产价格决定理论正在受到越来越多学者的关注。这一理论主要考察房地产价格中的成本因素、供求因素以及房价预期所带来的影响。本案例使用房地产价格决定理论,对2017年西安市房价攀升的关键因素进行全面分析,并扼要讨论房地产供需中的政府、市场关系。

1. 房地产价格决定理论

房地产具有经济和社会双重属性:前者表明房地产本身作为一项资产,具有保值、增值的作用;后者则体现了其耐用消费品特性,应满足人类基本的居住需要。房地产的根本属性,决定了住宅市场及其价格影响因素异常复杂。

(1)成本决定理论

根据马克思主义的价值理论,可概括房价的形成机制为:房地产企业从购买土地、规划设计、土地开发到房屋施工安装等过程中,所凝结的物化劳动和活劳动构成地产价值和房产价值即房地价值,房地产价格围绕房地价值上下波动[①]。房地价值由 C、V、M 三部分组成,其中 C 是开发土地或建造房屋过程中消耗的生产资料的价值,V 是劳动者为自己创造的价值,M 是劳动者为社会创造的价值。根据这种理论,商品价格依其生产所必需的费用而定,商品住宅价格也不例外,其价格都是由成本加利润构成,即住宅价格=总开发成本+开发商利润。此外,开发商开发房地产项目的过程为:取得土地—开发建设—销售商品房。

(2)供求决定理论

房地产市场价格同样受到供求关系的影响。房地产价格不会早于供给和需求独立出现,它是按照住房市场上供求情况由买卖双方共同决定的。

从短期看,房地产供给市场处于相对稳定状态:①因为土地资源稀缺,供给量有限;②

---

① 王振宇. 我国房地产价格影响因素研究[D]. 济南:山东大学,2016.

因为商品住宅位置难以改变,不能跨区域移动,每一处住宅的供给是唯一的。因此,房地产短期供给曲线一般是一条垂直的直线,即供给缺乏弹性甚至无弹性。在这种情况下,短期内需求一旦突然发生变化,那么房价就会出现快速上涨或下降。从长期看,现有住宅供给与突然增加的需求之间存在大量缺口时,供小于求会导致房价迅速攀升。在经过一段时期后,房地产新开发项目的竣工使得住宅的供给量增多,住宅需求会与住宅供给形成新的均衡价格。

房地产企业是住宅供给者,潜在购买者是住宅需求者。当供给大于需求时,价格下降;反之亦然。当供求平衡时,房地产价格就产生,并围绕其价值上下波动。供求理论认为房地产价格是由房地产投资额、房屋竣工面积、销售面积等供给因素和人口情况、城市化率、物价指数(Comcumer Price Index,CPI)等需求因素相互作用共同决定的。

(3)预期理论

预期理论的本质,是利用所有当前可得的相关经济变量数据,对未来值进行预测,即当前所做的决定都是建立在历史可得数据基础上的最佳决策①。在房地产市场上,未来价格走势取决于目前价格走势,而当前的价格走势也会受到历史价格走势的影响。

相对于非耐用消费品,商品住宅产权70年,寿命长且价格高,消费者购买决策相对复杂。商品住宅供给的变动对房价走势至关重要,而房价在一定程度上又会影响当前的供需关系。住宅消费占消费者开支比例较大,这使得消费者购房时更加注重住宅的投资价值,是否具有保值、增值的空间。因此购房者更多关注房价走势,从而对价格预期的心理因素成为影响房价走势的关键因素,也是主宰价格供求博弈的第三只手。

2. 2017年西安市房地产价格的影响因素

结合前述理论,本部分从商品住宅的成本、供给、需求、预期和全国房价外溢等五方面入手,分析2017年西安市房地产价格的运行特征。

(1)成本因素

土地价格是土地需求者为获取土地使用权所付出的货币价格。据统计,2016年西安市的楼面地价是2 244元/平方米,而2017年的楼面地价是3 134元/平方米,上涨近40%。房价一般是楼面地价的2~3倍,其间的差额包括建安成本、包装成本、配套成本、人工成本、税金以及开发商的盈利等。近几年,随着经济水平的提升,消费者更加注重住宅质量、小区配套、环保工艺等方面的改善,建安成本也随之上涨。除了西安楼面地价以及建安成本的逐年上涨,材料费、人工费等成本每年也在增加,导致房地产项目开发的总成本越来越高。因为"羊毛出在羊身上",所以房价必然随之上涨。

(2)供给因素

住宅供给因素并不仅仅指在一定时期内市场能够为社会提供的住宅总量,而是一个综合的概念,包括土地成本、房地产投资额、房屋竣工面积、预期效应等。土地成本前文已论及,预期效应后文将提及,这里不再赘述。

---

① 穆爽. 预期视角下我国房地产宏观调控政策对住房市场的影响研究[D]. 西安:西安建筑科技大学,2017.

1) 房地产投资额

房地产投资额是开发商在一定时期内进行房屋建设及土地开发所完成的工作量及所耗费的费用,是衡量房地产供给的一个重要指标。由图3-7可知,2004年以来西安市的房地产投资额逐年上升,其中2017年达到2 333.34亿元、同比增长15%,也是2014年以来同比增长最高的一年。同时可以看到,2011年以来西安市的固定资产投资很大程度上由房地产投资拉动,表明投资者普遍看好西安市的房地产市场。

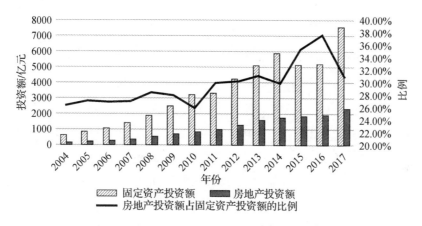

图3-7 2004—2017年西安市固定资产投资及房地产投资情况

数据来源:西安统计年鉴

进一步,在与全国和陕西全省的横向比较中(见图3-8),西安市2017年全年房地产开发完成投资的增速高出全国8个百分点,高出全省1.7个百分点,此外还高出西安市当年固定资产投资增速2个百分点。由此可见,西安市2017年房地产开发完成投资的增速之快。与之相对应的是,2017年全年西安市房地产开发企业实际到位资金3 031.1亿元,增幅达到26.9%(见图3-9),较上年高出16.5个百分点,比西安市房地产开发完成投资增速高出11.9个百分点,可见各企业开发投资的热情高涨。

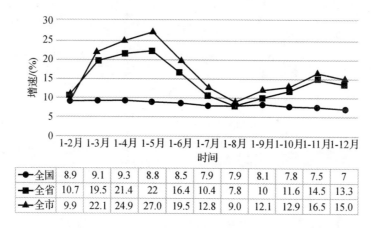

图3-8 2017年全国、省、市房地产开发完成投资增速趋势

数据来源:中国统计局

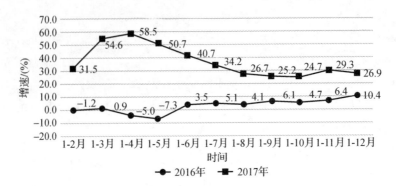

图 3-9　2016 年、2017 年西安市房地产开发企业到位资金增幅趋势

数据来源：中国统计局

2）房屋竣工面积

房屋竣工面积指可以正式入住和使用的房屋建筑面积总和，可以有效反映房地产市场的供给情况。由图 3-10 可知，2017 年西安市商品房竣工面积为 1 634.63 万平方米，同比增长 4.0%，高于 2016 年的 1 560.18 万平方米；2017 年西安市住宅竣工面积为 1 281.70 万平方米，同比增长 1.3%，略高于 2016 年的 1 259.24 万平方米。

考虑到 2014 年西安市的房屋竣工面积和住宅竣工面积都在高位，把它和 2016 年的数据放在一起，能够解释 2016 年前后的西安楼市仍处在去库存的阶段。但由于西安市的房价在 2016 年底和 2017 年初开始出现显著上扬，引发了新一轮的市场行情，因此 2017 年全年无论是房地产开发完成投资、房地产开发企业到位资金还是商品房竣工规模，都较 2016 年有显著增长，房地产供给相对充足。

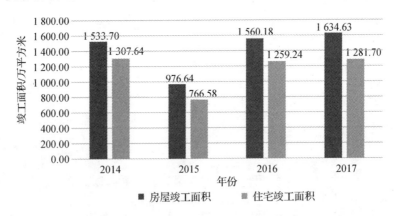

图 3-10　2014—2017 年西安市商品房竣工面积及住宅竣工面积情况

数据来源：西安市国民经济和社会发展统计公报

(3) 需求因素

需求因素不仅仅表示为对商品房的需求数量，而是站在消费者角度，购买商品房需要考虑的相关因素，包括住宅市场上的刚性需求数量、作为住房购买主力的城镇人口数量、市场上已

存在的需求以及物价指数,即人口情况、城市化率、住宅销售面积和CPI(物价指数)。

1)人口情况及城市化率

人口情况主要通过人口总量、人口素质和人口结构共同对房地产价格产生影响[①]。据统计,2016年末西安市户籍总人口824.93万人,2017年全年新落户25.7419万人,其中户籍新政实施以来,2017年3—12月落户人数为24.4575万人。户籍新政显著降低了西安市区户籍准入门槛,同时吸纳人口资源、调整人口结构,有效释放购买力,从而带动了对房地产市场的旺盛需求。与此同时,随着大西安建设正式启动、国务院批复同意户县撤县设区,以及全市城乡一体化进程不断加快等,都给西安的房地产市场带来了巨大的住房刚性需求。

综上,西安市城镇人口的急剧扩张、市域城镇化率的快速提高,都是支撑起商品住宅居住需求的重要因素。

2)住房销售面积

住房销售面积反映了购买者已经签订购买合同的实际购买房屋面积。销售面积越多,表明商品住宅需求越大,反映了房地产市场的需求情况。

由图3-11可知,2016年到2017年,西安市商品房销售面积从2 047.67万平方米增长到2 509.78万平方米,增长462.11万平方米,涨幅达22.57%;2016年到2017年,西安市住宅销售面积从1 877.78万平方米增长到2 147.67万平方米,增长269.89万平方米,涨幅达14.37%。由此可见,西安市2017年全年的住房需求十分旺盛。

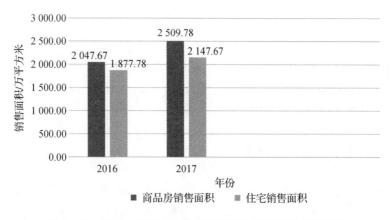

图3-11　2016—2017年西安市商品房及住宅销售面积情况

数据来源:西安市国民经济和社会发展统计公报

从图3-12中的2016—2017年西安市房屋的竣工、销售面积对比可以发现,2017年西安市商品房销售面积继续大于商品房竣工面积,住宅销售面积也继续大于住宅竣工面积,而且供不应求的状况有所扩大。这也在一定程度上解释了,尽管2017年的房地产供给相对充足,但由于需求更加旺盛,因此造成了2017年西安市房价的接连上涨。

---

① 刘玉.基于空间面板模型的西安市房地产价格区域差异性研究[D].西安:西安建筑科技大学,2017.

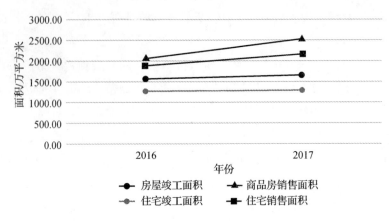

图 3-12　2016—2017 年西安市房屋竣工与销售情况

数据来源：西安市国民经济和社会发展统计公报

3）CPI

2017 年 8 月，全国 CPI 同比上涨 1.8%，而同期，西安市同比上涨 2.9%，显著高于全国平均水平。在此背景下，加剧了居民现金资产贬值的直观感受。与此同时，股票基金市场行情不佳，居民投资渠道受限，房地产投资仍然是居民投资的重点对象。此前二季度针对西安市居民储户的问卷调查结果也显示，"房地产"再次成为较为理想的投资渠道。因此，短期内西安房地产的投资需求仍然旺盛。

（4）预期因素

1）政策

2017 年 1 月 22 日，中国共产党西安市第十三次代表大会提出，省委将西咸新区划归西安代管，使西安拥有了大西安的格局和体量。深入推进西咸一体化建设，是陕西乃至西北发展的大局，为西安的城市实力注入了强力发展剂。2017 年 4 月 1 日，以西安 7 个功能区片区为主体的陕西自贸区挂牌运行。至 2018 年 3 月底，陕西自贸区制度红利的释放和营商环境的改善，有效激发了市场活力，进一步促进了西安的发展。此外，西安作为古丝绸之路起点，既有"一带一路"的新发展机遇，更在 2018 年初获得"国家中心城市"的定位，也为西安房价的上涨奠定了心理基础。

2）招商

2017 年 8 月 19 日至 20 日，首届世界西商大会在西安召开。此次大会促成签约和合作协议项目约 160 个，预计总投资额 6 400 亿元，是继 2017 年丝绸之路国际博览会暨第 21 届中国东西部合作与投资贸易洽谈会后，西安经济发展的又一举措，展现出强劲的"西"引力。此前，2017 年 2 月，绿地 501 米超高层"丝路国际中心暨绿地西北总部"项目落地，总投资 100 亿元；6 月 5 日，万达文化旅游城项目签约，总投资 660 亿元；6 月 19 日，华侨城 2 380 亿元投资西安；7 月 18 日，吉利新能源汽车项目落户西安，总投资 200 多亿元；等等。大型投资项目的不断落地，使得西安经济发展得到了如水般的灌溉[①]，也带给西安楼市更大的发展空间。

---

① 王艺霖. 回顾 2017 强大"西"引力助推西安楼市发展[N]. 陕西日报，2018－01－02(15).

3)城建

2017年,西安的各项基础设施建设按下"快进键"。2017年9月,省住建厅向社会公示西安外环高速(南段)规划选址,到2020年形成全长约270千米的西安外环高速公路,大西安迎来"四环时代"。西安市的地铁网也进一步扩大,共有17条线路在建、新开工或进入前期准备。2017年12月6日,西成高铁正式开通运营,西安至成都形成"3小时经济圈"。西成高铁穿越西北、西南经济长廊,使关中经济圈与成渝经济圈携手,大大加强了西安的城市实力。

总体来看,预期效应在2017年西安市的楼市中的表现十分明显,使得购房者对住宅的需求比之前更加强烈,各种预期的叠加也改变了购房者对未来房价走势的判断,从而做出对自己有利的消费决策,进而影响到住宅市场的供需情况,房价也随之变动。换句话说,预期因素会影响消费者和房地产商的消费、投资行为,进而改变现有的住宅市场供需关系,促使住宅的当期价格变化和未来变化趋同,形成房价上涨。

综上,"大西安"模式在2017年开启,无论是国家战略支持,还是西安本地经济引擎的发力,都为西安房地产市场的发展提供了良好基础。西安市经济发展活力的积极变化,不仅影响了房地产产品的供给,而且影响了房地产产品的需求,两方面的共同作用造就了西安市2017年住房价格的整体走势(见图3-13)。

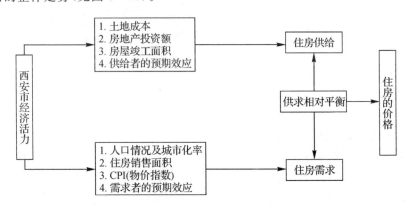

图3-13 2017年西安市住房价格动态的作用机制

(5)全国房价外溢

不容忽视的一点是,西安房价和全国房价具有关联性。一方面东部沿海城市和北京、上海、广州相继出台了限购政策,另一方面西安作为西北龙头城市,长期以来房价都在6 000元上下徘徊,和成都、武汉、兰州等城市相比都偏低,处于价值洼地①。特别地,西安致力于城市发展的系列政策拉抬了投资者预期,北京、上海、郑州、合肥等地的投资客纷纷涌入西安市的楼市。统计数据显示,2017年一季度,外地人在西安购房占到60%以上,而3—5月这一数据接近80%。最终在全国楼市量价齐升的传导下,西安房地产市场也出现了量价攀升。

3. 对特定房地产供需中政府和市场关系的讨论

(1)中国城市房地产供应和需求的基本面

改革开放以来,伴随我国城市化进程的快速推进,广大城市的基础设施建设不断完善,由

---

① 樊永锋.到西安去:楼市"蝴蝶效应"袭来[N].中国房地产报,2017-10-30(7).

此激发出的城市聚集效应,显著带动了产业集中和人口集中,这又必然带来城市住房需求的日益增长和房地产开发投资的持续加大。其中一、二线城市以及人口净流入城市的房地产市场增长和扩大效应尤为显著,这在给房地产市场带来巨大发展空间的同时,也引发了房地产市场的供需矛盾。

对于房地产供给方而言,开发企业需要根据不同城市的住房市场需求,制定合适的发展战略。对于房地产需求方而言,人口迁移、家庭规模扩大、生活条件改善等因素,都使得城市住房需求大幅上升。在当今城市化进程不断深入和城市群集聚发展的背景下,北京、上海、广州、深圳等超大城市以及众多二线城市的发展,都不同程度地受到建设用地规模的限制,房地产市场的需求巨大而供给相对有限,使得市场整体出现供不应求、房价快速上涨的局面。

(2) 2017 年西安房价攀升中的政府和市场关系

政府作为核心公共部门,实现社会福利最大化是其根本目标。由于房地产市场在发展过程中不可避免会出现市场失灵的情况,因此需要政府及时介入,通过干预市场来弥补市场失灵,促使房地产市场运行在健康平稳的轨道。

本案例中,在 2016 年之前,西安市房地产市场运行的主基调是"去库存",市场整体呈现出供大于求的状况。对此,西安市政府通过实施一系列激励政策,优化房地产市场发展环境,使得 2016 年商品房销量突破 2 000 万平方米,房地产市场信心及预期都得到了稳定和提振。

从 2016 年岁末,西安市市政府的主要官员更替开始,一系列政策措施、招商活动和城建计划等的推出,给房地产市场的供、需双方都带来了新的预期,由此奠定了 2017 年西安房价攀升的"新基调"。初期,受到全国房价外溢因素的较大影响,很多外地人在西安购房,推高了房价。从 2017 年 3 月开始的人才与户籍新政,以及此前已集中进入西安市场的融创、碧桂园、绿地等国内一线房地产品牌企业,接续从需求、供给两方面,推动着西安房地产市场的行情转换——人口快速涌入导致住房总体需求快速增加,一线企业的优质楼盘带动行业品质整体提升,房价也因此被进一步推高。大体在 2017 年年中,西安房地产市场即转入供需平衡的新阶段。到 8 月份,为配合其他调控政策,西安市政府进一步收紧了土地供应和供地节奏,这在客观上加大了企业的拿地成本,从而在无形中又推高了未来的房价。

但整体而言,西安市政府的"三限"政策,还是在很大程度上抑制了 2017 年西安房价的过快上涨,使房地产市场保持了较为健康的运行状态。特别是政府对商品房销售价格行为进行的专项检查等市场监管行为,也向供需双方传递了较为清晰的市场信号。

(五)教学安排(略)

案例四　西安市"碑林环大学产业带"的创新之路

2012年11月,党的十八大在北京召开,首提"创新驱动发展战略";时隔两个月,西安市碑林环大学创新(创意)产业带与创新同行、横空出世。2017年10月,党的十九大在北京召开,首提"创新是引领发展的第一动力";时隔两个月,年满"五周岁"的西安市碑林环大学创新(创意)产业带(下称"产业带")以十个"第一"的显著成绩,成为区域转型发展新动能、全市创新驱动新高地。

五年历程,产业带从无到有、从小到大,演绎了怎样的成长故事?走出了怎样的创新之路?面向未来,产业带又胸怀着怎样的创业梦想?课题组对此进行了专门调研,并尝试给出初步答案。

一、稳健起步(2012—2013年)

(一)对碑林区转型发展的谋划

进入"十二五",碑林区委、区政府日益重视产业结构调整、资源优势转化等问题。如区政府工作报告在2011年提出"现代服务业发展相对缓慢",在2012年提出"科技、旅游、文化资源优势还未充分转化为发展优势"等。与此相适应,碑林区委、区政府适时决策,于2012年初提出"启动'环建大创意设计产业带'建设,搭建科技成果转化服务新平台"的工作部署。

围绕全区的转型发展和产业升级,区科技局、区政府研究室等部门在2012年都组织了专题调研,通过梳理区域实际、部门实际,综合提出了碑林转型与突破发展的系统谋划,包括"深入实施科技资源统筹发展,加快构建区域创新体系""与驻地高校和院所建立科技创新战略合作关系,共同组建碑林环大学科技园区,建设东、中、西三个科技产业聚集区"等。

从政府工作报告中的"环建大创意设计产业带",到部门调研谋划中的"碑林环大学科技园区",产业带的雏形日益显现,轮廓更加清晰。

(二)产业带的正式启动

在前期酝酿、准备的基础上,碑林区政府主要领导在2013年1月12日召开的区第十七届人大二次会议上正式提出"环大学创意产业带",要求"创新统筹科技资源'校地合作'新模式,围绕辖区高校、院所,以发展创意设计、创意文化、创意研发三大产业为重点,整合技术资源和产业优势,积极争取扶持政策,全力打造环大学创意产业带"。

以这次会议为标志,酝酿良久的产业带正式起步,碑林区委、区政府为此下发《碑林环大学创意产业带建设实施意见》进行全面部署,产业带规划建设领导小组、管委会及其办公室相继成立。到3月份,碑林区与西安市科技局联手出台《关于推进碑林环大学创意产业带建设的若干措施》,明确由市科技局每年拿出若干扶持资金,碑林区从当年连续三年每年投入配套专项资金,用于产业带的各项工作。

(三)建章立制与规划引领

产业带管委会及其办公室成立后,立即开展了一系列工作:①把产业带工作上升到市级层面,在2013年5月份建立"碑林环大学创意产业带建设联席会议制度",至7月3日即由副市长召集了第一次联席会议。在这次会议上,碑林区政府与西安交通大学等10所驻区高校签订协议,共建产业带。②把产业带发展规划编制作为统领,通过公开招投标,选择一流专业机构承担规划编制,提出了"三区一轴多园"空间布局和"六大产业+六大平台"的功能设计。③在北京、上海、南京等地深入调研,总结出虚拟园区、科技创业特别社区等重点经验。

此阶段,产业带建设的总体原则更加聚焦,即"市区联动、校地共建、政策特惠、转型发展",发展目标更加清晰,即"打造没有围墙的智慧型科技园区"。特别地,产业带在5月份以"碑林环大学创意设计聚集区"的名义,被西安市确定为首批9家市级服务业综合改革试点聚集区之一,既显著增强了在全市创新改革工作中的显示度,也借此步入开发建设的上升通道。

二、全面探索(2014—2016年)

(一)明确工作定位,理顺工作方式

2014年初,产业带建设被确定为碑林区"三项重点工作"之首,成为全区经济社会发展特别是改革创新的排头兵。对此,区政府也做出了明确部署:紧盯已启动的6个项目,筹划、启动一批新项目;加快资源统筹和运营,引导驻区高校、院所等单位项目建设融入产业带整体规划;完善加快产业带的扶持政策,建立健全支撑服务体系和公共技术平台,建设创新创业特别社区;等等。

在上述工作中,项目服务、院所协调、政策制定,可以由区政府出面、管委会实施,但在涉及平台服务体系建设特别是创业载体管理运营时,需要一个能够与管委会紧密协同的市场主体。产业带管委会对此有着清楚认识,于2013年7月19日注册成立了"西安市碑林区创意产业发展有限公司"。此后,产业带管委会和区创意产业公司作为产业带建设核心机构,一体两翼、共同发力,形成政府引导与市场化运作并重的有效管理机制。

(二)融入高位规划,出台核心政策

为提升产业带影响力,产业带管委会抓住西安市申请国家现代服务业试点城市的重大机

遇,提前介入、充分沟通,将产业带建设内容融入申报方案。2014年7月,西安市顺利获批试点,方案提出打造"科技服务强市"品牌,到2016年基本建成"一带一城"现代服务业发展格局。其中"一带"指西安环大学创新产业带,主要依托碑林环大学创新产业带。

在完成市、区两级工作定位谋划和建立健全工作机构机制后,产业带管委会又全力推动区政府与市科技局联手出台《加快环大学创新产业带建设的扶持政策》,使产业带真正驶入了开发建设的快车道。该政策的要点包括全力推动产业带在统筹科技资源改革和服务业综合改革方面先行先试;市科技局每年支持产业带发展资金;对新认定的孵化器和创业中心,重大项目和重点领域科技成果转化,重点领域产业集聚,高层次人才创新创业等给予专项资金支持。这些指向明确、货真价实的扶持政策,犹如熊熊烈火,既照亮了前路,也为双创群体带来了温暖。

(三)探路载体建设,注重特色打造

产业带在前期筹备中即通过摸底调研,梳理出西北工业大学创新科技大楼等6个既有载体项目,并陆续储备了西安建筑科技大学西部工程设计大厦等一批载体项目。此后产业带结合工作调研,积极谋划"科技创业特别社区"在区内的布局,最终选定互助路上的西部电力国际商务中心,开建全市第一个"创新创业特别社区"。至2014年底,使用面积达5 000平方米的特别社区投入使用,首批吸引38家创业企业和团队入驻。其中来自西安建筑科技大学的邓明科教授及其团队很有代表性。邓教授是高延性纤维混凝土的发明人,但在产品研发出来后遇到了"如何将产品推向市场"的难题。在产业带帮助下,邓教授及其团队成立了西安五和土木工程新材料有限公司,稳步走上了创业之路。

2015年初,结合此前对区委、区政府等机关搬迁后遗留政府大楼的用途谋划,建立"西安创新设计中心"的消息由区政府正式发布。以该中心的启动建设为标志,产业带发展特色产业的道路正式起步。其中,由产业带管委会作为主要发起单位于2015年8月11日成立的西安设计联合会是重要里程碑,标志着西安市设计资源整合、设计产业发展、设计品牌提升迈入新阶段,对更好集聚西安设计人才、发展西安设计产业、树立"西安设计"品牌,起到了重要推动作用。

(四)发力品牌效应,聚焦服务能力

特别社区的建成运行让产业带的创业孵化有了载体依托,西安创新设计中心的建设为产业带的载体建设和运营添了一把火。怎么能让这把火烧得更旺?答案很简单:引进国内外一流的双创品牌和资源,助推西安乃至陕西的双创事业。围绕这个目标,包括产业带管委会和区委、区政府主要领导在内的碑林环大人顽强拼搏、不懈努力,引来众多"金凤凰"。2015年9月1日,碑林区政府与腾讯公司签署合作备忘录,确定腾讯众创空间(西安)落户产业带,这也是腾讯在西北布局的第一家众创空间。与此同时,由产业带联手神州数码公司推出的企业融合服务平台投入试运行。2015年底,在碑林区委主要领导推动下,陕西省青年创业联盟确定落户产业带。

进入2016年,产业带更加专注于创业孵化和科技成果转移两件大事,为此整合提出了创

业孵化、技术转移服务、投融资服务、产品展示交易和公共服务 5 个功能平台。

（a）创业孵化平台。2016 年 7 月 28 日，西安创新设计中心正式开园，腾讯众创空间（西安）、微软云暨移动应用孵化平台、陕西省青年创业联盟西安中心及洪泰大程创新空间（西安）等核心孵化平台一并亮相，共同支撑起产业带的创业孵化服务功能。2017 年 1 月 11 日，产业带自有孵化品牌——西安思创艺孵化器有限公司也注册成立。基于产业带这一系列的实践探索，西安市委、市政府在《关于系统推进全面创新改革试验打造"一带一路"创新中心的实施意见》中明确提出，"推广碑林环大学创新产业带创业孵化模式"。

（b）技术转移服务平台。产业带在早期成立有西安科技大市场碑林分部。在此基础上，经过精心筹备，西安环大学知识产权技术服务有限公司于 2016 年 11 月 18 日正式成立。很快，由产业带、南京理工大学国家技术转移中心等机构搭建的西安环大学技术转移服务平台于 2016 年 12 月 12 日揭牌成立，由产业带参与发起的"环大学技术转移联盟"同时成立，产业带的技术转移服务平台功能日臻完善。

（c）投融资服务平台。产业带在早期与西安科技金融服务中心等合作开展相关业务，在引进腾讯、微软、洪泰等专业化众创载体后，投融资服务功能得到加强。2016 年底，西安股权托管交易中心有限公司落地西安创新设计中心，为产业带的投融资服务提供了有力支撑。

（d）产品展示交易平台。这包括特别社区中的展示大厅，西安创新设计中心中的展示大厅、中心展厅和"西安好设计"展厅等。

（e）公共服务平台。这包括产业带创新创业服务中心、3D 打印一体化服务平台、华拓高端制造技术平台、中科创星 FABLAB 实验室、神州数码"企橙"融合服务平台、产业带媒体宣传联盟等。

五大服务平台的梯次搭建，使产业带汇聚创新要素、培育创业企业的服务能力显著增强，同时带动创新链、产业链、资金链有序耦合，形成了产业带的全要素创新创业生态圈，为创新创业提供了价值链支撑和服务平台支撑。

三、重点突破（2017 年）

（一）发布龙腾计划，打造双创生态

进入 2017 年，产业带管委会按照市第十三次党代会要求，迅速谋划全区双创升级计划制订，并在 4 月 22 日发布《西安市碑林区双创"龙腾计划"（2017—2021 年）》。该计划的核心是为创业企业提供量身定制的全程服务，其中的"创业企业成长路线图"分类别、分层次、分阶段整合、梳理扶持政策和服务资源，使创业企业在初创期、接近规模期、达到规模期、上市发展期四个阶段能享受的政策和服务一目了然，让不同阶段的"创业烦恼"都有了定制的解决方案。此外，该计划还配套出台了《碑林区引进和激励双创人才计划》。

2017 年，产业带还开展了一系列丰富多彩、形式新颖的创新创业活动，汇聚双创正能量、打造双创好生态。先后举行大型模拟创业实践活动"Idea to Action MEGA"，举办"中美创客季——创新创业发展论坛"、Make Fashion 科技时装秀、"首届中国欧雷奥光电精英赛"决赛、

"第一届西安智启高校辩论邀请赛"、"首届丝绸之路女性创新设计大赛"、2017陕西省"丝路·星"创新设计大赛等。特别是在欧亚经济论坛期间,成功举办了首届"丝绸之路国际创新设计周"系列活动。

(二)强化造血功能,推动孵化提质

产业带自2013年成立区创意产业公司起,就高度重视自身的可持续运营。在建成特别社区后,即谋划通过创业孵化和技术转移服务实现自身造血功能。在引入腾讯、微软等众创载体后,产业带设立自己的创投基金也水到渠成。2017年6月6日,产业带与上海六禾创业投资有限公司签订协议,共同发起设立1亿元的"西安环大六禾创业投资基金",重点投资智力密集型产业的初创型、早中期小微企业。

此前,产业带还与陕西金控资本等12家投资机构签署《"环大学创新产业带共赢基金"合作框架协议》,旨在鼓励社会资金投向产业带重点产业领域。同时,在2016年底落户的西安股权托管交易中心业务开展迅速,截至2017年年底,已有挂牌企业402家,总股本54.5亿元,资产总额39.1亿元。

(三)建设特色小镇,推进产业升级

2017年初,受到全市推进特色小镇建设工作的直接带动,产业带启动了特色小镇的论证建设。经过综合研判,选定以"雁塔路IT产业一条街"的区域转型发展为载体,打造"数据智能小镇",以突出大数据应用和人工智能的耦合发展。小镇坚持"系统规划、整体打造、做美景观、做靓品牌"建设原则,以大数据应用为产业特色,以"一核一厅三轴四片区"的布局发展产业,通过聚合区域内外的多种优势,打造新一代信息产业小镇。

小镇布局中的"一厅"指小镇客厅,是小镇建设的先行区、形象区。为高起点建设小镇客厅,碑林区政府主要领导专门赴北京优客工场总部对接洽谈,敲定落户事宜。2017年8月19日,产业带与优客工场正式签约,明确在小镇内的百瑞广场打造小镇客厅项目。同时"地信硅谷"军民融合创新园等产业项目也顺利签约,至2017年11月,小镇建设已累计实现投资4.75亿元。

(四)突出创新设计,做实自有品牌

自2015年8月西安设计联合会成立、2016年7月西安创新设计中心投入使用,产业带紧抓创新设计这一自有品牌持续发力,于2016年9月25日成立"丝绸之路创新设计产业联盟"。对此,两院院士、中国创新设计产业战略联盟会长路甬祥指出:碑林区建设西安创新设计中心,发起成立丝绸之路创新设计产业联盟,是创新驱动发展的具体实践,是用创新设计促进产业和经济发展的重要手段。

为扩大创新设计的品牌影响力,产业带管委会在2017欧亚经济论坛期间,策划实施了为期9天的"丝绸之路国际创新设计周"大型活动。设计周以"西安与世界一起创造"为主题,通过举办高端论坛、精品会展、专业大赛等为社会各界带来创新设计"营养套餐",推动"一带一路"跨区域的经济文化交流与合作共赢。在设计周开幕式上,"丝绸之路创新设计研究院"也揭牌成立。

从"环建大创意设计产业带"到"丝绸之路创新设计研究院",星星之火终成燎原之势。回首产业带从初期酝酿到在国际舞台上崭露头角,这不平凡的两千多个日夜的确值得回味。

五年来,产业带在碑林区委、区政府的正确领导和省、市各级部门的大力支持下,善于谋划、勇于探索、勤于奉献,围绕创新创业取得了一系列令人瞩目的工作成绩:在全市区县、开发区第一个实施双创行动计划;创建全市第一批双创特色小镇;落地全市第一个区域股权交易中心;建立区县第一个技术转移平台;建立区县第一个双创服务平台;建立区县第一支创业投资基金;引进C类以上高端人才总数居区县第一位;助力碑林区获得西安市第一个国家知识产权强县工程示范区;建成全市第一个双创图书馆;区县第一个创立国际化双创品牌活动。

五年来,在与区科技局等部门共同努力下,产业带累计建成众创载体45个、总面积57.445万平方米,位居各区县第1位。已认定国家级孵化器1个、国家级众创空间11个,省级孵化器1个、省级创业孵化基地1个,市级众创空间20个、创业孵化基地6个、创业服务平台3个、大学生创业实训基地20个。

四、"三合"创新科技资源统筹方式

(一)校地联合:工作理念创新

产业带在发展初期即果断打破政府部门管理的传统思维模式,明确了"市区校联动"这一具有前瞻性的科技治理理念。通过五年来的持续探索,产业带形成了以"市区共建"为基本特征、以"校地合作"为鲜明特色的科技创新治理新方式,实现了各类创新主体间的有效协同和合作共赢。

在产业带酝酿初期,碑林区政府提出"统筹区域科技资源,落实与驻区高校的科技创新合作""搭建公共技术平台和科技成果转化服务新平台"等主张,初步明确产业带的建设路径是和驻区高校开展科技创新合作,并为此搭建公共平台。这改变了政府管理"居高临下"的旧思维,为进一步解放思想奠定了基础。

2013年初,碑林区政府提出"创新统筹科技资源'校地合作'新模式",重点是"围绕辖区高校、科研院所,整合技术资源和产业优势,积极争取扶持政策"。这一年,碑林区经与市科技局通力合作,撬动市政府建立产业带建设联席会议制度,然后在市级平台层面与驻区十所高校签订共建协议。从城区政府到市级部门,再到市政府,最终到驻区高校,看似繁复的组织链条,恰恰反映出基层政府统筹驻区科技资源的现实难度和操作技巧,以及产业带经由"市区共建"来带动"校地合作"的开发路径。经过这一年的积极探索和果敢行动,产业带走出了一条以"市区校联动"为基本内涵的科技创新治理新路径,为产业带的建设提速开辟了全新空间。

"市区共建"是"市区校联动"的保障。产业带高度重视市区共建,继2014年7月被纳入西安市国家现代服务业试点"一带一城"框架核心后,又相继被列为西安国家级文化和科技融合示范园区、西安国家全面创新改革试验区和西安市国家小微企业创业创新基地城市示范等国家级政策区域建设项目，进一步汇聚了政策、资源优势，为推进"校地合作"提供了有力支撑。

"校地合作"是"市区校联动"的核心。产业带以市区共建为牵引，以政策资源为撬动，首先吸引区内十所主要高校合作共建产业带。此后，产业带以主动上门沟通为桥梁、以提供创业服务为抓手，通过和一系列创业团队的紧密对接、悉心帮扶，陆续孵化了西安建筑科技大学邓明科教授领衔的西安五和土木、西安电子科技大学研究生俞辰团队的西安慕声电子、西北工业大学博士生李宽团队的西安瓜大网络、西安交通大学博士生卑立新团队的西安英卓酒店等一批科创企业。此外，产业带吸引了西安交通大学卢秉恒院士领衔的"国家快速制造工程研究中心"入住特别社区，很快和社区内的西安昭泰文化传媒有限公司产生业务耦合，形成了"创意设计＋3D打印"的产业共生新模式。西安设计联合会的成立，标志着产业带在推进"校地合作"工作上的日趋成熟——包括西安交通大学、西北工业大学、西安理工大学、西安工程大学、西安建筑科技大学、西安美术学院以及中航第一飞机设计研究院等在内的高校、院所都被联合会纳入。自此，推动高校院所和作为地方的产业带联手，双方再合力推进教师和大学生创新创业的"碑林环大模式"已基本成形。

这一模式能够生成、发展的关键，在于产业带树立了超前的治理理念，通过对区域创新创业体系内外关键要素、主体的识别、整合和关联撬动，成功地开展了科技创新治理实践，即以"市区共建"的协同，带动"校地合作"的共赢。总之，"校地联合"是产业带实施科技创新治理的根本目的，也是产业带创新科技资源统筹的基本经验。除此之外，"空间统合"和"服务聚合"也是产业带创新科技资源统筹的重要内容。

（二）空间统合：资源利用创新

从开发初期借鉴科技创业特别社区理念、自行建设创新创业特别社区，到统筹利用辖区单位物理载体，引进国内知名众创空间；从突出建设实体并以众创空间为载体，到重视建设虚拟双创服务平台；从着眼区域内部重点资源开发利用，到放眼全球各类核心资源开发利用，产业带实现了6种空间的有序统合和对应资源的高效配置利用。

产业带建设伊始，就十分强调双创载体建设，如区政府2013年的政府工作报告提出要"引导、扶持驻区高校等单位新建或利用现有建筑存量，建设各类科技创业园区"。与此同时，产业带管委会在组建完毕后，通过深入调研将工作重点放在了创业社区的建设上，这也是2014年建成西部电力"创新创业特别社区"的源头所在。该社区的建成，对于产业带的工作推进和形象展示起到了重要作用。另外，产业带管理团队紧紧围绕驻区高校的建设项目开展工作，在2013年先后对接落实了西安科技大学科技创新基地等6个建设项目作为双创载体，实现了自建空间与他建空间的统筹规划。

2014年，区委、区政府明确将搬迁后的政府机关大楼交由产业带统一管理运营，既为西安创新设计中心的后续建设提供了契机，也为中心引入腾讯、微软等品牌双创载体创造了条件。到2016年7月，西安创新设计中心正式开园，产业带已经汇集了创新创业特别社区、动漫游戏空间、腾讯众创空间、微软云孵化平台、洪泰大程众创空间、中科创星万科云众创空间以及西安交通大学"七楼创客汇"、西北工业大学"智慧＋"创客梦工场等涵盖校区、院区、社区、园区等多种形态的双创载体空间，有力支撑了区域双创工作开展。

在实体空间之外，产业带也注重发挥虚拟空间对双创工作的促进作用，推动线上、线下双创空间及服务的一体化。这方面,产业带首先与神州数码公司合作建立了企业融合服务平台"企橙网",融合有政务服务、中介机构服务和市场化服务等数百项功能,形成线上服务优势。此外,产业带还开发了园区管理信息系统、客户关系管理软件、微信服务号等信息平台,进一步打破了"信息壁垒"和"圈子束缚",与线下的"无边界智力密集型园区"形成呼应。

2017年初,产业带在谋划龙腾计划时,与成都市的双创服务平台"科创通"主动对标,同步提出了打造碑林移动端双创服务平台"企创宝"的工作目标。经过半年多准备,"企创宝"在2017年9月15日正式发布上线,碑林区众创空间联盟也同时成立。该平台基于微信小程序并通过双创园区、双创机构、众创空间等双创服务商来服务广大创业者,本质是利用"互联网＋双创"模式搭建全要素创新平台,为中小微企业提供全生命周期的个性化服务,打造线上线下相结合的"24小时创新创业生态圈"。

从自有空间到引进空间,从实体空间到虚拟空间,产业带对双创资源的利用逐步拓展、梯次深入,并结合自身创新设计品牌的建立,进一步将双创资源利用从域内延伸到全球,实现了在全球范围配置利用资源。在2017年的"丝绸之路国际创新设计周"活动中,产业带共邀请了包括普利兹克奖获奖建筑师汤姆·梅恩在内的近30名境外嘉宾出席,并与美国南加州大学中国学院签署合作协议。此前产业带还成功引入美国国际教育联盟（AAFIE）西安创新中心,并实施了系列课程教育推广。

总之,"空间统合"是产业带开展双创工作的直接抓手和实现多种空间资源整合利用的有效途径,也是产业带创新科技资源统筹的重要依托。

（三）服务聚合:资源增值创新

高效专业的优质服务,是释放创新资源潜能、兑现创新资源价值的关键所在。产业带高度重视以创业孵化、技术成果转移为重点的配套服务能力建设,从在地项目建设服务、创业团队入驻服务入手,不断强化创业孵化服务、技术转移服务、投融资服务、产品展示交易和其他公共服务,形成了线上线下一体化的双创服务体系。

早在产业带的筹备阶段,相关人员主动对接驻区高校,就其开发改造项目和校园周边业态进行全面调研摸底,在此基础上形成产业带发展初步规划。产业带正式启动后,管委会始终与驻区高校、院所保持密切联系和有效沟通,一方面掌握相关项目建设进展情况,另一方面为项目建设提供力所能及的便利服务。特别是在出台核心政策、建成特别社区后,产业带有了更多资源来对接、服务项目建设,进一步拉近了与驻区高校的距离。利用"近水楼台先得月"的优势,产业带先后对接服务了五和土木、知更设计、慕声电子、英卓酒店等一批高校师生的创业项目,有力推进了产业带的创业孵化和产业发展。西安设计联合会的发起和成立,也是产业带对接服务驻区高校的一个缩影。期间,管委会一班人对西安交通大学、西北工业大学、西安工程大学以及西安建筑科技大学、长安大学、西安美术学院等高校逐个登门拜访,听取专家意见、争取专家支持,用真诚沟通和真情服务敲开了联合会的大门。

在核心服务能力建设上,产业带的最初设计是积极搭建西安科技大市场碑林分部、科技企业孵化器和大学生创业基地、科技金融服务平台、各类专业技术平台、碑林专利创业园、科技交流与合作平台等六大平台,后续提出了面向创新创业的"空间＋平台＋服务"一体化解决方案以及面向企业"全生命周期、全价值链条、线上线下结合"的融合服务体系,又在2016年整合提出"创业孵化、技术转移服务、投融资服务、产品展示交易、公共服务等五大平台"的搭建。

不难发现,载体空间内建平台、平台之上聚合服务,是产业带一以贯之的服务能力建设思路,从特别社区到腾讯、微软的引入,从科技大市场碑林分部到西安环大学技术转移服务平台的建立,从早期试水个别科技金融业务到成立西安环大六禾创业投资基金,从特别社区里的小展厅到众创空间群落的复合服务功能,从创新创业服务中心到创新创业扶持券,从企橙网到企创宝,等等,无不见证着这一思路的成长、成型与成熟。实践证明,产业带以服务能力为核心的"空间＋平台＋服务"支撑体系建设是成功的,也是贯穿校地联合和空间统合并最终形成"全要素创业生态圈"、实现系统性创业服务功能的关键一环。

五、"三动"探索产业创新发展路径

(一)技术驱动:发挥比较优势

碑林辖区内共有17所高校、131家科研机构、10个国家重点实验室、6个国家工程技术中心、113个省部级重点实验室和工程中心,各类科研人员3万多名,在校本科生17.35万人、研究生5.78万人,是陕西省、西安市科技人才和科技成果最密集的区域,也是产业带的资源禀赋和比较优势所在。

在此背景下,产业带的产业发展路径与深圳这种高度依靠市场需求来驱动产业创新发展的道路必然不同,它更多的是需要依靠自身在科技供给上的优势来实现技术驱动型的产业创新发展。回顾产业带内五和土木、知更设计、慕声电子、英卓酒店、绿豆芽科技、狂生电子等一批创业企业的成长过程和发展路径,无不是从核心团队的技术成果出发,先有产品,然后开拓市场。而产业带东、中、西三大片区的创意文化、创意设计、创意研发的基础产业定位,事实上也依托了各片区主要高校的技术特点及优势。此外,产业带现有的3D打印一体化平台、协同设计云平台、华拓高端制造技术平台、中科创星FABLAB实验室、测绘技术与地理信息应用平台等多个专业技术公共服务平台,都来自于相关高校、院所及企业的既有技术平台。特别地,西安设计联合会和丝绸之路创新设计产业联盟的成功运作,仍然归功于产业带对域内设计产业资源的充分挖掘和整合。可以说,从微观的企业成长,到中观的公共技术平台和产业促进组织,再到宏观的产业布局,都集中体现了产业带通过充分利用技术供给这一核心优势,来驱动产业快速布局、企业快速成长的可行路径。

在产业带规划"十三五"期间的产业发展时,继续立足区域内众多高校、院所的技术优势,提出大力发展"六大创新产业集群",即以工业设计、物联网、软件研发、电子信息等为重点的研发设计服务业,以游戏动漫、视觉传达、时尚文化、数字内容等为重点的文化创意产业,以建筑设计、地理信息、勘察设计、节能环保等为重点的工程科技服务业,以智能商务服务、众包电商服务、教育电商服务、医疗电商服务、电子商务配套及技术服务等为重点的电子商务服务业,以健康管理服务、医疗研发服务、健康咨询服务、体育服务业等为重点的健康服务业,以及以咨询服务和教育培训为重点的咨询和培训产业。

整体看,产业带能够完成从无到有、从小到大的产业蜕变,一个根本原因就在于认清了区域产业发展的比较优势,在此基础上充分挖掘、利用、释放其中的技术能力及其巨大潜能,实现产业带产业创新发展的顺利起步。

(二)品牌带动:打造联合舰队

有了空间载体、有了配套服务,甚至也有了技术上的比较优势,但这些条件都还不足以保证产业带产业发展的可持续性。面对充满着激烈、残酷竞争的市场环境,特别是在当前这个以品牌为王的快消费时代,创业企业必须要借助相关品牌的平台和力量,依托它们在市场份额、资源整合、专业化运营等方面的综合能力,来越过创业期的"死亡峡谷",走上健康发展的希望之路。

在这方面,从产业带管委会一班人到碑林区委、区政府主要领导,都有着清晰的认识和判断。比如,产业带在初期即参考借鉴在国内具有较高影响力的南京"科技创业特别社区"模式,在区内自建了"创新创业特别社区"并取得成功。此后,在西安创新设计中心以及数据智能小镇的建设特别是对外招商中,碑林区主要领导多次带领产业带管委会团队赴腾讯、微软、神州数码、优客工场等品牌企业总部对接、谈判,最终让腾讯众创空间(西安)、微软云暨移动应用孵化平台、企橙网企业融合服务平台落户产业带,让优客工场落户小镇客厅,等等。这中间,陕西省青年创业联盟落户产业带也极具典型性。2015年中,碑林区委主要领导偶然得知团省委正在与省青年企业家协会接洽,要建立面向全省青年创客的组织——陕西省青年创业联盟。区委领导第一时间查阅资料,了解到省青年企业家协会拥有6 000余名商界精英,会长崔程旗下的大程集团参股洪泰基金、省青年创业基金会、AA加速器等创业平台,积极推动陕西创新创业发展。基于这些信息,区委领导想方设法联系上崔程并邀他见面,向他推介产业带的创新创业优势。这次会谈后,区委领导立即安排招商团队拜访崔程会长,并很快敲定联盟落户碑林区的各种细节。

品牌就是希望,品牌就是力量,品牌就是生产力和加速器。大量初创期的创业企业和团队,如果离开专业化品牌的孵化培育和各种扶持,创业者们是"百死一生"。相反,在背靠一批国内外一流众创品牌及其充沛创业资源的条件下,创业者们则会走上追赶超越的创业快车道。

实际上,在产业带汇聚的众创品牌还有很多。比如专业从事光电信息领域高科技企业投资孵化的中科创星国家级科技孵化器,开放式会员制创新社区泥巴创客空间,面向创客教育的指尖新空间,面向移动端App开发的预孵化器Demo++,以及校园众创空间闪电孵化器、交大创客汇、西工大智慧+梦工场,等等。一系列专业平台型、天使投资型、人才教育型、新型房产型、政府公益型的众创品牌在产业带的陆续入驻,形成了众创空间在产业带的矩阵式发展,有力托举起大量创业企业走向未来。正是这些超级品牌共同打造了产业带的双创联合舰队,让知识、技术、管理、资本的活力竞相迸发,也让产业带的资源比较优势真正得以转化为产业发展优势。

(三)政府推动:旗舰领航发展

包括碑林区委、区政府和产业带管委会等在内的政府作用发挥,是产业带产业创新发展中绝对不能忽视的一个重要力量。从产业带初期的酝酿、谋划、准备,到产业带启动后的各种建设、招商、环境搭建以及服务提供,都为产业带的产业发展创造了必要条件。即便在初步实现技术驱动、品牌带动,产业带众多创业企业开始步入良性发展轨道后,仍然需要产业带管委会等作为政府力量,进一步优化创业环境、提升公共服务,特别是在产业带整体品牌建设上,来最大限度凝聚共识、形成发展合力。

在这方面,产业带的龙腾计划即是一例。在该计划中,相关双创政策、服务的集中和集成,正是产业带和碑林区为适应日益精细化、多样化的创业服务需求和持续创新发展要求所做的一次重要服务环境创新。而西安创新设计中心这一超级孵化器的建立和运营,更加表明了政府在产业带产业集聚发展、创新发展上的雄心和决心。当前,西安创新设计中心通过贯通整合西安设计联合会、丝绸之路创新设计产业联盟、丝绸之路创新设计研究院等机构力量,正在加速形成在全国范围内领跑创新设计产业发展的新局面。此外,已列入西安市第一批特色小镇创建名单的数据智能小镇,也反映了产业带推动原有产业升级发展、创新发展的总体设计和综合实力。依托优客工场联合办公项目、中铁一局产业类大数据应用示范项目、地信硅谷项目以及紫光热力云、诺威立行外骨骼机器人等一批优质产业项目,数据智能小镇也正在快速成长为全国大数据应用示范特色小镇。

从龙腾计划,到创新设计,再到数据智能。在产业创新发展的道路上,以产业带管委会为代表的政府部门快步疾行,以先行先试的勇气和舍我其谁的担当,持续推动了产业带的政策升级、产业升级、能量升级,引领着产业带进入全市双创第一方阵。

中国共产党西安市第十三届委员会第四次全体会议,做出了"加快大西安国际化进程"重要决定,提出要"着力打造'一带一路'创新创业之都",西安由此进入"创时代"。在这个全新的时代潮流中,产业带要继续书写创新发展的新篇章,就必须坚持迭代升级和自我进化,大力推进服务专业化、产业高端化和品牌一体化,紧紧抓住各种机遇和资源,主动实施"大学+""丝路+""小镇+"等战略,努力将产业带建设成为一流创新创业园区,领跑大西安"创时代"。

六、推进"三化"发展

(一)推进服务专业化

①强化技术驱动。以西安环大学技术转移平台为载体,以知识产权服务为核心,充分利用七弦琴、中高等国家级知识产权运营交易平台,深化"专利宝""专利书包"等专利理财工具应用,释放区域知识产权资源潜能,争取成立西安知识产权运营交易服务中心。②强化人才驱动。依据省、市中长期人才发展规划和产业带发展需求,细化制订科技创新人才计划,不断优化人才发展环境,重点引进"六大创新产业"领域的高端、领军人才,打造西部创新人才特区。③强化投融资驱动。统筹利用陕西省大数据产业基金、省市产业引导基金、环大六禾创业投资基金以及环大学产业带共赢基金、环大学微种子基金,建立产业发展"资金池"。深化与西安股权托管交易中心合作,探索建立互联网金融产业园,尝试股权众筹、投贷联动、易货金融等新模式,形成满足不同类别、不同发展阶段企业融资需求的投融资体系。

(二)推进产业高端化

①实施数据智能驱动。以大数据服务、创新设计等为着力点,专注基于知识网络和大数据应用的创新设计,通过整合相关科研和产业资源,重点发展工业大数据、数字化工程设计、智能制造、新材料等专业方向的成果孵化、技术示范应用,配套设立大数据应用培训中心、VR/AR展示中心和大数据研究咨询中心,形成智能产业集聚格局。②实施创新科技驱动。加快完善创新机制,全方位推进产业带科技创新、企业创新、产品创新、市场创新、品牌创新,孵化新技术、新企业、新业态,探索建立知识产权"专利池"、区块链版权保护等新机制,加快科技成果向现实生产力转化。③实施文化科技融合驱动。发挥西安国家级文化和科技融合示范园区优势,在巩固发展以动漫为主的文化创意产业及服务贸易产业基础上,继续挖掘产业带内蕴含的文化资源,提升文化IP科技含量,促进文化科技融合发展。

(三)推进品牌一体化

①加大品牌的国际化推广力度。依托"碑林环大""龙腾碑林"等品牌,升级打造"西安环大·环大西安"品牌,发挥西安设计联合会、丝绸之路创新设计产业联盟等组织的桥梁纽带作用,对接国际国内先进技术和优势资源,争取国际技术转移中心落户,重点推动中欧、中美和日韩技术转移,提升产业带国际影响力。②推进品牌纵深化、专业化。聚焦产业带"园区、校区、院区、社区、街区"的联动发展,继续策划实施"第二届丝绸之路国际创新设计周"品牌活动,促进专业性人才、资本、信息等创新要素的聚集和流动,以创新设计和文化创意为西安"硬科技之都"增添新势能,形成自身品牌特色。③加大品牌普惠化力度。推进服务体系迭代升级,办好《龙腾·创业碑林》双创刊物,使产业带服务体系覆盖更多类型的众创空间和创业群体,为产业带走出西安奠定坚实基础。

七、实施"3+"战略

(一)实施"大学+"战略

结合产业带内各高校普遍拥有多个校区的实际,市委、市政府关于进一步支持西安交通大学、西北工业大学等高校发展的政策精神,以及大西安建设总体背景,产业带可以探索"大学+"战略发展路径,实现从碑林"环大学"到大西安"大学城"的规模、内涵双跃升。进一步加强与各高校及其各个校区的互动、联动,吸引更多资源在产业带聚集,同时延伸辐射产业带的服务和品牌,通过发展"五大创业经济",促进产业带、高校和相关城市板块同步发展,建成大西安"智驱核心"。

(二)实施"丝路+"战略

统筹发挥丝绸之路创新设计产业联盟、丝绸之路大学联盟、"一带一路"航天创新联盟等组织机构作用,立足西安、面向欧亚,汇聚资源,形成特色,以文化沟通和人文经济交流为载体,以智库服务为纽带,不断深化与"一带一路"沿线国家和地区的人员往来和交流合作,努力建设服务"一带一路"的智力枢纽和智库集群,重点打造服务"一带一路"的设计人才与产业高地。

(三)实施"小镇+"战略

以产业带数据智能小镇列入全市第一批特色小镇创建名单为契机,以"新研发、新孵化、新业态、新载体、新社群、新机制"为统领,抓紧完成数据智能"六新"小镇的规划编制工作。尽快启动产业带特色小镇群落规划研究,策划包装动漫游戏小镇、"环西工大经济圈"、"文化西大"等一批特色小镇,全面夯实产业带特色小镇聚集区的建设布局,努力形成"一年打基础、三年见成效、五年大跨越"的发展态势。

案例五　西安市碑林区长乐健康小镇建设研究

一、引言

自 2016 年 12 月 19 日,市发改委召开专题会议部署全市特色小镇建设工作以来,碑林区积极响应、主动落实,认真谋划全区特色小镇布局。至 2017 年 3 月,区政府明确提出,"推进长乐健康小镇、智能数据小镇及动漫特色小镇的策划建设"。长乐健康小镇建设,意在"结合东关地区综合改造,围绕八仙宫周边,打造以健康、养生、养老为主要产业内容的特色小镇。"此前,国家发改委城市和小城镇改革发展中心副主任就长乐健康小镇项目策划提供建议,认为小镇可以"结合区域优势,发展独具特色的文化健康产业"。

2017 年 4 月 19 日,东关地区综合改造管理委员会将"长乐健康小镇"作为整体招商项目在陕西传媒网进行发布,其建设定位是"集康体医疗、养生休闲、文化旅游为一体的特色小镇"。此前,戴德梁行西安分支机构初步完成《长乐健康小镇规划方案》,国家开发银行的贷款资金也已到位;此后,即有上海中建东孚投资发展公司等机构,对项目建设进行实地考察。

客观看,长乐健康小镇项目已进入启动实施阶段,建设管理主体、小镇规划、前期资金、投资者等项目要素几近齐备。此时再谈小镇的"建设思路与路径研究",是否还有必要?

对此,结合前期工作准备,课题组认为开展本项研究,仍然十分必要,原因有下述三种:

(a)搞清楚在西安市中心城区的片区综合改造中,"特色小镇"怎么建?建成什么样?此前,市发改委负责人在接受采访时称,"全市加快推进的特色小镇主要指相对独立于市区,具备可持续发展特征的'非镇非区'创新创业平台,也包括在主城区建立和形成的符合特色小镇特质和内涵的特色街坊和街区。"那么,基于"八仙宫片区棚户区改造"的长乐健康小镇,其主体形态是否应该是一批特色街坊、街区?对此,已有规划并未明确回答,只是初步给出了若干功能分区。更重要的是,所谓"特色小镇特质和内涵",如何把握?如何体现?

(b)搞清楚长乐健康小镇与碑林区、西安市相关小镇的发展关系。碑林区同时还在策划建设雁塔中路智能数据小镇、动漫游戏特色小镇。那么,长乐健康小镇和这两个小镇是什么样的发展关系,特别是在产业互动方面,有没有相互关联、支撑的空间?进一步,长安区正在其常宁新区布局建设"恒大·养生谷健康特色小镇",西安国际医学投资股份有限公司拟在西安高新区西太路沿线(邻近西安国际医学中心区域)规划建设"国际健康小镇",西安体育中心控股有限公司将在西安国际港务区打造"体育健康小镇",那么,长乐健康小镇如何与这些健康小镇在差异化竞合中实现特色发展?

(c)搞清楚区政府在长乐健康小镇建设过程中应该扮演的角色。包含八仙宫片区在内的东关地区综合改造,已经上升为西安市委、市政府的决策,与此同时,城市旧区成片改造已不宜再走政府"包办"的老路。在此情形下,如何撬动更多上级支持、引入更多社会力量和资本等积极因素,以创新的片区改造模式,共同推动长乐健康小镇建设,应该成为区政府重点考虑并解决的问题,实现从"干事者"向"谋事者"的角色转变。

基于上述考虑,本课题将从更高站位、更全视野的角度,研究长乐健康小镇的建设思路和建设路径,以期为项目的健康、顺利推动起到参谋助手的作用。

二、建设思路

(一)建设定位的总体思路:"三位一体、三际协调、三生融合"

1. 三位一体

(a)高点站位:把事情做大。碑林区是西安市的中心城区,区位独特、作用独具、功能独到。在全市"聚焦三六九,建设大西安"的新形势下,碑林区要紧紧跟随西安市"发展大西安、带动大关中、引领大西北"的发展定位,把东关地区综合改造上升为影响大西安、牵动大关中、辐射大西北的区域"大事件",以此引起各方各界关注、顺势开展事件营销。

(b)精品定位:把事情做好。东关地区综合改造,是碑林区实现存量发展空间升级拓展的最后一次重大机遇,只能成功、不能失败,只能做精品、不能留后患。长乐健康小镇作为东关地区综合改造的旗舰项目,具有极为重要的示范意义。必须把长乐健康小镇作为精品工程来建设,坚持好字当头、快字第二。

(c)尖端上位:把事情做远。当前,长乐健康小镇范围内的现有产业基础还比较薄弱,但为发挥后发优势、实现跨越发展创造了条件。对此,在小镇产业培育过程中,适宜按照文化、健康、旅游、养老等深度融合的原则,主动谋划开发高端医疗、中医保健、康复疗养、休闲养生等服务及产品,为区域可持续发展打下扎实的产业基础。

2. 三际协调

(a)第一"际":长乐健康小镇和东关片区综合改造。以"万寿八仙宫"为依托的长乐健康小镇,是东关片区综合改造规划中"三片区"与"三核心"之一,它与兴庆宫片区、大唐东市片区的改造一荣俱荣、一损俱损,需要整体对待。特别是在三者的改造时序安排、交通关系组织、产业协同发展等方面,需要做好顶层设计。

(b)第二"际":长乐健康小镇和碑林区内其他特色小镇。前已提及,碑林区目前还在策划建设雁塔中路智能数据小镇和动漫游戏特色小镇。在这三者中,谁更具基础、谁更加可行、谁前景最好,需要区政府统筹论证。课题组认为,对于碑林区而言,特色小镇建设在三者中选其一即可(或是给出优先顺序),只有这样,才能真正落实"举全区之力"。比较来看:雁塔中路智能数据小镇依托原IT一条街的产业转型升级,形态仍然是特色产业街区;动漫游戏特色小镇依托现有陕西动漫产业平台,在物理空间短期不能扩张的前提下,形态仍然是专业化园区;长乐健康小镇依托八仙宫及其周边区域改造,形态上最有可能打造为特色小镇,但不足之处是产业基础薄弱。对此,课题组建议:优先建设长乐健康小镇,同时在产业布局上让三者紧密关联,形成"1+1+1＞3"的产业发展格局。

(c)第三"际":长乐健康小镇和大西安区域内其他同类特色小镇。与长安区"恒大·养生谷健康特色小镇"、高新区"国际健康小镇"、港务区"体育健康小镇"相比,长乐健康小镇最大的特色是拥有"万寿八仙宫"这一排他性核心资源、毗邻中国人民解放军空军军医大学(以下简称空军军医大学)、西京医院等一流潜在合作资源,最明显的不足是专业投资商缺位(长安区有恒大健康产业集团、高新区有西安国际医学投资股份有限公司、港务区有华润集团)。当前,这四个小镇的建设开发处在同一起跑线,竞争的关键,一方面是做到差异化的市场定位,另一方面则取决于是否能把自己的故事讲好,以此博得更多政商资源的投入。

3. 三生融合

众所周知,特色小镇实现了产业、文化、社区、旅游等四大功能的聚合,同时在形态上突出"生态精致"。这些要素,和碑林区建设"现代化美丽城区"的奋斗目标高度一致。换句话说,现代化美丽城区要求生产、生活、生态融合发展,而特色小镇正是实现三生融合的绝佳载体。对长乐健康小镇而言,就是要通过精心的空间营造来提供优越的生态环境,通过细致的社区更新来提供便利的生活配套,通过高效的产业链网来实现生产的跨越升级。

(二)建设路径的总体思路:"用势、借力、找魂"

1. 用势:战略与政策统合

抓住战略机遇,用好政策红利。当前,"健康中国"[①]等国家层面重大战略的启动实施,是长乐健康小镇建设面临的最重要发展机遇,这要求建设者要在"一带一路"视野下、在"健康中国"主题上谋篇布局,寻求小镇发展及功能定位。在省、市层面,"追赶超越""五新战略"以及大西安重构等现实发展机遇,也要求长乐健康小镇建设者以"新动能、新高地、新活力、新生活、新形象"为目标,动态对标省内外小镇典型,引领大西安健康产业发展潮流。在政策利用层面,需要同时考虑陕西自贸试验区、西安全面创新改革试验区、西安国家服务业综合改革示范典型区域、西安国家城市设计试点城市等多重利好政策的叠加,从开放性、创新性、示范性等角度,谋划长乐健康小镇的定位、功能和作用。

2. 借力:资源与资本撬动

多方整合资源,引入关键资本。在行政资源上,注重浙、陕联动和省市区联动;在智力资源上,通过概念规划国际招标、建设经验国内调研、智库专家与当地居民专题研讨、宗教民俗等界别人士会商座谈等方式,进行全方位统筹;在人才和产业资源上,需要对接空军军医大学、西京医院等机构高层次人才,匹配华大基因、平安集团等的高端产业领跑者,同时引进文旅、演艺、养老、营销等行业专门人才和机构;在生态资源上,需要东关片区交通关系的重构,实现区域生态资源的充分共享。大资本特别是产业资本的介入,是影响特色小镇建设成败的关键因素之一。为此,需要在国开行信贷资金之外,努力匹配专业化的产业资本(如万达文化集团等)进入小镇,作为投资、建设、运营主体。在具体运作过程中,政府与社会资本合作模式(PPP)是一个好的选项。

[①] 中共中央、国务院《"健康中国2030"规划纲要》:"推进健康中国建设,是全面提升中华民族健康素质、实现人民健康与经济社会协调发展的国家战略。"

3. 找魂：文化与文明展示

担当文化自信，担纲文明展示。长乐健康小镇建设，以"万寿八仙宫"为根本依托，深入挖掘其中的道教文化传统和道家学说精髓，集中阐释道教、道家对中华文明形成与演进的重大影响，客观展现道教、道家与当下中国百姓日常生活的密切关联，都是小镇文化功能开发的题中之意，也只有这样，才能把长乐健康小镇推向文明展示与文化自信的制高点。与此同时，还需要把道教、道家文化内涵中，与身、心、智的"健康"紧密相关的内容和与"五位一体"中生态文明建设直接对应的内容都予以显性呈现，实现国家、个体与传统的有机整合。

在此基础上，小镇还应对其中涉及的佛教文化、基督教文化、民俗文化等进行不同程度的统合展现，打造区域"文化记忆综合体"。

三、建设路径

（一）明确长乐健康小镇的基本形态

1. 理解"特色小镇"的理念

众所周知，特色小镇首先出现在浙江，是浙江民营经济转型升级的产物，有着特定的生存、成长环境。"特色小镇具有不可复制性，同时又希望特色小镇的理念是可以复制的"。那么，这些理念主要有哪些？①"市场意识"，即在以特色小镇为载体的产业转型升级过程中，需要最大限度发挥市场的作用；②"以人为本"，包括人的消费结构升级、旅游消费快速增长和人们更加重视亲身体验的需求，以及年轻人大胆创新创业、渴望上进、渴望成功的需求；③"尊重基层"，主要指尊重一线企业和企业家的首创精神。

2. 把握"特色小镇"的要点

特色小镇是一个集聚高端要素的创新创业发展平台，不是政府包办、行政主导，而是市场机制、企业主体。特色小镇的主导产业，具有极强的集聚性和专业性，要紧扣产业升级趋势，瞄准高端产业和产业高端，引进高端人才，培育行业的"单打冠军"，构筑产业的创新高地。特色小镇作为3A级以上风景区，需要兼具文化功能和社区功能。特色小镇的建设运营，要建立政府引导、企业主体、市场化运作的机制，做到资金来源活、建设主体活、发展活力足。

3. 明确长乐健康小镇的规划形态

长乐健康小镇建设，主要依托八仙宫周边地区的棚户区改造。按照现有规划，"将在八仙宫门前建设市民休闲广场，并对周边进行商业配套开发""该项目的实施将推进经九路的全面打通"，同时小镇的功能分区包括了基因测序科研中心、大数据健康中心、健康教育/健康游戏、养生文化/健康饮食/休闲旅游等（现有规划文本中的另一表述为：基因测序科学中心、生命科学大数据中心、健康教育与健康游戏产业平台、医疗科技人才流动站）。但上述内容，与小镇现有整体定位中"集康体医疗、养生休闲、文化旅游为一体"等表述，仍缺乏有机的对应关系，特别是在功能分区上，还不够精准。

事实上,针对长乐坊地区的空间优化,已有专家研究指出①:在规划设计时,需要从二维空间观向三维空间观转化,将地下空间进行竖向的分层(见图5-1),将商业文化、地下停车、市政防灾等功能分层设置于地下,并进行一体化整合,以解决地面停车导致的公共空间被道路蚕食的现象,同时还可增加地面绿化,完善城市空间功能。此外,小镇中如何布局特色街坊、特色街区,也需要在空间规划研究中一并解决。

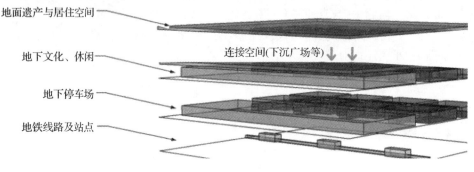

图5-1 地下空间分层利用示意

4. 明确长乐健康小镇的产业与功能形态

课题组认为,一方面,小镇现有规划,主要突出了"大健康"(人生大健康4S概念)相关产业的设计,但对相关的文化、旅游产业设计不足,特别是对八仙宫这一核心资源的挖掘不够。"大健康"产业的落地需要对接空军军医大学、西京医院等重要资源方,耗时较长,一旦不能及时落地,就会带来相应风险。此外,小镇现有规划对社区功能的重视也不足。

对此,课题组的建议是,可从小镇特色文化资源的资本化入手,先部分形成小镇文化产业、旅游产业的功能,通过新形象的建立,来更好引入健康产业的高端资源、高端人才。

世界卫生组织总干事候选人纳巴罗②在接受采访时指出:"一带一路"沿线国家面临的最大难题,是传染病以及新传染病和癌症、糖尿病和肥胖症等非传染性疾病所带来的威胁;让所有国家能够早日发现和应对疾病是至关重要的;对于非传染性或"生活习惯"疾病,理念确实起着非常重要的作用,因此,用早期干预,来鼓励养成积极的健康生活方式是必不可少的。通过这一表述,课题组认为:应将长乐健康小镇建设的核心文化资源即"万寿八仙宫",与相关国际组织官员提出的国际先进理念即"健康生活方式"积极对接,用中国传统文化精髓阐发国际前沿健康理念,以此尽快占据全球健康文化话语权的制高点,同时打造"一带一路"健康生活策源地!在此条件下,在八仙宫西侧的改造地块上建设"健康文化国际交流与展示中心",既顺理成章,也能够带动周边新社区及其新功能的形成。

关于文化、旅游产业的先期布局,课题组秉持一贯的研究主张,即在八仙宫周边,打造以八仙宫为独特文化标识的"仙秀"剧场演出,以此真正在东关地区制造出"大西安新名片"。

提出新理念、亮出新名片,是在长乐健康小镇打造高端健康产业的关键两步。在这个过程

---

① 赵一青,许楗,田文. 文化遗产保护视域下的城市空间整合策略研究:以西安东关长乐坊片区为例[J]. 中国名城,2016(5):58-64.

② 英国政府提名的世界卫生组织总干事候选人,现任联合国秘书长、2030年可持续发展和气候变化议程特别顾问、联合国秘书长粮食安全与营养特别代表。

中,仍然需要对接专业国际组织、一流展演类产业资本,但相较直接引入高端健康产业机构与其他资本而言,难度更低,更具可行性,更符合区域资源禀赋。这两步走好了,长乐健康小镇的建设就真正有了基础,可持续发展的空间也会更为宽广。简言之,"文化搭台,产业唱戏"才是长乐健康小镇的"建设秘诀"。

(二)选择长乐健康小镇的战略伙伴

谋划建设长乐健康小镇的原因之一,是该区域毗邻空军军医大学、西京医院等国内一流医学研究和医疗产业资源。在如何撬动这些资源上,现有规划指出:可以"长乐基因计划"等项目,形成与空军军医大学的意向合作,据此布局有关的上游(涉及华大基因的基因测序等)、中游(提及基因检测)和下游产业(提出与西京医院合作,将"长乐基因计划"直接导入临床应用)。现有规划的产业链细分,也基于这个产业链设计。因此,如何使与空军军医大学、西京医院乃至华大基因的合作尽快落地,成为小镇主导产业培育发展的关键。

对此,课题组建议"双管齐下",即从区政府角度联动省、市政府,主动对接空军军医大学、西京医院,为对方的科技成果转化、科研团队创业孵化、医疗资源优化配置等提供场地、资金、政策支持,同时从小镇建设角度,联手西咸新区秦汉新城作为战略伙伴,共同助力"一带一路"人文交流支点建设,其中长乐健康小镇作为大西安健康生活策源地,秦汉新城作为丝路大健康产业示范区,合力建设陕西自贸试验区"一带一路"人文交流区块。

做出这一建议,特别是"区、城联动"建议的基本依据是,双方大健康产业的发展,都依托空军军医大学及其附属医院、西安交通大学及其附属医院等核心资源,可打造成大西安大健康产业"同源带动、互补发展"的典型。

在战略合作方式上,长乐健康小镇可作为大西安大健康产业的展示窗口和人流导入端,秦汉新城可作为大西安大健康产业的发展腹地和人流承接端,前者充分发挥其区位优势和展示功能,后者充分发挥其空间优势和承载功能。

此外,在撬动空军军医大学、西京医院这些核心资源的过程中,碑林区政府如何与新城区政府实现良性互动,也是需要提早考虑的问题。对此,可尝试吸引新城区基投公司,以参股方式进入小镇的建设运营公司,实现双方在经济、区域利益上的合力共享。碑林区与秦汉新城的合作操作,也可借鉴这一思路,同时鼓励更多民间资本和企业,在长乐健康小镇和秦汉新城同时布局项目,真正形成"同源带动、互补发展"。

(三)大手笔策划、大资本介入、大集团担当

1. 大手笔策划

从长乐健康小镇现有影响看,目前这个项目在外部的知晓程度,更多还限于西安市的范围,与其要承担的"全球健康文化话语权制高点,一带一路健康生活策源地"功能定位很不匹配。课题组据此建议,要从营销视角,快步将长乐健康小镇项目的规划、建设、运营,推至国内健康产业特色小镇的"风口浪尖"。

(a)可以开展长乐健康小镇概念规划的全球招标,主要解决小镇核心定位、品牌内涵、空间形态、城市设计和产业招商对象等问题。

(b)针对长乐健康小镇的文化挖掘,联合省市政府,邀请省社科院宗教研究所、中国社科院世界宗教研究所、中国道教协会等机构专家以及道教名家,就"万寿八仙宫"保护发展和道教文化传播弘扬,举行高规格研讨会,同时考虑国际道教论坛的承接和筹办。

(c)区政府可以邀请国内特色小镇、特色街区等领域相关专家和机构,就长乐健康小镇的文化保护展示、产业培育开发、旅游产品设计、社区营造更新以及投融资规划等重要问题,进行全面咨询,确保小镇建设具有前瞻性、创新性、可行性和可持续性。

2. 大资本介入

据初步测算,长乐健康小镇建设所依托的八仙宫片区棚户区改造项目,"总投资约82.2亿元(主要由房屋征收、相关税费、土地平整等投入组成),其中国家开发银行贷款65亿元(主要用于房屋征收),配套资本金约17.2亿元。"课题组认为,用于棚改项目的这80多亿元投资,可以基本实现土地平整功能,但拿出净地之后,如何发挥出这片土地的最佳价值,仍然是一个需要探讨的重大问题!

显然,沿袭此前"一卖了之""一盖了之"的城棚改旧路,是最差方案,要竭力避免,否则碑林区将失去实现区域发展空间功能整体转换的最后一次机遇!为抓住这次机遇,应该集中力量,围绕国内外文化产业、健康产业和科技地产等一流行业资本,进行定向招商。

文化产业资本方面,国际如美国沃特迪士尼公司、加拿大太阳马戏团戏剧制作公司(简称"太阳马戏团"),国内如宋城演艺发展股份有限公司(简称"宋城演艺")、浙江华策影视股份有限公司、北京万达文化产业集团、华侨城集团等,都是需要全面对接和沟通的潜在合作伙伴。其中,加拿大太阳马戏团戏剧制作公司以拉斯维加斯的"O秀""卡秀"闻名全球,宋城演艺发展股份有限公司则以宋城景区的"宋城千古情"领先国内,这些都是打造长乐健康小镇"仙秀"的最佳合作伙伴。

健康产业资本方面,可以对接上海复星医药(集团)股份有限公司(简称"复星医药")、恒大健康产业集团(简称"恒大健康")等行业巨头,同时积极引入阿里健康、华大基因以及上海和百瑞商业有限公司(英国Holland & Barrett品牌的中国营运公司)、康宝莱(中国)公司等国内外一线品牌。

通过引入太阳马戏团、宋城演艺以及复星医药、恒大健康等这些真正优质、顶尖的行业资本中的一家或几家来建设对应的产业项目,一方面可以迅速提升长乐健康小镇的品牌影响力,另一方面也是最为关键的,是为最大限度、可持续地发挥项目所在地块的价值提供了根本保障。沿着这样的路径去招商、选商,小镇的产业建设既能做到高起点,又为优质产业资源进一步聚集创造了条件,是真正的又好、又快。

3. 大集团担当

有了大策划,就有了发展定位与方向;有了大资本,就有了产业内容与载体。但要实现发展定位和产业内容的无缝对接、充分融合和有机统一,还需要长乐健康小镇在区域规划设计、空间布局营造、建筑形态功能等方面,匹配到专业化的大集团来进行担纲,确保小镇建设在理念、空间、建筑等不同单元层次,都具有一流的品质。在这方面,万达文化集团、恒大健康产业集团等具有地产基因的专业化产业集团,是理想选择,而西安曲江文化产业投资(集团)有限公司(简称"曲文投")、陕西文化产业投资控股(集团)有限公司(简称"陕文投")等经验丰富的本地企业,也是潜在选项。

总之,大集团担当,实际上是把长乐健康小镇作为一个项目整体来对待,对它的概念策划、土地整理、规划建设、招商选资、运营管理、营销推广等多个重要开发环节进行全面统筹。这就对目前的项目运作团队提出了极高的工作要求,需要团队成员认真对待。

(四)布局新产业,引入新业态

长乐健康小镇的主打产业,毫无疑问是大健康产业,现有规划也从"全产业链分析—产业链分析—产业链延伸—产业链细分"四个层次,提出了初步的产业设计。对此,课题组的建议是,现有规划提供的大健康产业设计,给出了"基因检测、癌症筛查"等相对明确的产业内容,但在其他方面,罗列出的产业门类和意向招商对象较多、目标相对不很明确,对于重点招商对象如空军军医大学、西京医院等,如何去撬动相关合作,也缺乏具体路径;特别是现有规划对小镇内的文化、旅游产业的设计相对缺乏,是一个明显不足。

为此,课题组提出有别于现有规划的产业布局及发展路径:

(a)选择确定小镇的战略伙伴,包括空军军医大学、西京医院以及关联到的秦汉新城、新城区和省市政府,特别是已落户秦汉新城的空军军医大学"国家分子医学转化科学中心"这一核心战略伙伴[①]。

(b)以选商、选资为原则,邀请一流的产业资本、产业集团相继进入,通过深度沟通,选定能够合作的产业资本与集团。

(c)以政府与社会资本合作模式(PPP)为指导,以项目公司为载体,以资本合作为纽带,将碑林区、小镇关键战略伙伴、核心产业资本与集团等利益相关方进行有机整合。

(d)依托项目公司,统筹小镇的规划设计、土地整理、产业导入、运营推广和经营管理等。

其中有关产业、业态布局的核心内容如下:

(a)碑林区政府、秦汉新城管委会、空军军医大学"国家分子医学转化科学中心"三方联动,明确在长乐健康小镇设立该中心的流动工作站,开展个体化诊断及治疗技术的部分研发,并依托该工作站,共同建设具有国际水准的精准医疗旗舰体验店。在小镇设立流动工作站、建设旗舰体验店,既有利于该中心的科学家和科研团队在西安市内就近办公,也有利于个体化治疗技术成果的高效传播与推广。

(b)瞄准"仙秀"演出,在太阳马戏团、宋城演艺等顶尖文化产业资本中多选一,来担当剧目制作;瞄准健康产业链,依托复星医药重点发展医学诊断、医疗器械、医药分销、医疗服务,依托恒大健康重点发展健康颐养社区,同时引入阿里健康、和百瑞、康宝莱等一线品牌设立门店。

(c)在小镇整体建设运营上,依托由万达文化集团、恒大健康产业集团、陕文投、曲文投等构成的联合体即项目公司,从空间、生态、单体建筑等方面,为各类产业内容打造高度匹配和专

---

① 2016年年初,国家发展和改革委员会批准空军军医大学国家分子医学转化科学中心项目正式立项建设,中心主任为中国工程院院士陈志南教授。该中心是国家在陕投资建设的首个国家重大科技基础设施项目,由原总后勤部会同陕西省政府,依托全军转化医学中心和全军转化医学与生物制药重点实验室,联合军地相关单位共同承建,重点建设分子诊断、分子影像及个体化治疗3个分子医学转化研究平台,并建设分子医学临床检测等7个功能中心,后续将吸引社会资金20亿元发展精准医疗产业。此前,华大基因已与该中心签署合作协议,通过共建跨组学分子医学联合中心,开展重大基因及药物基因组的研究,推进个体化诊断及治疗技术的研发。

业化的产业载体及优良环境。

上述产业内容及其发展路径的合理、有序设计,能够使长乐健康小镇在一定程度上摆脱传统城市片区改造模式的不利影响,走出自己的新路,即一方面通过聚焦、撬动和转化小镇核心资源,快速打造出小镇的高端品牌形象(工作站＋"仙秀"),另一方面通过对产业资本、开发资本的前端统筹,实现小镇各类招商与设计、建设、运营的创新性整合。

(五)营造新景观,植入新体验

长乐健康小镇的建设开发,立足东关片区的整体综合改造、依托八仙宫片区的棚户区改造,事实上面临着一系列需要谨慎应对的现实挑战,包括域内旧遗存与新建筑的协调,老街区与新景(街)区的接驳,市井生活与游客体验的融合和传统文化借由现代符号的完整传承与创新表达,等等。

如何统合这些潜在的矛盾性因素,通过构建统一的空间、景观与文化生态,实现对进入小镇的个体在感官、精神、心灵直至心态上的瞬时重塑,是小镇的建设者和管理者必须要回答的另一重大问题。不要忘记,长乐健康小镇的使命,是"全球健康文化话语权的制高点,'一带一路'健康生活的策源地"!

鉴于小镇的空间体系设计、景观层次设置和文化生态表达等具有高度的专业性,需要一流的专业机构进行专门研究,课题组在此只简要探讨与小镇作为一个整体产品"新体验"的问题。

长乐健康小镇作为以健康(养生)文化为引领、以大健康产业为支撑、以健康生活为示范的新型城市片区,需要面向域内人群特别是外部游客的直接与潜在需求,提供一系列良好体验,这是小镇实现其旅游、文化、产业等功能的基本前提。以下是课题组从管理经营角度,对提供良好体验的初步设计。

(a)品牌营销。针对不同消费层次和年龄段的游客、居民主体,突出八仙宫文化景区、"仙秀"演出、精准医疗旗舰体验店、健康颐养社区等核心营销亮点,使小镇和消费者的对应需求产生关联。

(b)消费计划。从消费者角度,考虑想到小镇来、从网上搜集信息、规划路线等前端消费环节,并对这个过程进行精心设计,包括媒体信息传播、网络平台合作、交通路线设计等。

(c)第一印象。消费者来到小镇后,在第一时间对小镇的整体感知,包括出入口的标识与便利、停车场的标识与便利、接触人群的友善程度等。

(d)交互过程。这包括消费者参观景区(街区)、观看表演、享受服务、购买商品以及认知文化、随机休憩等重要环节,它们所涉及的便利度、舒适度、清晰度和新鲜度等,都十分重要。

(e)品牌传播。一旦消费者在与长乐健康小镇的交互过程中,对其服务、产品等体验高度认可或十分满意,自然会成为小镇品牌的传播媒介。此外,还可以通过若干策略设计,比如会员制、年卡制、顾客推广优惠制等,快速形成小镇品牌的传播效应。

(六)打造创新标杆,建设创业乐园

打造创新标杆,旨在将小镇建设涉及的文化遗存保护、棚户区(城中村)改造、土地出让等关键环节,都以创新的方式来开展,从而将长乐健康小镇的建设,打造为西安古城片区创新发

展标杆。

在文化遗存保护上,切实遵循并落实"留、改、拆"的工作原则,将小镇域内各个时期的文化遗存予以妥善保护。一方面,对诸如八仙宫、罔极寺、东新巷礼拜堂、老母庙以及典型传统民居等重点文保单位,尽快邀请有关专家和机构进行全面普查,提出可行的保护、复兴方案,对正在建设的相关文化工程(如图5-2所示的罔极寺西侧的佛学院配建工程),尽快跟进,确保不对文化遗存本体形成不利影响;另一方面,要在区域改造过程中,注重发现有价值的文化符号(如图5-3所示的八仙宫西侧的居民集中取水点),并通过建设主题博物馆的方式,予以保留展示。

图5-2 罔极寺西侧配建的佛学院

图5-3 八仙宫西侧的居民集中取水点

此外,对于域内一些可以保留并通过适当方式进行提升的建筑,宜采取针对性措施进行提升改造。如图5-4所示位于八仙宫西侧的群众厨房加工中心,一方面可以对建筑外立面的色调、图案等重新设计,使其更符合道教文化色彩,还可以论证在该中心生产体现道教养生文化的系列食品,并在品牌上与八仙宫发生关联。又如图5-5所示位于小镇东南区域索罗巷周边的旧建筑群,整体而言,它们的建筑质量较好,但外观过于普通,可以对这些旧建筑实行建筑外立面改造,同时论证在建筑内部加装简易电扶梯的可行性,以较小代价实现区域生活品质的明显提升。

图5-4 八仙宫西侧的群众厨房加工中心

图5-5 小镇东南区域索罗巷周边的旧建筑群

对于那些确无文保价值、群众改造呼声也高的棚户区和城中村等区域，则可以通过合法合规的工作程序，尽快实施居民搬迁安置和土地房屋征收，为小镇建设创造条件。在这个过程中，如果遇到城中村的违建或小产权房且房屋建筑质量尚可时，可以不予强制拆除，而是"通过缴交物业管理费、城市维护费等办法，使存量资产直接转变为城市现金流的来源"，"获得正规产权的小产权物业通过渐进式自我改造，就足以升级原来的城中村而无须依赖政府成片改造"。

在完成小镇规划范围内若干地块的征收、准备实施净地出让时，也要考虑土地出让方式的创新，如尽可能将多个功能有关联的地块打包出让，一方面能够实现对各个地块的核心规划指标的统筹及合理配置，另一方面也避免了单个地块出让条件下，由于开发商追求自身利益最大化而造成区域空间整体风貌受损的弊端。

建设创业乐园，旨在依托小镇大力发展的健康产业、文旅产业及其关联实体，通过提供创新平台和创业空间，并同时引入碑林"龙腾计划"一站式政策服务的方式，围绕新型医疗器具及试剂研发、健康大数据采集及利用、药品零售模式变革以及文旅、文创产品开发销售等方向，在小镇中积极建设"丝路健康生活创业乐园"。

在此过程中，碑林区雁塔中路智能数据小镇和动漫游戏特色小镇，可以分别从健康大数据、道教文化特色动漫等环节与长乐健康小镇实现产业关联，进而形成区内三家特色小镇的良性互动。

在建设长乐健康小镇创业乐园的过程中，还需要对以下三个因素特别予以关注：一是"互联网＋"，突出创业的开放与跨界、关联与融合；二是"共享经济"，注重创业的普惠性、用户参与和商业模式的社会化；三是"匠人精神"，强调创业的事业心、专注度，特别是客户体验的个性化和极致化。

（七）为全球奉献国际水准的"XIAN SHOW"

前文已多次提及，在长乐健康小镇内，特别适合打造以"万寿八仙宫"这一独特文化标识为品牌内涵的"仙秀"演出。这样做，不仅是对八仙宫文化资源的直接利用和转化，也是对长乐健康小镇产业先期布局与品牌塑造推广的直接撬动，更是站在大西安全局视野下，捕捉重大机遇、独占排他资源的一次战略落地——"仙秀"的英文译名可直译为"XIAN SHOW"，也就是"西安秀"！！！如果能真真切切拿到这样一个资源、让"仙秀"（"XIAN SHOW"）落地长乐健康小镇，那么杭州"宋城千古情"的票房奇迹一定会在碑林区重现。

当然，宋城集团已经与曲江新区牵手，将在大明宫国家遗址公园西侧打造"西安千古情"大型演出，旨在"再现十三朝古都的盛世繁华，为游客带来不一样的视听盛宴"。那么，碑林区完全可以与太阳马戏团牵手，在长乐健康小镇，为全球观众奉献具有国际水准的"XIAN SHOW"，实现对东西方文化交流与科技合作的完美诠释。

以"仙秀"为突破口，长乐健康小镇就能吸引汇聚全世界的目光，碑林区就能顺理成章地成为大西安的绝佳代言人。在这个前提下，把长乐健康小镇打造成"全球健康文化话语权的制高点，'一带一路'健康生活的策源地"就不只是一个空想或口号，而是一项实在且伟大的事业。

案例六 小角落的大革命：2017年西安市"厕所革命"观察

摘要：公厕是城市文明的标尺，是城市管理和服务水平的重要体现。正在推动中的西安市"厕所革命"，由于得民心、顺民意、惠民生，已经成为一项全社会关注的基础工程、文明工程和社会工程。本案例对西安市"厕所革命"的缘起、实施方案及执行成效进行了详细梳理，发现"所长制"和人性化服务是推动其实施的关键要素。

关键词：西安市"厕所革命"，所长制，人性化服务

一、案例描述

（一）引言

自2015年国家旅游局倡导开展"厕所革命"以来，西安市高度重视。公共厕所数量不足、质量不达标、市民如厕难和管理不精细这四大难题，成为西安市"厕所革命"的发力点。也许有人觉得，巴掌大的厕所，来也匆匆去也匆匆，还至于大动干戈地搞"革命"？其实不然。"厕所革命"，看似是改善脏兮兮、臭烘烘的厕所卫生，实质上革除的是陈旧思想、落后的不文明的习惯。厕所环境是衡量城市文明的重要指标，有人笑言，"物质文明看厨房，精神文明看茅房"。西安的"厕所革命"不仅在城区着力很多，与市民方便息息相关的路边厕所和农村厕所也在发力。

2017年以来，西安市各级城市管理部门大力推进"厕所革命"，通过新建、改造提升等措施，全年完成新建改建旅游厕所252座（新建154座，改建98座），完成全年总任务214座的117.75%，第三卫生间累计完工72座，完成全年任务54座的133.3%，2015—2017年三年完成新建、改建旅游厕所556座，进一步优化了全市旅游厕所布局，受到市民和游客的欢迎。小厕所，大民生，厕所关乎民生大计。厕所的重要性，怎么强调都不为过。推进以保障和改善民生为重点的社会文明建设，必须把民生问题作为为政之要。西安市推出的"厕所革命"——小角落的大革命，意义就在于此。

（二）"厕所革命"的缘起

2001年，国家旅游局在桂林召开"新世纪旅游厕所建设与管理研讨会"，在中国这是第一次以厕所为主题的全国性会议，会上发表的《桂林共识》成为中国第一个关于推进"厕所

革命"的共同宣言。不少地方城市也相继有过一些具体的改厕实践,其中较著名的有2003年南京市市长在南京倡导的公厕革命、2008年山西省临汾市建设局局长推动的临汾公厕革命等。

2016年年初,陕西省委、省政府在连续印发实施的《陕西省人民政府办公厅关于促进旅游投资和消费的实施意见》《陕西省人民政府办公厅关于加快旅游供给侧结构性改革推动旅游业转型升级的意见》及《陕西省人民政府办公厅关于印发陕西省2016年旅游厕所建设管理行动计划的通知》中,对陕西省"厕所革命"工作进行部署和要求,发文的密集程度少有。这些指示和文件为陕西省旅游"厕所革命"进一步明确了目标和路径,提供了依据和保障,成为全省统一思想、加强合作、创新发展的基础和根本,推动旅游"厕所革命"逐步成为陕西旅游"追赶超越"的先导和突破口。

(三)西安:一封信引发的"厕所革命"

2017年1月,西安市委主要领导发出了《致全市旅游局局长的一封信》,从提升城市管理服务水平、展示西安旅游大市和国际形象的高度,把"厕所革命"列为全市重点推进的"三个革命"之一,先后多次就"厕所革命"工作做出重要批示,指导全市城乡和旅游景区"厕所革命"不断深入发展,在全市范围掀起了一场声势浩大、树品牌、定目标、强管理、抓督导的"厕所革命"。

2017年5月,西安市委、市政府联合下发了《西安市开展"厕所革命"工作实施方案》,随后市政府又下发了《西安市人民政府办公厅关于印发旅游"厕所革命"工作方案和旅游厕所所长制实施方案的通知》。

西安市委、市政府还专门成立了西安市"厕所革命"工作领导小组,并由常务副市长任组长,建立市"厕所革命"工作联席会议制度,每两个月召开一次联席会议。各区县、开发区分别成立工作领导小组,筹集建设改造资金,分解工作任务,责任落实到人。每月向媒体通报各区县、开发区"厕所革命"完成情况,对排名靠后的区县、开发区主要负责人进行约谈。

为迅速提升公厕的有效供给,西安市还通过下发财政补助资金,推动酒店面向社会开放公厕,同时设计制作全市宾馆酒店对外开放厕所指示标牌,提供便民服务,接受群众监督。

1. 西安市"厕所革命"实施方案

为着力解决"清洁卫生难"问题,2017年5月,西安市城管局会同西安市旅游局制定了《西安市"厕所革命"工作方案》,预计3年(2017—2019年)内中心城区将新建独立式公共厕所1 135座,届时中心城区公共厕所达到3 290座。鼓励沿街单位开放私有厕所,解决市民如厕难的问题。1 000户以上新建小区,必须设置配套公共厕所。在厕所管理方面,推行厕所"所长制"管理模式,按照"分级负责、责任到人"的原则,落实"总所长—副总所长—所长"管理责任。2017年7月31日,西安市政府召开旅游"厕所革命"工作会,从即日起到2018年6月30日,将用一年时间全市再新建、改建旅游厕所259座,712家星级和非星级酒店公厕将对外开放。以下是西安市"厕所革命"的具体实施方案。

(1)具体实施方案

1) 主要任务

(a)增加公共厕所建设数量:按照中心城区5.7座/平方千米设置;以固定式为主、活动式为辅;女厕位与男厕位比例不低于3:2;一类公共厕所必须设置第三卫生间;老城区和人流量大的地区补充设置活动式公厕。

(b)落实公共场所配套公共厕所建设:城镇中居住区人流聚集的公共场所,1 000户以上新建小区,必须设置配套公共厕所。

(c)新建旅游景区和乡村旅游示范村(点)旅游厕所:5A级旅游景区都应配备第三卫生间;坐蹲位设置比例不小于1:5;鼓励沿街社会单位开放私有厕所。

(d)改造提升现有公共厕所:提高女性厕位比例;采用节水、节能新技术。

(e)推行公共厕所管理"所长制":在全市全面推行厕所"所长制"。落实"总所长—副总所长—所长"管理责任,"总所长"由区县、开发区领导担任,"副总所长"由街道、开发区主管部门领导担任,"所长"由所在区县、开发区干部担任,分别对辖区公共厕所进行协调、监督、检查和管理;"谁设置、谁管理";制作公厕地图,开发导厕APP。

2) 阶段划分

第一阶段:规划布点。2017年4月,完成中心城区增设公共厕所的规划布点。

第二阶段:实地勘查。每年4月至5月选点勘查;重点区域率先进行公厕增设、提升改造工作。

第三阶段:增设、提升改造。每年6月至11月,各区县、开发区按照规划布点,全面实施公共厕所增设、提升改造工作。

第四阶段:检查验收。每年12月,市城管局对当年提升改造公共厕所进行检查,会同市级相关部门对增设公共厕所进行验收,并将完成情况在全市通报。

3) 旅游公厕补助标准

(a)补贴方式:中省资金补贴和市级财政补贴。

(b)补助标准:对六城区及各开发区旅游景区内和乡村旅游示范村(点)完成当年建设任务并验收合格的旅游厕所建设项目,符合新建一类厕所建设标准的,按1.2万元/厕位进行补助;对郊区(县)旅游景区内和乡村旅游示范村(点)新建旅游厕所,统一按1万元/厕位进行补助;对年度完成第三卫生间建设的旅游厕所,给予3万元/座补贴。

4) 城市公厕补助标准

城六区承担公厕建设任务的固定式公厕:市本级给予新建一类公厕1.2万元/厕位补贴;建活动式公厕,按照0.8万元/厕位执行。郊区(县)政府承担公厕建设任务的,按住建部新建二类公厕标准执行。设置第三卫生间的环卫公共厕所验收合格后,市本级补助3万元/座。

5) 社会公厕管理标准

由区县、开发区城市管理部门与本辖区内同意纳入私有厕所对外开放的沿街单位,签订对外开放协议书;由经营管理单位自行组织管理,并接受市、区城管部门的监督检查;社会对外开放公共厕所应每天向社会连续开放不少于8小时;不得擅自关闭或无故停用。

6) 城市公厕管理标准

城市公共厕所实行免费开放,重点区域实行24小时免费开放;禁止在公共厕所内接水、接电、淘菜、洗衣;任何单位和个人都不得侵占、损坏、拆除、迁移、封闭公共厕所。

(2)工作范围

1)环卫公共厕所

2)公共场所配套公共厕所

3)旅游景点公共厕所

4)社会对外开放公共厕所

(3)保障措施

(a)成立市"厕所革命"工作领导小组,由常务副市长任组长,分管城建、旅游工作的副市长任副组长。

(b)建立市"厕所革命"工作联席会议制度,每两个月召开一次联席会议。

(c)各区县政府、各开发区管委会也要成立相应的工作领导小组。

(d)实行目标管理和责任考核,落实月报告、季督查、年评价制度。

(e)督查部门要将"厕所革命"工作成效作为督查考核各区县、开发区工作实绩的重要内容。

2. 所长制:西安市"厕所革命"的关键

(1)组织形式

按照"分类负责、责任到人"的原则,按层级设置"总所长—副总所长—所长",明确各级责任。

1)旅游厕所"所长"设置

(a)市级旅游厕所"总所长"由市旅游局局长担任,"副总所长"由市旅游局分管副局长担任,"所长"由市旅游局分管业务处室负责人担任。

(b)区县级旅游厕所"总所长"由区县政府、开发区管委会领导担任,"副总所长"由辖区旅游主管部门负责人担任,"所长"由辖区旅游主管部门干部、所在街道及镇干部担任。

(c)旅游景区、星级酒店、乡村旅游示范点等旅游场所"总所长"由各业主单位主要负责同志担任,"副总所长"由各业主单位分管负责同志担任,"所长"由单位业务部门责任人担任。

2)旅游厕所"所长"职责

(a)市级"总所长"对全市推行旅游厕所管理"所长制"负总责,对市级"副总所长"履职尽责情况进行督导,协调管理中存在的问题;"副总所长"对"所长"履职尽责情况进行督导检查,协调解决管理中存在的问题;"所长"重点督促检查各区(县)、开发区推行旅游厕所管理"所长制"情况,协调解决管理中存在的问题。

(b)区县级"总所长"按照属地化原则,对本辖区推行旅游厕所管理"所长制"负总责,对本辖区"副总所长"履职尽责情况进行督导检查,协调解决管理中存在的问题;"副总所长"对"所长"履职尽责情况进行督导检查,协调解决管理中存在的问题;"所长"按照职责要求,对负责的旅游厕所进行挂牌服务,督促保洁人员强化旅游厕所维护与管理。

(c)旅游景区、星级酒店、乡村旅游示范点等旅游场所"总所长"对本单位推行旅游厕所管理"所长制"负总责,对本单位"副总所长"履职尽责情况进行检查,协调解决管理中存在的问题;"副总所长"对本单位各"所长"履职尽责情况进行检查,协调解决管理中存在的问题;"所长"对负责的旅游厕所进行挂牌服务,督促保洁人员强化旅游厕所维护与管理。

3)各级"所长"需履行"六员"工作任务

(a)宣传员：营造公厕文化、倡导公厕文明，劝导市民群众文明如厕，制止游客不卫生、不文明的现象和行为，自觉维护公共厕所环境卫生。

(b)巡查员：对包抓公共厕所进行巡查，查开放时间，查标志标识、查管理规定规范悬挂，查设施设备配备，查厕所环境卫生，查维护、保养管理工作记录，查管理员履职情况。

(c)工作员：模范带头，以身作则，带头擦拭厕所门窗，捡拾室内外烟头、杂物，清理各类"小张贴""野广告"，清除卫生死角，营造干净、整洁的如厕环境。

(d)信息员：收集厕所管理员和周边市民、游客反映的意见建议，协调解决管理中存在的问题。

(e)督导员：督促指导厕所管理员标准上岗、标准作业，落实各项管理措施，保证厕所运营质量。

(f)服务员：密切与厕所管理员联系，保证厕所设备正常运转和标准使用，引导管理员提高公共服务意识，当好厕所管理的"店小二"、五星级服务员。

(2)工作流程

"所长制"实施检查、反馈、协调、处置、督查"五步工作法"管理流程。

1)检查

各级"总所长"每月抽查旅游厕所不少于3座；各级"副总所长"及市级"所长"每月抽查旅游厕所不少于4座；区县级"所长"每周巡查所负责的旅游厕所不少于3次；旅游场所"所长"每周巡查所负责的旅游厕所不少于5次。对抽查和巡查发现的问题，现场予以协调解决，并做好巡查处置记录。

2)反馈

对巡查发现的问题，要及时处理并做好记录；对涉及厕所管理不当等问题以及其他需要协调的事项，要及时反馈给上级所长或相关分管领导及职能部门处理。

3)协调

上一级所长以及相关分管领导和职能部门对下一级所长反馈的问题，要统筹协调，并落实相关责任人，对需要有关部门协助处理的事件应及时向有关部门联系处理。

4)处置

"所长制"检查中发现的问题，分别由相关职能部门根据职责权限及分工进行处置和查处；各区县，各乡镇、街道按照属地原则，及时处置本区域内厕所管理中发现的各类问题。

5)督查

"所长制"落实和厕所管理中发现的问题，要做到责任明确，落实到人，切实做好反映问题的跟踪落实。市、区(县)、街道(镇)等领导对处置情况适时开展督查，对处置不力的，责令限期整改；对造成重大影响的，追究相关责任人责任。

西安市"厕所革命"中设立第三卫生间和推行厕所"所长制"的做法，得到了国家旅游局的肯定。在西安，厕所所长负责监督，厕所卫生是评价其政绩和升迁机会的一个因素。类似制度已在中国的河道管理中采用。

雁塔区一处厕所的所长表示，"'所长制'实行后我们心中都有一份责任田，所长每个小时必须检查一次。每个厕所里面都一个公示牌，上面公示着厕所负责人、监督人和所长的姓名电话，群众随时可以反映问题。"目前，西安市共设置3 000余名厕所所长。

除了"所长制"的建章立制，西安市每月还采取查看资料、实地察看等方式对各区县、开发区公厕建设、管理、"所长制"落实等方面情况进行检查,并将检查结果以通报的形式下发。2017年7月开始,由分管副市长对每月排名在后三名的区县进行约谈。

3. "人情味"+"科技范":人性化服务新标杆

(1)细节设计体现人情味

1)第三卫生间

在国家旅游局要求5A旅游景区要配备建设"第三卫生间"的基础上,在全市A级旅游景区全面推广第三卫生间建设,2017年建成第三卫生间72座,受到中外游客和市民的欢迎及普遍赞誉。

位于大雁塔景区的一处第三卫生间,外墙装饰古朴,门口悬挂着一块"第三卫生间"的标识牌,非常方便寻找(见图6-1)。带着孩子如厕完正在洗手的一位女游客在接受采访时说:"自己的孩子比较小,这种大人、孩子可以共同进入的卫生间,还是比较方便的,也比较人性化。"景区一位金发碧眼的外国小伙子也为第三卫生间点赞。他说:"一家人都可以进去如厕,非常方便。"

 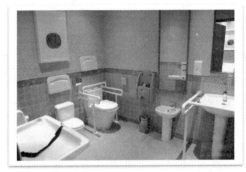

图6-1 第三卫生间

2)男女厕位比例

按照"以人为本"的原则,西安市合理规划所有新建固定式公共厕所男女厕位比例。针对一些地方出现的女性如厕"排长龙"的问题,在人流量密集区域,女厕位与男厕位(含小便站位)比例不低于2∶1。为解决旅游景区男女厕位比例不合理和女性如厕排队问题,人流量较大景点专门为女性设置了公共厕所,提供了"方便"的绿色通道①。

(2)互联网+

1)地图导航

2017年12月20日,西安市旅游局与百度地图签署战略合作协议,百度地图为西安市独家定制的"西安公厕地图"正式上线投入使用,首批448个旅游厕所已经上线,实现了旅游厕所快速查询、定位、筛选及一键导航;打通"最后一公里"的距离,让游客及市民更加便捷地在百度地图上获取公厕位置及信息(见图6-2)。同时,借助"厕所革命",以及"旅游+大数据+智慧城市"的高科技手段,西安将进一步加快旅游国际化进程。

---

① 西安市政府网站.新华社聚焦西安"厕所革命"公厕更有"科技范"和"人情味". http://www.shaanxi.gov.cn/sxxw/xwtt/df/96355.html,2017年12月8日.

 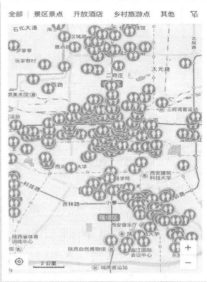

图 6-2 地图导航

2) 扫码得纸巾

俏妹纸共享纸巾机为景区游客提供免费优质纸巾,游客仅需拿出手机扫描二维码,几秒钟就可以免费领取一包纸巾(见图 6-3);在一些区域果皮箱上张贴二维码,市民扫码即可方便找到公厕。在人流密集的景区,这种便民设备为没有随身带纸习惯的游客提供了很大的便利,在提升城市形象方面与方便群众生活方面起到了不可小觑的作用。

图 6-3 扫码得纸巾

(3) 高科技

走进鼓楼西公厕,在男、女及第三卫生间的门上方都有一块 LED 电子灯牌,游客可以通过灯牌上亮起的红、绿两色指示灯,了解卫生间是否有人正在使用;在公厕设置文化墙,在部分公厕内安装 LED 宣传公益广告,提升如厕市民对文明城市、"厕所革命"等的知晓率。

门内侧的天花板上则安置了一个红外人流监控器,以获得公厕的实时人流数据,为新建公厕选址提供大数据支持。

公厕不但安装了新风换气系统,还在墙面上贴上了利用纳米技术除臭的"光触媒板",极大改善了空气环境。利用同样的科技化改造方式,西安市莲湖区已完成了5座老旧公厕的改造升级。

(四)西安"厕所革命"专家说

2018年3月30日,"2018西安·世界厕所工作大会——厕所革命之建设与管理"在西安国际会议中心举办。西安市委主要领导致开幕词,西安市政府主要领导发布《2018西安·世界厕所工作大会倡议书》。

"世界厕所先生"、世界厕所组织(World Toilet Organization,WTO)创始人沈锐华:"我们现在积极参与到中国的厕所革命建设当中,在河南洛阳建了12栋'彩虹校厕',将破破烂烂的旱厕改为冲水马桶。今天来参加大会,我感受到西安'厕所革命'开展得如火如荼。我建议,可以提高和扩大'厕所革命'的宣传力度和影响力度,比如邀请明星、运动员、高层领导一起传递文明如厕理念。此外,学校的厕所非常重要,要从幼儿园开始就培养卫生习惯。同时,厕所可以商业化,可以探讨'以商养厕'。这次世界厕所工作大会邀请的都是重量级的人物,对西安'厕所革命'的推动力肯定很大,我相信西安的'厕所革命'会有一个巨大的进展,我看好西安!"[①]

"中国厕所先生"、昆山昱庭公益基金会发起人钱军:好的厕所三分靠建设,七分靠管理。"厕所革命"不仅是设施革命、技术革命,也是管理革命。在他看来,厕所硬件建设只是第一步,建成之后,如何让厕所有效地运行才是"厕所革命"能否成功的关键。以校园厕所为例,据调研,在不发达地区,50%的孩子不愿意在学校的厕所如厕,30%的孩子患有便秘等症状。之所以如此,是因为以人为核心的理念还没有深入人心。厕所是一个公共服务产品,不是为某一些人服务的,不能落下每一个人。无论是规划设计还是设施的功能性提供,都应该从人的角度出发。校园厕所的使用率和厕所建设舒适度紧密相关,只有制定一系列标准,按照每个年级孩子身高不同,设置高低不一的扶手、大小不同的便池,营造舒适干净的环境,才能有效提高校园厕所的使用率。

英格兰布里斯托大学规划与建筑系教授克拉拉·格雷德:所有人都需要厕所,但是用厕所还是有很多尴尬的问题。厕所的设计不仅仅是关于每个厕所建筑的问题,还有厕所的位置选择,应该让人们更便利地使用,满足不同群体的需要,让他们平等地享受如厕的权利。我们需要不同层级的厕所,市中心、郊区、农村地区、交通要道,需要不同的厕所来满足不同需要,有一些家人带着孩子出行需要考虑孩子的需求,包括公交站也需要厕所,厕所要最终满足大部分人的基本需求。

世界厕所组织代表、国内外知名专家、行业负责人等齐聚西安,围绕城乡厕所规划与管理

---

① 搜狐新闻.厕所革命:2018西安世界厕所工作大会启动. http://www.sohu.com/a/226987018_280164.html,2018年4月2日。

等问题深入研讨,不仅对西安市"厕所革命"给出了高度的赞扬,同时也把他们一些先进的理念与经验分享给我们,进一步推动其发展完善。

(五)西安市"厕所革命"执行成效

2017年西安市全年完成新建改建旅游厕所252座(新建154座,改建98座),完成全年总任务214座的117.75%,第三卫生间累计完工72座,完成全年任务54座的133.3%,2015—2017年三年完成新建、改扩建旅游厕所556座,进一步优化了全市旅游厕所布局,受到市民和游客的欢迎。2017年5月26日,西安市荣获全国"厕所革命"综合推进先进单位;2017年11月19日,西安市再次荣获"厕所革命优秀城市奖"。

1)公厕卫生改善了,被访者满意度高

记者连续两天在西安街头及微信群,就西安公共厕所目前的布局、环境、设施等进行了满意度调查,受访的100人中,大多数满意度比较高。

接受采访的李女士说:"以前,走钟楼地下通道,每次路过通道公厕时,都有难闻的气味飘来,现在不同了,公厕卫生环境有了很大的改善。"

"'公厕革命'后,卫生状况有了很大的改善,公厕标识也规范了许多。"陈先生说,外出上厕所自己一般不会询问路人,都是用手机导航找附近的公厕,一般300米左右,很方便。

记者随机走访了东十道巷、建国门、钟鼓楼广场、莲湖公园等地的厕所,发现只有一处公厕内纸篓清理得不及时,其他公厕的洗手台、地面、厕位等都比较干净。

早上,在建国门附近,卖东西的商贩,健身的、散步的、跳舞的、买东西的人,真不少。记者顺着公厕指示牌来到公厕,地面、厕位、洗手台都很干净。

2)游客和行人走进酒店宾馆上厕所

市民吴女士感触很深:"以前如果不去消费,以路人的身份到酒店、宾馆上厕所,一般会被拒绝,现在可不同了。"

记者在西安街头相继走访了仁和居商务酒店、7天连锁酒店、政协大酒店、艾斯汀酒店等30家酒店,询问能否上厕所。其中,26家酒店的卫生间都向路人直接开放,卫生间内设备齐全,卫生干净。剩余4家表示因厕所在装修、没有独立卫生间等拒绝了记者,不过,都告知了附近可以上厕所的地方。

2017年12月13日,碑林区城市管理局、碑林区旅游局召开全区社会单位私有厕所对外开放工作会议。同时,市、区、街三级政府会不定时进行检查,确保每天向社会持续开放不少于12小时。

3)第三卫生间,带孩子如厕不再尴尬

记者来到大雁塔北广场一公共厕所前。这里的公厕,女厕的数量远远多于男厕。"旅游景点上厕所,一般都是女厕所前排长队,男厕所前不用排队,有时候女士不得不抢借男厕。一方面是男女厕比例设置不合理,另一方面是因为生理的不同,女士上厕所用时多于男士。"一位游客说,在这里上厕所,女士就不用排那么长的队了。

西安曲江大雁塔景区管理服务有限公司工作人员说,景区对公厕进行了多次改造,提升改造后卫生间男女蹲位比例为1:3.5,其中东、西两侧重点卫生间男女蹲位比例为1:6,极大满足了广大游客、市民旅游如厕的需求。

记者看到,这里还设有第三卫生间,配有大小马桶、婴儿台、成人洗手池和儿童洗手池等。一位刚从第三卫生间走出来的王先生说,这样的设置特别合理,以前他带女儿出去上男厕所,孩子不乐意。现在好了,自己带女儿出来上厕所不尴尬了。

男卫生间最前面的是残疾人卫生间,内部不仅设有常规的马桶,还有坐便器垫纸、儿童坐便转化器和报警器等。

公共休息区摆放有休息座椅、电视机、自助售卖机、24小时直饮水、存包柜、急救药箱等。工作人员说,很多游客参观累了都会来到这里接点热水,坐在椅子上休息。

4)手机扫码,能找到最近公厕

"你好,你知道咱们这附近哪有厕所?""小伙子,你扫一下旁边的垃圾桶上贴的二维码,就能找到最近的公厕。"北大街公交站站点,记者看到,一位行人打听厕所位置后,扫了二维码。

垃圾桶左右两侧都有塑料材质的牌子,牌子左侧印有莲湖公厕电子地图,中间有二维码,在二维码附近写有:"莲湖公厕哪里找,请用手机扫一扫。"记者扫二维码后显示"西安莲湖区公厕导航",关注点击最下面的公厕导航,导航界面上面有图片介绍,中间分为"附近厕所""我要评价""我要建议""投诉电话",最下面有评价、回复等。记者点开附近厕所,软件自动跳转查找并显示了附近1千米左右的公厕:大莲花池免费厕所,大莲花池街路东,直线距离250米;二府园北免费公厕,二府园路东,直线距离269米。

"今年4月份开始推广使用,通过APP可以显示出最近的公厕位置,并且通过导航规划出最短的路线,从而方便市民。"莲湖区城市管理局环卫科科长说。

此外,在百度地图、高德地图APP软件上搜索公厕,两个APP均显示附近公厕地点和距离。记者在碑林区柏林街办附近用高德地图搜索公厕,共显示公共厕所7处。

(六)结语

2017年底,中国已建造7万多座新厕所,超额完成任务。但其中一些新建厕所设施配备太过于齐全,以至于厕所本身成了建厕所的目的。重庆某公园的一座凉亭式公厕因造价约100万元而吸引公众关注。另一座"五星级"公厕安装了电视、无线局域网、手机充电器和自动擦鞋机。

中国2016年摒弃对旅游厕所的五星级评比制度,取而代之的是三级评判标准,还将整个"厕所革命"焦点从硬件转移到管理上。世界公厕组织中国项目经理说,任命"厕所所长"能帮助地方政府把焦点更多地放在公厕管理上,而非厕所建筑风格上。

(七)思考题

在《西安市开展"厕所革命"工作实施方案》中明确规定在厕所建设及管理过程中可以采取社会资本参与,但是厕所作为公益性事业,如何使社会资本实现盈利?

二、案例说明

(一)课前准备(略)

(二)适用对象

西安市"厕所革命"案例涉及城市政府公共管理、城市规划与管理等问题,因此它的适用对象主要是城市政府的管理者,城市发展及公共管理领域的学者,以及和城市管理、公共管理专业相关的研究生和大学生。

(三)教学目标

本案例适用于城市规划与管理和公共政策分析等课程,希望达到的主要教学目标如下:

(a)让学生在充分了解西安市"厕所革命"变革过程的基础上,对政府在提供公共服务及基础设施过程中所起到的作用有清晰的认知,特别是对案例中政府公共服务具体机制等有准确的判断。

(b)结合西安市"厕所革命"的具体实践,引导学生建立起城市政府提供公共服务和基础设施的基本概念,对政府的管理职能以及履行职能过程中的具体机制等形成较为全面的认知。

(c)对城市政府公共管理能力有更加深入的了解。

(四)教学内容及要点分析

公厕是城市文明的标尺,是城市管理和服务水平的重要体现。正在推动中的西安市"厕所革命",由于得民心、顺民意、惠民生,目前已经成为一项全社会关注的基础工程、文明工程和社会工程。本案例运用新公共服务理论对西安市"厕所革命"的实施机制进行分析,探讨其主要特点及优势所在,并结合具体实施机制,分析其局限性所在,为进一步推动"厕所革命"提供参考性建议。

1. 新公共服务理论起源

(1)民主社会的公民权

亚里士多德在《政治学》中首先提出了公民权。卢梭把公民界定为把社区利益放在心上的人。桑德尔(Sandel)认为,政府的存在就是一定的程序(如投票程序)和公民权利,从而使公民能够根据自身利益做出选择[①]。金和斯迪沃斯主张行政官员应当把公民当作公民来看待,而

---

① SANDEL M J. Democracy's Discontent[M]. Cambridge, MA: Belknap Press, 1996.

不只是把他们看作投票人、委托人或顾客；公共管理者应当寻求更有效的回应，相应地提高公民的信任度[1]。这种观点直接为新公共服务提供了理论基础。

（2）社区和市民社会

普特纳姆（Putnam）主张美国的民主传统以存在活跃的公民为基础，他们活跃于各种团体、协会和政府机构之中。这些小型团体聚合起来就构成了"市民社会"。只有在这里公民才能够以个人对话和讨论的形式共同参与进来，而这种方式便是社区建设和民主本身的实质[2]。金和斯迪沃斯认为，政府在创建、促进和支持公民与社区之间联系的过程中能够起到重要的决定性作用。

（3）组织人本主义

新公共服务主要吸收组织人本主义优于传统组织的精华。

（4）组织对话理论

在现代主义的视角中，公共行政被建构为一种科学，一种技术，一种阐释；而在后现代主义的视角中，公共行政欲通过对"想象""解构""非领地化"和"变样"的强调来掀起一场变革官僚制的革命[3]。

2. 新公共服务理论的基本理念

所谓"新公共服务"，指的是关于公共行政在以公民为中心的治理系统中所扮演的角色的一套理念。作为一种全新的现代公共行政理论，新公共服务理论认为，公共行政已经经历了一场革命。目前，与其说公共行政官员正集中于控制官僚机构和提供服务，倒不如说他们更加关注"掌舵"而不是"划桨"的劝告，即他们更加关注成为一个更倾向于日益私有化的新政府的企业家。但是，在他们忙于"掌舵"的时候，是否忘记了是谁拥有这艘船呢？在新公共服务理论家看来，公共行政官员在其管理公共组织和执行公共政策时应该集中于承担为公民服务和向公民放权的职责，他们的工作重点既不应该是为政府这艘航船掌舵，也不应该是为其划桨，而应该是建立一些明显具有完善整合力和回应力的公共机构。

登哈特夫妇在民主社会的公民权理论、社区和市民社会的模型、组织人本主义和组织对话的基础上，提出了新公共服务理论的七大原则：政府的职能是服务，而不是掌舵；公共利益是目标而非副产品；在思想上要具有战略性，在行动上要具有民主性；为公民服务，而不是为顾客服务；责任并不简单；重视人，而不只是重视生产率；公民权和公共服务比企业家精神更重要[4]。

3. 西安市"厕所革命"的实施机制

从新公共服务理论入手，分析西安市"厕所革命"的具体实施机制，主要体现在以下几方面。

（1）公共服务以公民为主导的思想

新公共服务理论强调，要重视与公民之间的关系，要尊重公民。不管是由政府来提供公共

---

[1] CHERYL K, STIVERS C. Government is Us: Public Administration in an Anti－Government Era [M]. Thousand Oaks, CA: Sage Publications, 1998.

[2] PUTNAM R D. Bowling Alone[J]. Journal of Democracy, 1995, 6(1): 65－78.

[3] 顾丽梅. 新公共服务理论及其对我国公共服务改革之启示[J]. 南京社会科学, 2005(1): 38－45.

[4] 登哈特 J V, 登哈特 R B. 新公共服务：服务，而不是掌舵[M]. 丁煌，译. 北京：中国人民大学出版社, 2010.

服务,还是由非营利性的组织或私营部门来提供公共服务,都不要将公民仅仅看成是生产力。公民是服务的接受者,因此在公共服务供给中应该首先实现公民的利益最大化。

《旅游公共厕所设置建设标准》中对于数量分布以及整体设计的规定充分地体现了公共服务提供过程中以公民为主导的思想:①以老人、孩子为服务对象的旅游目的地,厕所服务区域最大距离超过500米,从厕所服务区域最不利点沿线到该区域厕所的时间宜不超过5分钟。②建筑面积、厕所数量及布局根据人流量设定,如厕排队等待宜不超过5分钟;在旅游区出入口、停车场等人流易聚集的地方,建筑面积、厕位数量及布局应考虑瞬时人流量承受负荷;厕所出入口宜设多个。③第三卫生间(家庭卫生间)使用面积宜不小于6.5平方米,内部设置应包括成人坐便位、儿童坐便位、儿童小便位、成人洗手盆、儿童洗手盆、有婴儿台功能的多功能台、儿童安全座椅、安全抓杆、挂衣钩和呼叫器等。

通过对一些旅游公共厕所建设标准的梳理,我们可以发现细节之处体现的都是以人为本、以公民为主导意识的公共服务提供,只有在旅游厕所以及公共厕所中真正做到了以公民为主,才能够获得游客及群众认可,真正实现厕所革命所要达到的便民、提升城市形象作用。

(2)公共服务提供的竞争性与私营化

新公共服务的提倡者认为应该在公共服务的提供领域引入竞争机制。《西安市旅游厕所革命工作方案》中有相关的规定:

(a)开放式旅游景区、非星级酒店、乡村旅游示范村(点)厕所的日常管理可采取购买服务、以商养厕、设立公益岗位等方式进行;对于封闭式旅游景区、星级酒店厕所的开放和日常管理工作鼓励采取承包经营、大中型企业冠名赞助、授予商业广告经营权等方式,推动旅游厕所服务管理机制创新。通过合同外包,让非营利性的公共组织、私营公司等通过投标与竞标的方式参与公共服务提供的竞争,公民有权利选择公共服务的提供者。

(b)旅游厕所建设资金由区县政府、开发区管委会及经营单位自行负担,市级旅游专项给予补贴,资金采取先建后补的方式,项目建成验收合格后予以拨付。

(c)积极鼓励民间资本投资旅游厕所建设。

这些都体现了政府为了提高公共服务供给的质量和效率,积极调动社会和市场的力量,利用其在建设方面的管理经验和技术,有利于增加公民对于公共服务提供的选择权,有效地整合了社会资源,提高了服务水平和质量,为公民提供优质、高效的公共服务。

(3)公共服务提供中的责任政府

新公共服务理论所强调的公共服务提供中的责任政府意识也是非常明确和深刻的,以满足公众需求为导向,重新设计服务流程,与公众保持密切联系,能够快速组织行动,提升政府回应性和公共服务效率;明确各级政府部门的责任分工,使得政府之间由过去的各自为政变成了相互补位,不得互相推诿扯皮,不得"踢皮球"。

1)机构职能分工

成立市开展"厕所革命"工作领导小组,由常务副市长任组长,分管城建、旅游工作的副市长任副组长,领导小组成员单位由市城管局、市旅游局、市委宣传部、市财政局、市规划局、市建委、市国土局、市市政局、市交通局、市农林委、市文物局、市宗教局、市文广新局、市商务局、市水务局、市卫计委、市教育局、市考核办、市政府督查室、国网西安供电公司、西安城投集团、市自来水公司及各区县政府、开发区管委会组成。领导小组办公室设在市城管局,办公室主任由市城管局局长、市旅游局局长共同担任,具体工作由市城管局、市旅游局牵头负责。建立市"厕所革命"工作联席会议制度,每两个月召开一次联席会议。各区县、开发区要充分认识到开展"厕所革命"对提升城市文明程度、提高市民群众幸福感的重要意义,切实增加责任感和紧迫感,迅速成立工作领导小组,筹集建设改造资金,分解工作任务,做到组织到位、人员到位、经费到位。

2)目标责任考核

各区县、开发区要充分发挥领导小组组织、协调、指导、监督的职能,对照工期,挂图作战,定期召开责任单位工作会议,督促各阶段工作推进到位。通过公开招投标,选择信誉好、实力强、业绩优的专业企业承建。要打造一批区级示范精品公共厕所,做出亮点。要严格按照国家标准,注重细节,不得低水平建设或追求豪华,要鼓励创新,引入新技术,力争在建筑设计、设备选型、功能服务、管理保洁等方面取得新的突破。

实行目标管理和责任考核,落实月报告、季督查、年评价制度,对行动迟缓、工作不力、不能按时达标完成的单位和个人实施责任追究。督查考核既要考虑完成的数量和时间,也要考虑完成的质量和标准,营造比、学、赶、超的氛围。督查部门把"厕所革命"工作成效作为督查考核各区县、开发区工作实绩的重要内容。

4. 西安市"厕所革命"存在的问题及整改措施

(1)存在的问题

1)西安市"厕所革命"实施范围仍有待扩大

根据某自媒体2017年9月27日所做的大数据统计中显示:其根据城六区公厕热力图发现,一些区域存在公厕空白,比如西影路、曲江路、长鸣路及南三环相交范围内大概有12平方千米的公厕空白;咸宁路与东二环路交界和白杨寨中心,半径3千米以内,公厕空白;明光路与永新路长3千米,宽2千米范围内,公厕空白。

一位开出租车20多年的刘师傅的说法代表了很多出租车司机的心声。"现在,开出租车上厕所还是很不方便,不少司机开一个白班,10小时左右,营运前和营运中都不敢多喝水,就是害怕上厕所。"刘师傅说,想上厕所了硬憋着,久坐加憋尿导致前列腺炎也成了他们的职业病,有的司机实在憋不住了,只好随地解决。在出租车司机看来,主要是主干道上的公厕比较少,而且公厕旁边几乎没有停车位或者停车位太少,满足不了司机停车如厕的需求①。此外,有的社会单位开放免费公厕的标识不明显。

根据自媒体的大数据统计以及出租车司机的采访,可以看出"厕所革命"的实施范围仍有待进一步扩大,主干道以及公交站点是人流量比较大的地方,但是却都很少有公共厕所的布点;鼓励社会单位开放厕所,但是目前也只是实现了一小部分,因此"厕所革命"仍任重而道远。

2)实施方案与现实厕所建设之间的差距

在《西安市开展"厕所革命"工作实施方案》中有对所长制每小时检查一次的规定,但是全市3 000多名所长,完成这样一项任务也是非常艰巨的,成本是非常高昂的,在现实中对于是否做到存在监督不力的问题;公共厕所环境卫生控制标准中有具体的卫生指标和相应的要求,但是通过实地走访调查,很多公共厕所并没有做到基本的卫生标准。政策的出发点是好的,

---

① 三秦都市报-三秦网."厕所革命"实施多日 你对如今的城市公厕满意吗. http://www.sanqin.com/2017/1217/332705.shtml, 2017年12月17日。

但是在具体的实施过程中,远没有达到方案中的标准,因此,实施方案与现实之间是存在很大的差距的,需要我们强化相应的监督机制与奖惩机制去保障其实施。

3)厕所建设不均衡

西安市"厕所革命"目前主要是针对旅游区厕所发力,许多景区的厕所都非常豪华,如在大唐芙蓉园景区厕所里面,有供游客休息的客厅,内置电视、沙发、茶几,装修豪华,但是部分公共厕所连基本的标准都没有达到,因此不论是旅游区厕所还是公共厕所,都只需要符合《厕所质量等级的划分与评定》(GB/T 18973—2016)国家标准即可。虽然旅游区厕所直接面向游客,但是公共厕所不仅要面向游客,还要面向市民,因此是更重要的一部分建设需要。

(2)整改措施

1)查摆问题,扩大范围,优化布局

西安在综合推进全市"厕所革命"中,需要进一步与规划、旅游、城管等部门协同发力,委托第三方对全市旅游厕所的布局、人流、数量、建设、管理等进行调研、评估,形成《西安市旅游厕所革命评估报告》,为深入推进"厕所革命"工作提供精准的决策依据;进一步增加新建改建厕所,鼓励更多的宾馆、星级酒店公厕面向社会免费开放,真正做到"厕所革命"。

2)对标先进,提高公共厕所建设管理水平

主动对标先进城市厕所建设和管理经验,在行业广泛开展"学标、用标、达标"活动,推行《厕所质量等级的划分与评定》(GB/T 18973—2016)国家标准。厕所管理单位严格按照标准,加强对公共厕所建设的检查、督促,创新设计、体现文化特色,不断改进和完善公共厕所内外部环境。

3)旅游厕所更加注重实用性和文化传承性

旅游厕所在建设过程中,为了提高景区的形象,会刻意把厕所建得豪华,但是这违背了厕所建设的本质特征:实用性及卫生,因此,在西安市"厕所革命"的旅游厕所方面,应该注重其实用性,符合国家标准即可。同时为了提高形象,可以多做与文化传承相关的建设,如做文化显示牌、建设古建筑风格厕所等,在降低了厕所建设成本的同时也凸显了其特色。

(五)教学安排(略)

(六)补充材料

1. 进一步的阅读文献

[1] 丁煌. 政府的职责:"服务"而非"掌舵":《新公共服务:服务,而不是掌舵》评介[J]. 中国人民大学学报,2004(6):151-152.

[2] 尹继卫. 中国政府公共服务能力建设思考[J]. 中国行政管理,2004(8):73-75.

[3] 丹哈特 R B,丹哈特 J V,刘俊生. 新公共服务:服务而非掌舵[J]. 中国行政管理,2002(10):38-44.

[4] 周星,周超. "厕所革命"在中国的缘起、现状与言说[J]. 中原文化研究,2018,6(1):22-31.

[5] 佚名. 所长制:西安抓住了厕所革命的关键[J]. 领导决策信息,2017(32):20-21.

案例七　大西安生产力布局前瞻

一、问题的提出

我国自1980年在深圳等地设置经济特区以来,围绕经济增长与发展相继推出了国家级经开区、国家级高新区、国家级保税区、国家级出口加工区、国家级综保区、国家级新区、国家自主创新示范区、国家自贸试验区等政策性开发区域类型,借以推动不同地区、不同领域的经济开发和制度创新。新世纪以来,伴随着我国城镇化进程的快速推进,各地的新城、新区建设也加速推进。在2015年中国城市规划学会年会上,郭仁忠院士介绍了一项关于12个省会城市和144个地级市的权威调查,结果显示,省会城市平均每个规划4.6个新城(新区),地级城市平均每个规划约1.5个新城(新区)。国家级开发区、在建的新城新区,加上城市原有的城区及县域,共同构成当今中国城市发展中通过多个开发板块来带动经济发展的典型格局,即板块驱动型的城市经济发展路径。

陕西省西安市是我国实施"一带一路"倡议和西部大开发战略的重要节点城市。自1991年3月西安高新区获批成为国家级高新区,2017年1月陕西省将西咸新区(国家级新区)交由西安市代管,期间在西安市范围内(含西咸新区)先后形成了24个拥有市级(西咸新区为省级)经济管理权限的开发区、新区和组团区域,包括西安高新区(国家级),西安经开区(国家级),西安曲江新区,西安浐灞生态区,西安国际港务区,西安航空基地(国家级经开区),西安航天基地(国家级经开区),渭北工业区高陵组团,渭北工业区阎良组团,渭北工业区临潼组团,浐河新区,大兴新区,土门地区,幸福路地区,小寨地区,常宁新区,曲江临潼度假区,秦岭生态环境保护区,汉长安城大遗址保护特区以及西咸新区下辖的沣东新城、沣西新城、空港新城、泾河新城和秦汉新城。这24个城市板块普遍实行开发区管理体制,事权、财权相对独立,能够带来开发的高效率和发展的高速度,因而在西安市下辖的13个区县之外,对整个城市的经济社会特别是产业发展形成了有力支撑。与此同时,正是由于这些城市板块在较长时期内的相对独立运行,导致了当前相互间较为激烈的产业及项目资源竞争,造成了西安市经济发展特别是产业布局的碎片化现状。

一个城市有近40个行政地位相当、都接受市政府考核的经济发展主体(24个开发板块、13个区县),这样一种发展格局,一方面,如果没有强有力的统筹和协调,很难实现城市整体利益最优。这也是西安市政府从2016年初开始至今,相继提出"推动开发区优化整合"、建立"招商引资工作暨重大招商引资项目联席会议制度"、组建全市招商"特种部队"、直至成立"西安市投资合作委员会"的根本原因所在。另一方面,招商引资也是开发区经济工作的生命线。对此,西安市市委书记在履新两个月时即提出,把招商引资作为全市"一号工程"。在此背景下,可以预见西安市各开发板块的招商引资压力将只增不减,而板块间在招商引资上的配合特别是在重要产业项目落地上的协作,将成为西安市能否摆脱当前产业布局碎片化现状的关键。

据此,笔者结合区域行政理论视角,提出重点项目布局管理这一具有重要实践价值和特定理论意义的研究命题。需要指出的是,重点项目是政府工作用语,一般指对当地经济、社会、生态、民生以及基础设施等领域发展具有重要作用的投资建设项目,本案例则将其含义限定为可在城市开发板块中布局落地的经济类重点产业项目。

二、研究思路

本案例立足当前中国城市发展中"板块带动型"经济开发路径,选取陕西省西安市作为具体个案,开展以重点项目布局管理为对象的分析研究,以期为西安市的产业布局优化,特别是开发板块融合发展提供解决方案,并为同类型城市思考、解决类似及相关问题提供参照和借鉴。

下述主要从 4 个层次递进展开:①简要呈现西安市(含西咸新区)众多开发板块的概况,并引入区域行政的理论分析视角;②提出经济功能区的概念,并从产业属性、地理区位等角度构建西安市的经济功能区格局;③以西安市经济功能区格局为基础,设计大西安区域重点项目布局管理流程;④面向西安市经济功能区中开发板块的融合发展,提出相应的区域行政策略。

三、西安市城市板块融合发展问题透视

(一)西安市的城市板块及其分类

截至 2017 年 1 月,西安市范围内共有 24 个拥有市级及以上经济管理权限的开发区、新区和组团区域,见表 7-1,可分为以下 4 类。

(a)西安市的市级产业板块(10 个),包括西安高新区、西安经开区、西安曲江新区、西安国际港务区、西安航空基地、西安浐灞生态区、西安航天基地、渭北工业区(含高陵组团、阎良组团、临潼组团)。各板块的管理机构(管委会,副厅级)都是市政府派出机构,行使市一级经济管理权限,其中较为特殊的是渭北工业区,它的管理机构是由市长任组长的领导小组,而在下设的 3 个组团中,高陵组团的建设管理主体为西安经开区,阎良组团为阎良区,临潼组团为临潼区。

(b)西安市的区级产业板块(7 个),包括灞河新区(位于灞桥区)、大兴新区(位于莲湖区、未央区,主体部分在莲湖区)、小寨地区(位于雁塔区)、常宁新区(位于长安区)、曲江临潼度假区(位于临潼区)、土门地区(位于莲湖区)、幸福路地区(位于新城区)。这些板块在管理体制上

实行市区共建、以区为主,相应的管理机构(管委会)一般由所在行政区的主要领导(副厅级)担任负责人,并由市政府授予多项经济管理事权。其中较为特殊的是曲江临潼度假区,该板块由曲江新区、临潼区在临潼区域内合作共建,管理主体是曲江新区管委会。整体而言,这些区级板块可以看作是市级板块带动模式的一种复制。

(c)西安市的市级功能板块(2个),包括秦岭生态环境保护区(简称秦岭生态保护区)和汉长安城大遗址保护特区(简称汉长安城保护区),它们都是由西安市政府主导成立的功能性板块,前者侧重秦岭西安段的生态环境保护利用,管理机构("秦岭办",副厅级)由市政府派出,后者侧重汉长安城遗址保护利用,管理机构(管委会)由未央区主要领导(副厅级)担任负责人。

(d)西咸新区的产业板块(5个),包括沣东新城、沣西新城、空港新城、秦汉新城、泾河新城,各新城均设副厅级的管委会。

(二)西安市产业布局优化与板块融合发展的关系

从上述板块分类和表7-1中的有关信息可以发现,西安市的24个城市板块不仅在成立时间、地域面积、地理区位和产业定位、经济基础、服务能力等方面差异明显,同时还在行政层级、管理权限及负责人政治身份等方面存在一定差别,因此自然形成对重点项目的不同吸引力。如果不对这些城市板块加以策略性地融合,就不可能促进重点项目在各板块间的相对合理布局,从而导致西安市产业布局碎片化的进一步加重。正是在这个意义上,西安市的产业布局优化与西安市的板块融合发展紧密耦合、相互关联,不可分割。

(三)区域行政理论视角的引入

西安市的经济开发和城市建设,在"大西安"语境下,涉及西安市政府、咸阳市政府、西咸新区、管委会以及陕西省政府四个管理主体,从而形成西安市和陕西省、咸阳市和陕西省、西咸新区和陕西省、西安市和西咸新区、咸阳市和西咸新区、西安市和咸阳市、西安市内部区县与板块以及西咸新区内部板块等极为复杂的多重互动关系。在此背景下,研究西安市的重点项目布局管理及基于此的城市板块融合发展,需要恰当的理论予以指导,而区域行政理论就是一个可行的选择。

所谓区域行政,是指一定区域内的政府(两个或两个以上)为促进区域发展而相互协调关系、寻求合作,对公共事务进行综合治理,以便实现社会资源的合理配置。尽管这一概念的提出已有十多年,围绕它的理论谱系也由区域公共管理进至区域治理,但这一概念及其理论视角,对于西安市的城市板块融合研究仍具有很强的指导意义。比如,对大西安建设来说,西安市政府、咸阳市政府、西咸新区管委会以及陕西省政府如何在目前已有互动关系基础上,逐步建立起一个目标、任务有所侧重的大西安区域行政的制度和组织架构,从而既加强域内行政协调协作,也促进面向区域整体发展的经济管理合作,就是一个十分重要的研究问题。

表 7-1 西安市城市板块简况

板块名称	建立时间	板块属性	管理机构	主官级别	地域面积
西安高新区	1991年3月	西安,市级	管委会/市派出	正厅/副厅	规划面积107平方千米,扩区新增200平方千米,已开发45平方千米
西安经开区	1993年9月	西安,市级	管委会/市派出	正厅/副厅	规划面积113.74平方千米
西安曲江新区	2002年8月	西安,市级	管委会/市派出	正厅/副厅	核心区域面积40.97平方千米,发展区域总面积近150平方千米
西安国际港务区	2004年6月	西安,市级	管委会/市派出	正厅/副厅	规划控制区面积120平方千米,规划建设区面积44.6平方千米
西安航空基地	2004年8月	西安,市级	管委会/市派出	正厅/副厅	阎良核心制造园规划面积40平方千米
西安浐灞生态区	2004年9月	西安,市级	管委会/市派出	副厅	规划面积129平方千米,其中集中治理区89平方千米
西安航天基地	2006年11月	西安,市级	管委会/市派出	正厅/副厅	规划面积23.04平方千米,预留48.79平方千米
灞河新区	2007年10月	西安,区级	管委会/区合署	副厅	规划面积59平方千米
大兴新区	2008年9月	西安,区级	管委会/区合署	副厅	规划面积17平方千米
小寨地区	2009年2月	西安,区级	管委会/区合署	副厅	规划面积9.1平方千米
常宁新区	2009年2月	西安,区级	管委会/区合署	副厅	规划面积86平方千米
曲江临潼度假区	2010年4月	西安,共建	管委会/曲江管	副厅	规划面积27.33平方千米
西咸新区	2011年5月	陕西,省级	管委会/省派市管	副省/正厅/副厅	规划面积882平方千米,其中规划建设用地272平方千米
秦岭生态环境保护区	2011年6月	西安,市级	秦岭办/市派出	副厅	规划面积5852.67平方千米(25度坡以上山区面积5319.64平方千米)
汉长安城大遗址保护特区	2012年8月	西安,市级	管委会/区合署	副厅	规划面积为75.02平方千米
渭北工业区三个组团	2012年8月	西安,市级	领导小组/管委会	副省/副厅	规划面积851平方千米,其中298平方千米为工业建设用地
土门地区	2012年12月	西安,区级	管委会/区合署	副厅	规划面积14.97平方千米
幸福路地区	2013年6月	西安,区级	管委会/区合署	副厅	规划面积17.63平方千米

注:各开发板块相关内容来自网络公开资料和笔者访谈资料的汇总整理;截至2017年9月,西安高新区、西安经开区、西安曲江新区、西安国际港务区、西安航空基地、西安航天基地管委会党工委书记均由西安市的副市级(正厅级)领导兼任,但管委会主任仍为副厅级。

特别地，对于当前西安市的24个城市板块而言，如何通过这些板块的融合发展，来促进城市整体产业布局优化，是一个更加具体和紧迫的研究问题。而从区域行政理论视角，恰可较为完备地描述和思考该问题的形成及解决逻辑，即西安市的经济发展依靠各城市板块的带动，而城市板块间的竞争影响着重点项目的落地，一旦重点项目落地建设，就会促进所在城市板块的经济增长，因此板块经济格局牵动着现实的整体产业布局，那么理顺重点项目与西安市城市板块间的互动关系，也就成了本案例的研究焦点。

四、基于城市板块融合的西安市经济功能区划分

学术界已有不少学者专门研究经济功能区，如孙海军认为，经济功能区是经济区域形成的基础和关键步骤，是以区位优势要素为基础，依赖或偏好该要素的经济活动主体在一定范围内聚集所形成的相对均质的经济空间。本部分主要基于西安市城市板块的主体部分多为经济开发区域的事实，提出西安市"经济功能区"的概念，它是指由具有相同、相近或相似产业发展定位的城市板块所组成的次市域性城市板块集合。

（一）西安市经济功能区的划分依据

基于本案例对经济功能区的概念界定，可以认为经济功能区的核心特征是较为一致的产业定位和较为连续的产业空间。

对于具有一定产业基础和开发规模的城市板块来说，其产业定位既是划定城市经济功能区的基础，也是城市经济功能区发挥作用的前提。如果板块间的产业定位和内容差异明显，或者是产业导向不同，那它们在实质性的经济功能上必然是分立的，不可能进行有效的区域整合。因此笔者认为，城市板块的产业定位是划分城市经济功能区的首要依据。此外，城市板块的空间区位，也是划分或者说构成城市经济功能区的重要依据。显而易见，在地理空间上相毗邻或者距离较近的多个城市板块，更容易形成一个关系紧密的区域整体，在产业定位一致或相近的前提下进行产业整合与分工。需要指出的是，即便出现一些板块产业定位接近，但空间距离较远的情况，仍可以通过"一区多园"或"飞地园区"的方式进行整合，实现产业整体板块也就是经济功能区的有机功能。

（二）西安市经济功能区格局及其分析

结合西安市一直以来大力发展的5项主导产业即高新技术产业、先进制造业（装备制造业）、文化产业、旅游业和现代服务业，以及前述24个城市板块的核心产业定位，笔者提出西安市可以构建以高新技术、先进制造、物流金融、文化旅游、现代服务为主题的5个经济功能区，再加上陕西自贸试验区的主体片区都在西安市范围内，因此还可以叠加一个自贸经济功能区，这就是西安市"5＋1"经济功能区格局。限于篇幅，本部分重点探讨西安市5个主体经济功能区的构建。

(a)西安市高新技术功能区包括西安高新区、西咸新区沣东新城和西咸新区沣西新城。西安高新区是承载西安市高新技术产业发展的龙头开发区,实力雄厚、地位突出,而紧邻其西侧的就是沣东新城、沣西新城,其中沣东新城正着力发展"科技研发、检验检测、基因技术、生物医药等高科技产业",沣西新城正着力发展"大数据、云计算、物联网、人工智能、信息安全等信息产业"。无论从产业定位还是从空间区位看,这三个城市板块完全可以整合为西安市的高新技术功能区。

(b)西安市先进制造功能区包括西安经开区、西安航空基地、西安航天基地、渭北工业区三个组团和西咸新区泾河新城。西安经开区是承载西安市先进制造业的首位开发区,西安航空基地、西安航天基地都是国家级经开区,都有着明确的制造业主体功能,渭北工业区三个组团产业定位明确,其中的高陵组团、阎良组团和西安经开区、西安航空基地关系密切,西咸新区泾河新城有较好的工业基础,并明确提出"打造新能源新材料、汽车及零部件、高端装备制造三大产业集群"。因此从产业定位看,上述7个城市板块可以以先进制造业的主题进行整合,而从空间区位看,除西安航天基地外(位于西安城市南部),其他6个城市板块都位于城市北部且相对集中于渭河两岸,有利于产业整合和分工。

(c)西安市物流金融功能区包括西安国际港务区、西咸新区空港新城和西安浐灞生态区。西安国际港务区、西咸新区空港新城的核心功能是陆港、空港,这也是西安市发展物流产业的核心支撑,西安浐灞生态区内设有专门的西安金融商务区,定位是"西安国际大都市的金融核心区",从而这三个板块有理由成为西安市物流、金融产业的核心区域。此外,这三个板块在空间区位上也贯通相连,具有一体化发展的天然优势。众所周知,物流、金融是生产性服务业的核心行业,西安市物流金融功能区的提出,既可以突显生产性服务业的重要性,也是对西安市高新技术功能区、西安市先进制造功能区的呼应和匹配。此外,"丝路信息港"已在西安浐灞生态区成立,将进一步促进相关产业要素的集聚和融通。

(d)西安市文化旅游功能区包括西安曲江新区、秦岭生态保护区、汉长安城保护区、西咸新区秦汉新城和曲江临潼度假区。西安曲江新区是首个国家级文化产业示范区,是西安发展文化产业和旅游产业的先锋与旗帜,而秦岭生态保护区、汉长安城保护区、西咸新区秦汉新城和曲江临潼度假区,也以自然文化、历史文化和度假旅游为发展(产业)主题,因此这5个板块能够在文化旅游的主题下进行统合。尽管这5个板块在空间区位上相对分离,但各自区域面积都较大,在产业发展上既能分工,也能合作。此外汉长安城保护区和秦汉新城区位较近,有联动发展的潜力,而曲江临潼度假区已经成为曲江品牌的一部分。

(e)西安市现代服务功能区包括土门地区、大兴新区、小寨地区、幸福路地区、灞河新区和常宁新区。这6个板块除常宁新区外,都属于因区域原有产业升级而形成的城市综合改造区域,产业定位大都以商贸、商务等现代服务业(生活性服务业)为主。从空间区位看,这些板块都位于西安市主城区,且整体分布在三环以内,能够满足西安市建成区内密集人口对生活性服务业的需求。

以上对西安市的高新技术功能区、先进制造功能区、物流金融功能区、文化旅游功能区和现代服务功能区的板块组成及其产业与空间关系进行了简要分析,旨在说明构建西安市5个主体经济功能区的合理性和可行性。

五、基于西安市经济功能区的重点项目布局管理

(一)重点项目布局管理的内涵

明确了西安市5个主体经济功能区的格局,就可以在此基础上实现重点项目在西安市范围内较为科学的布局,一方面促进西安市产业布局的整体优化,另一方面也为各功能区内城市板块的融合发展奠定基础。本部分提出的重点项目布局管理方案,部分参照了《陕西省重点项目推进办法》中的相关规定,其他多为笔者的见解和观点。此外,考虑到大西安建设涉及西安、咸阳两市的积极互动这一实际因素,本部分专门将咸阳高新区纳入研究范围并将其视为西安市(大西安)高新技术功能区的一个板块。

基于西安市经济功能区的重点项目布局管理方案,实质上是一套旨在优化西安市产业布局的全新重点项目落地流程,主要包括政商沟通、项目质量评估、省级协调、市级协调和利益补偿等五个核心环节。

(二)重点项目布局管理的核心环节

(a)政商沟通。就重点项目落地过程而言,其前置环节是由西安市政府与项目投资方进行事先沟通,就投资方是否同意其投资项目按照重点项目布局管理的后续各项机制进行统一管理进行商讨。如果投资方同意由市政府依规对项目落地进行全程协调管理,则进入项目申建环节;如果投资方不同意相关规定,则不能在西安市投资。

(b)项目质量评估。重点项目进入项目申建环节后,投资方需将各类申报文件提交西安市发改、环保、国土、规划、建设、税务等政府部门进行项目质量综合评估。评估的要点,包括项目资源代价、排放总量、安排就业、财税贡献、投资强度、综合带动等指标,只有同时通过这些指标评定的项目才准予立项。对于未通过质量评估的项目,则不予立项。

(c)省级协调。项目立项后,将由省级发改、国土、环保、住建等政府部门,组织专家开展项目的技术、经济比较分析,结合相关地区(包括项目拟落地区域和项目可落地的其他区域)的产业结构、资源禀赋、环境容量等因素进行对比评定。省政府依据专家论证及对比评定结果,确定重点项目布局,明确项目选址区域。如果项目在西安市范围落地,则进入下一环节;如果项目在西安市范围外(咸阳高新区)落地,则需进入利益补偿环节。

(d)市级协调。项目进入本环节后,首先主要依据项目产业属性明确其应落地的经济功能区,然后通过专家小组的调查、评估,对项目与功能区内各板块之间的综合匹配度(涉及产业基础与配套、节能环保、综合带动等方面)进行打分排序,最终由西安市政府依据各板块得分情况,确定项目的最后选址。

(e)利益补偿。项目选址最终确定以后,很可能会出现项目招商板块与项目落地板块不一致的情况,此时,需要由项目落地板块对项目招商板块进行利益补偿:如果招商板块与落地板块分属西安、咸阳,则由陕西省进行利益补偿的协调;如果招商板块与落地板块分属西安市不

同功能区(有时高新技术产业项目与先进制造业项目很难区分,所以会出现此种情况)或同一功能区的不同板块,则需西安市进行利益补偿的协调。

六、西安市城市板块融合发展的路径设计

在解决了城市经济功能区划分、重点项目在功能区内的合理布局这两个问题之后,还需要考虑功能区内各板块的融合发展。因为只有相关城市板块得到融合发展,西安市的产业布局才能持续进行优化。

(一)西安市城市板块融合发展的策略集合

当前,西安市众多城市板块的融合问题,源于过程中的行政决策,因此也需要从行政管理的角度思考问题的解决方式。更进一步,当从学理层面反思这个问题的生成、演进和破解时,有关区域治理、大都市区治理和城市治理的研究成果,也能够提供有益的思路借鉴。综合这些理论成果、国家政策导向和西安市促进开发区融合发展的已有实践,笔者从区域行政(区域合作)角度,提出5种由强渐弱的融合发展策略,依次为开发区合并、开发区代管、开发区领导交叉任职、开发区联席会议、开发区规划联盟。

开发区合并能够在最大程度上推进原有板块融合发展,通过组织机构实现决策和行政统一,进而为区域整体的产业发展奠定组织基础。开发区代管和开发区合并类似,仍然是通过组织机构归并实现域内板块的统一领导,但代管在力度上弱于合并,对组织成员而言,其组织归属感也会弱于合并的情形。开发区领导交叉任职,在本案例特指某开发区的最高决策者兼任其他开发区的最高决策者,这种策略在不改变原有板块组织格局的基础上,实现最高决策者的统一化,但由于最高决策者的工作重心偏好、与各板块管理集团的潜在博弈等因素,只能部分实现区域决策管理的统一。开发区联席会议,是在高层压力或同层引力推动下,各开发区针对域内公共问题的协商和解决而建立的一种工作机制,其作用在于沟通、协商和讨价还价,最终可以有结果,也可以无果而终。开发区规划联盟的形成,需要高层的引导支持以及各个板块的积极参与,其目标在于整个区域层面的空间功能和产业分工的合理化,这个策略更适合特定区域的初期开发,但对域内各板块并无实质性约束。

(二)基于经济功能区的西安市城市板块融合发展路径设计

以上述划分的西安市经济功能区为基础,参照上述开发区融合发展策略,综合各功能区内板块的产业现状、区位条件、开发层次、主官级别等多个因素,从区域行政视角提出各功能区内城市板块的融合发展路径。

(a)西安市高新技术功能区的融合发展。尽管西安高新区、沣东新城、沣西新城顺次毗邻,其产业发展定位上也具有良好的统合基础,但因为沣东新城、沣西新城隶属西咸新区这一国家级新区,而且陕西省、西安市都提出要维护西咸新区的整体性,因此合并、代管等强力的区域行政策略是不可取的。综合分析认为,对西安市高新技术功能区而言,适宜采取"开发区规划联

盟＋开发区联席会议"的综合策略,一方面通过3个板块的规划协调和协作,尽快解决在西安市代管西咸新区后,西安高新技术产业发展的整体布局问题,另一方面通过西安市主导的联席会议制度,实现域内重大问题和公共议题的协商解决。

(b)西安市先进制造功能区的融合发展。在该功能区内,除泾河新城隶属西咸新区外,其他6个板块都在西安市的治下。此外,西安经开区的最高决策者已兼任西安航空基地的最高决策者,而西安高新区的最高决策者事实上已兼任西安航天基地的最高决策者。综合分析认为,西安市先进制造功能区可采取"开发区合并＋开发区代管＋开发区联席会议"的综合策略:①西安经开区合并西安航空基地、西安航天基地,使西安市的国家级经开区合三为一,并以一区多园的方式来运行;②西安市将渭北工业区的阎良组团、临潼组团交由新的西安经开区代管,使经开区成为渭北工业区的统一开发主体;③由西安市主导建立新的西安经开区、渭北工业区和泾河新城的联席会议制度,实现西安市先进制造业的统筹布局。这里需要强调两点:①尽管西安高新区和西安航天基地有领导的交叉任职,且两个板块的空间区位也临近,但从产业属性上,还是有充分理由将西安航天基地并入西安经开区;②渭北工业区属于前期决策的产物,从长期看并无存在的必要,因此策略中设计的开发区代管也属于过渡性安排。

(c)西安市物流金融功能区的融合发展。在该功能区中,空港新城隶属西咸新区,西安国际港务区的最高决策者目前由副市级(正厅级)领导兼任,西安浐灞生态区的最高决策者为副厅级,三个板块内都有陕西自贸试验区的功能区片。综合这种现状及各个板块的产业定位,笔者认为,西安市物流金融功能区适宜采取"开发区规划联盟＋开发区领导交叉任职"的综合策略,一方面通过三个板块的规划协调,形成西安市物流金融行业的科学布局和三个板块在自贸区建设中产业发展上的协作,另一方面通过西安国际港务区最高决策者兼任西安浐灞生态区最高决策者,实现西安市东部地区重要开发板块的建设联动。

(d)西安市文化旅游功能区的融合发展。在该功能区中,西安曲江新区是曲江临潼度假区的代管方,这两个板块以文化旅游开发为主,秦岭生态保护区、汉长安城保护区以自然生态、历史遗存保护功能为主,西咸新区秦汉新城则有历史遗存保护和文化旅游开发双重职能,这5个板块在空间区位上相对分离。此外,近期华侨城集团控股曲文投并在西安大举投资2 380亿元。综合这些因素,笔者认为西安市文化旅游功能区亟待采取"开发区规划联盟"这一策略,尽快形成西安市文化、旅游产业的通盘规划与设计,以便对资本的力量形成牵引和制约。

(e)西安市现代服务功能区的融合发展。在该功能区中,大兴新区的主体部分和土门地区同属莲湖区管辖,小寨地区、幸福路地区、灞河新区、常宁新区则分属雁塔区、新城区、灞桥区、长安区管辖。考虑到这些板块的产业定位、空间区位以及开发层次,笔者认为由其构成的西安市现代服务功能区也适宜采取"开发区规划联盟"的策略,以便在交流信息、凝聚共识的基础上,实现错位发展和协同发展。

七、结语

本案例以中国城市发展中较为普遍的板块驱动型经济发展路径为背景,详尽探讨了陕西省西安市这一典型个案,如何通过重点项目布局管理重塑,来实现众多城市板块间的有序融合发展,进而促进城市整体的产业布局优化和利益最大化。本案例结合区域行政理论视角,提出并构建了西安市高新技术、先进制造、物流金融、文化旅游和现代服务等5个经济功能区格局,在此基础上设计了重点项目在功能区布局落地的5个核心环节,依次为政商沟通、项目质量评估、省级协调、市级协调和利益补偿,最后借助开发区合并、开发区代管、开发区领导交叉任职、开发区联席会议、开发区规划联盟等区域行政策略,给出了西安市经济功能区内城市板块融合发展的适宜策略选择。尽管本案例提出的解决方案在一定程度上能为其他城市解决类似问题提供思路借鉴,但在更高层级的体制机制安排、更深层次的动因机理研究等方面,仍有待进一步完善和深化。

八、补充材料

[1] 陈瑞莲.区域公共管理导论[M].北京:中国社会科学出版社,2006.
[2] 张紧跟.从区域行政到区域治理:当代中国区域经济一体化的发展路向[J].学术研究,2009(9):42-49,159.
[3] 陈瑞莲,杨爱平.从区域公共管理到区域治理研究:历史的转型[J].南开学报(哲学社会科学版),2012(2):48-57.
[4] 陈瑞莲,张紧跟.试论我国区域行政研究[J].广州大学学报(社会科学版),2002(4):1-11.
[5] 孙海军.经济功能区与经济区域形成理论[D].天津:南开大学,2010.
[6] 唐亚林.从同质化竞争到多样化互补与共荣:泛长三角时代区域治理的理论与实践[J].学术界,2014(5):71-83,309.
[7] 张衔春,赵勇健,单卓然,等.比较视野下的大都市区治理:概念辨析、理论演进与研究进展[J].经济地理,2015,35(7):6-13.
[8] 吴晓林,侯雨佳.城市治理理论的"双重流变"与融合趋向[J].天津社会科学,2017(1):69-74,80.

案例八　基于城市首位度的西安发展策略探析

一、引言

(一)研究背景

2017年12月28日至29日,中国共产党西安市第十三届委员会第四次全体会议举行,会议审议通过了《中共西安市委关于高举习近平新时代中国特色社会主义思想伟大旗帜 加快大西安国际化进程的决定》,决定提出实施大西安新时代"三步走"战略①。

2018年2月7日,国家发展改革委、住房城乡建设部联合印发《关中平原城市群发展规划》。该规划提出:以西安国家中心城市和区域性重要节点城市建设为载体,加快人口、资本、科技等发展要素集聚,辐射带动西北及周边地区发展;到2035年,西安综合经济实力和发展活力明显增强,在全国区域发展格局和国家治理体系中的地位更加凸显。

2018年7月30日至31日,中国共产党西安市第十三届委员会第五次全体会议举行,会议审议通过了《中共西安市委关于加快国家中心城市建设 推动高质量发展的决定》。该决定提出:加快国家中心城市建设,有利于进一步提升西安城市的首位度和集聚度,强化综合枢纽地位和对外交往门户功能,加强与省内城市的协作协同,带动宝鸡、咸阳、铜川、渭南、杨凌、商洛等关中城市群的城市发展,辐射汉中、安康、延安、榆林等城市发展,构建"1+6+N"省域协同发展新格局,引领"三个经济"发展,助力全省追赶超越。

总体而言,开展西安城市首位度的综合研究,既是大西安、西安国家中心城市、西安国际化大都市建设的现实需要,也是关中平原城市群发展、西北及周边地区发展以及优化全国区域发展格局和完善国家治理体系的战略需要。为此,需要准确、全面、动态地把握西安城市首位度的现状、趋势及比较情况,为建设大西安、西安国家中心城市和西安国际化大都市提供科学的政策制定及调整依据。

---

① 到2020年,全面建成小康社会,国家中心城市建设迈出坚实步伐;到2035年,基本实现现代化,建成美丽中国西安样板,全面建成代表国家形象、引领"一带一路"、具有重要国际影响力的国家中心城市,国际化大都市建设取得重大进展;到2050年,基本实现共同富裕,全面建成引领"一带一路"、亚欧合作交流的国际化大都市,努力跻身世界城市、文化名都行列,大西安全面复兴迈上新台阶。

(二)对西安城市首位度研究的基本认知

1. 城市首位度的概念与算法

城市首位度,传统上是指一个国家或地区内,人口规模第一、第二的两个城市间的人口数量比值。发展至今,城市首位度不仅用于测度城市的人口、经济等规模性指标,也用来测度城市的产业、金融、科技、文化等功能性指标,已经成为一种较为综合的反映中心城市与所在区域内其他城市间发展关系,特别是要素集聚关系的测度工具。在城市首位度的具体计算上,虽然发展出 4 城市和 11 城市的首位度算法,但是经典的 2 城市首位度算法仍然是应用的主流。

2. 城市首位度的区间分布

已有研究主要将城市首位度的区间分布分为三档,即:(1,2],为低度首位分布;(2,4],为中度首位分布;(4,6],为高度首位分布。结合本案例的实际测算结果,对相关城市的首位度分析,增加了(6,10]这一档。特别需要说明的是,在特定维度的测度结果大于10的情况下,城市首位度这一概念的适用性是要打折扣的。

(三)城市首位度的应用原则

城市首位度的总体应用原则是,首位度的大小要依据城市及其所在区域的具体发展情况而定。事实上,从发达国家的城市化经验来看,区域中心城市与域内其他节点城市之间普遍经历了一个"集聚—扩散"的关系过程,即区域中心城市的城市首位度和其城市化进程存在着"倒 U 型"关系。而西安目前的城市化水平特别是经济发展水平,决定了自身的城市首位度尚处在一个上升的过程中。

(三)研究思路、内容及方法

1. 研究思路

①建立西安城市首位度的研究、评估框架及专门数据库;②建立西安城市规模首位度和功能首位度在纵向及横向维度的定量分析范式;③提升西安城市首位度的策略制定框架。

2. 研究内容

①综合构建西安城市首位度的测度维度及指标,并选定具体的测度方法;②近 5 年西安市规模首位度的现状及其横向比较;③近 5 年西安市功能首位度的现状及其横向比较;④提高西安城市综合首位度的策略。

3. 研究方法

①文献研究和实地调研相结合;②理论研究与实证分析相结合;③定性和定量方法相结合。

二、研究准备

(一)西安城市首位度的测度维度及相关评价指标

结合前期研究,课题组提出了西安城市首位度的测度框架,包括规模、功能两个方面,共涉及人口、经济、产业、金融、科技、开放、教育、文化、医疗和公共服务等10个维度及20个评价指标。

1. 规模首位度的测度维度及相关评价指标

(a)人口:年末常住人口。

(b)经济:国内生产总值(GDP),人均GDP。

2. 功能首位度的测度维度及相关评价指标

(a)产业:第二产业增加值,第三产业增加值。

(b)金融:全市金融机构本外币存款余额,全市金融机构本外币贷款余额。

(c)科技:专利授权量。

(d)开放:进出口总值,实际利用外商直接投资。

(e)教育:普通教育在校学生数。

(f)文化:公共图书馆数量,公共图书馆馆藏量,每万人公共图书馆馆藏量。

(g)医疗:卫生机构数量,卫生机构床位数量,每万人卫生机构床位数量。

(h)公共服务:一般公共预算收入,一般公共预算支出,人均一般公共预算支出。

(二)城市首位度测度的数据来源

数据来源均为相关省、市的官方统计年鉴及统计公报。

(三)城市首位度测度的计算方法

开展城市首位度测度的计算方法,为2城市首位度测度。

三、西安市城市规模首位度的现状及比较分析

(一)人口维度

1. 2013—2017 年西安市年末常住人口首位度分析

2013—2017 年西安市年末常住人口首位度计算结果如图 8-1 所示。西安年末常住人口首位度随着年份的增加,其数值也在逐渐增加,且在 2016—2017 年有一个相对急剧的增加。但西安年末常住人口首位度的数值基本都处于 2 以下,首位优势不明显。可见,西安市对于人口这一要素的集聚能力较弱。

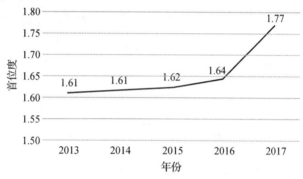

图 8-1　2013—2017 年西安市年末常住人口首位度分析

2. 2013—2017 年西安市年末常住人口首位度比较分析

2013—2017 年西安市年末常住人口首位度比较分析计算结果如图 8-2 所示。除成都外,其他城市年末常住人口首位度数值都小于 2,表明在人口方面的首位优势不明显。在 5 个城市中,西安的年末常住人口首位度数值在大小上处于中间位置,小于成都、武汉等相对较高的首位度城市,但大于南京、杭州等低首位度城市,且在这 5 年中,基本每个城市的年末常住人口首位度数值都在逐年增长,说明首位城市的年末常住人口数量增长越来越快。

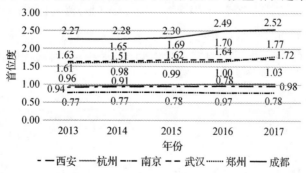

图 8-2　2013—2017 年西安市年末常住人口首位度比较分析

(二)经济维度

1. 2013—2017年西安市GDP首位度分析

2013—2017年西安市GDP首位度分析计算结果如图8-3所示。西安市GDP首位度都处于1~3之间,2013年和2014年GDP首位度均小于2,2015年之后GDP首位度数值都大于2,此时西安处于中度首位分布。而人均GDP首位度这5年数值都小于1,城市首位优势不明显。

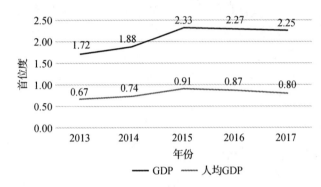

图8-3 2013—2017年西安市GDP首位度分析

综合而言,2013—2017年GDP首位度和人均GDP首位度的发展趋势都一样,2015年之前随着年份增加,其首位度数值也在逐渐增加,2015年之后开始随着年份的增加,其首位度数值也在逐年下降,且下降幅度大于其上升幅度。由此可知,西安的经济首位度在2013—2017年的数值略有波动,但整体上GDP首位度保持在数值2左右,而人均GDP首位度的数值在0.6~0.8之间,表明GDP的首位优势比人均GDP明显。

2. 2013—2017年西安市GDP首位度比较分析

2013—2017年西安市GDP首位度比较分析计算结果如图8-4所示。成都的GDP首位度数值最大,基本处于6以上,属于高度首位分布;武汉GDP首位度数值也相对较大,基本处于3~4之间,首位度数值大于2,属于中度首位分布;郑州、西安的GDP首位度相似,处于2左右;南京和杭州GDP首位度数值相对较小,南京首位度在这五年来都小于1(苏州居于首位)。因此,西安的GDP首位度和其他5个城市相比,处于中等规模,其GDP的首位优势相对不明显。

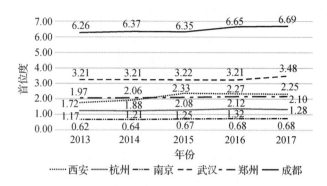

图 8-4 2013—2017 年西安市 GDP 首位度比较分析

3. 2013—2017 年西安市人均 GDP 首位度比较分析

2013—2017 年西安市人均 GDP 首位度比较分析计算结果如图 8-5 所示。成都人均 GDP 首位度数值远远高于其他城市,大致位于 2 以上,属于中度首位分布,西安、南京、武汉等其他 5 个城市人均 GDP 首位度数值都小于 2,首位优势不明显。在成都之外的 5 个城市中,西安人均 GDP 首位度数值最小,西安的经济发展总量虽然较大,但人均经济量却相对较小,人均 GDP 的数值和第二位城市相比还有差距,不存在首位优势。

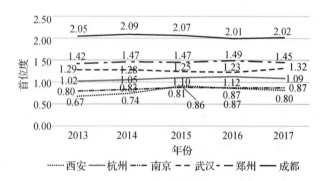

图 8-5 2013—2017 年西安市人均 GDP 首位度比较分析

四、西安城市功能首位度的现状及比较分析

(一)产业维度

1. 2013—2017 年西安市产业维度首位度分析

2013—2017 年西安市产业维度首位度分析计算结果如图 8-6 所示。西安的第二产业增加值首位度处于 1~1.4 之间,首位优势不明显,第三产业增加值首位度基本都处于 3~4.4 之间,首位优势较明显,从图中也可以明显看出随着年份的增加,第二产业增加值首位

度和第三产业增加值首位度的数值也在缓慢增加,由此可知,西安在产业首位度上处于上升趋势。

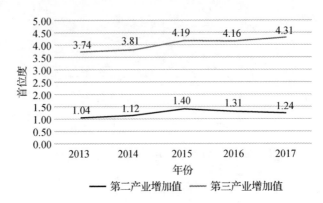

图 8-6 2013—2017 年西安市产业维度首位度分析

2. 2013—2017 年西安市第二产业增加值首位度比较分析

2013—2017 年西安市第二产业增加值首位度比较分析计算结果如图 8-7 所示。成都的第二产业增加值首位度远远高于其他 5 个城市,处于 4~6 之间,属于高首位度城市,且从 2013 年至 2017 年逐年递增。其次,武汉、郑州的第二产业增加值首位度处于 2 左右,属于中度首位度城市,西安第二产业增加值首位度处于 1~2 之间,属于低首位度城市。南京的第二产业首位度最小,且都小于 1,表明南京的第二产业增加值小于苏州第二产业增加值。综上所述,西安的第二产业增加值和其他 5 个城市相比,处于较低的位置,在第二产业发展方面,首位优势相对不明显。

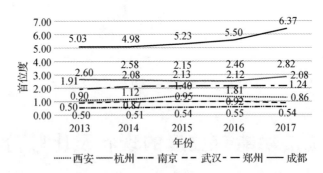

图 8-7 2013—2017 年西安市第二产业增加值首位度比较分析

3. 2013—2017 西安市第三产业增加值首位度比较分析

2013—2017 西安市第三产业增加值首位度比较分析计算结果如图 8-8 所示。成都第三产业增加值首位度依然处于高位,位于 8~10 之间,属于高度首位城市。武汉的第三产业增加值首位度也相对较高,处于 4~6 之间,属于高度首位城市。西安第三产业增加值首位度处在 3.5~4.5 之间,属于中度首位城市。杭州和郑州第三产业增加值首位度都在 2 左右,而南京则在1以下。因此,从和其他5个城市的对比分析可以看出,西安第三产业发展首位优势较明显,处于中等水平,第三产业要素集聚能力较强。

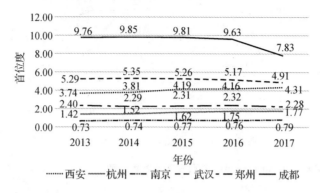

图8-8　2013—2017年西安市第三产业增加值首位度比较分析

(二)金融维度

1. 2013—2017年西安市金融维度首位度分析

2013—2017年西安市金融维度首位度分析计算结果如图8-9所示。5年来西安市本外币贷款余额首位度数值从2013年的4.88增加到2017年的8.53,增加将近两倍,本外币存款余额首位度大都位于6左右,都属于高度首位分布。可以看出,西安市金融要素集聚能力较强,首位优势相对明显。

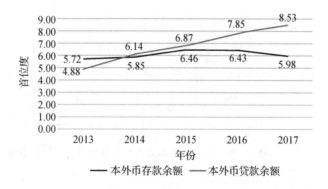

图8-9　2013—2017年西安市金融维度首位度分析

2. 2013—2017年西安市本外币存款余额首位度比较分析

2013—2017年西安市本外币存款余额首位度比较分析计算结果如图8-10所示。成都本外币存款余额首位度依然是6个城市中最高的,处于7.8~10.3之间,属于高首位度分布;武汉本外币存款余额首位度处于6.4~7.4之间,西安处于5.7~6.5之间,属于较高首位度的城市;郑州本外币存款余额首位度大致处于4左右,属于中首位度分布;杭州和南京的首位度分别在2和1左右,首位优势不明显。因此,和其他5个城市相比,西安本外币存款余额首位度处于较高位置,要素集聚能力较强,对陕西省内城市能发挥一定的辐射作用。

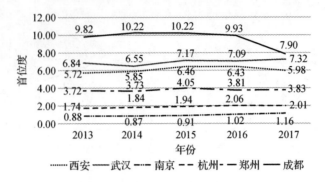

图 8-10　2013—2017 年西安市本外币存款余额首位度比较分析

3. 2013—2017 年西安市本外币贷款余额首位度比较分析

2013—2017 年西安市本外币贷款余额首位度比较分析计算结果如图 8-11 所示。成都本外币贷款余额首位度远远超过其他城市,从 2013 年至 2017 年逐年增长,且 2017 年首位度增长最快,超过 19;武汉首位度相对较高,处于 8 左右;西安首位度增长较快,从 4.88 升至 8.53;郑州首位度相对稳定,处于 5 左右。它们大体属于高度首位分布。杭州和南京的本外币贷款余额首位度最小,分别在 1.6 和 0.9 左右的水平,首位优势不明显。因此,和其他 5 个城市相比,西安的本外币贷款余额首位度处于较高水平,在省内的要素集聚能力相对较强。

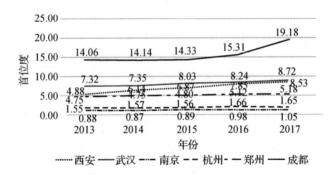

图 8-11　2013—2017 年西安市本外币贷款余额首位度比较分析

(三)科技维度

1. 2013—2017 年西安市科技维度首位度分析

2013—2017 年西安市科技维度首位度分析计算结果如图 8-12 所示。西安市近 5 年的科技维质首位度(专利授权量)一方面绝对值较高,处在 14~18.5 之间,另一方面也呈现出下降态势。说明这 5 年里,西安在陕西省的科技优势仍然突出,但比位于第二位的咸阳的领先幅度渐趋缩小。

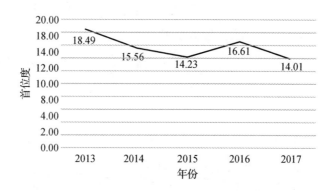

图 8‑12　2013—2017 年西安市科技维度首位度分析

2. 2013—2017 年西安市科技维度首位度比较分析

2013—2017 年西安市科技维度首位度比较分析计算结果如 8‑13 所示。虽然近 5 年西安在专利授权量方面的首位优势渐趋减弱,但与成都、武汉、郑州、杭州、南京相比,首位优势明显。在 6 个城市中,南京的首位优势最低,首位度为 0.5 左右;其次为杭州,为 1 左右;郑州取值[2.4,3.8];武汉取值[5.4,7];成都取值[8,12]。同时,西安和成都这 5 年首位度的波动也较大。因此,西安更加需要利用好在科技方面的首位优势,并维护其领先地位。

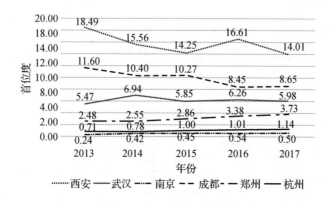

图 8‑13　2013—2017 年西安市科技维度首位度比较分析

(四)开放维度

1. 2013—2017 年西安市开放维度首位度分析

2013—2017 年西安市开放维度首位度分析计算结果如图 8‑14 所示。与实际利用外商直接投资首位度相比,进出口总值首位度取值为[20,45],实际利用外商直接投资首位度取值为[29,127]。此外,进出口总值首位度呈现递增趋势,而实际利用外商直接投资首位度不规则波动。这说明西安在对外贸易方面首位优势明显,同时这种优势逐步扩大。但实际利用外商直接投资首位度的波动,反映了西安实际外资利用水平不稳定,在今后的经济建设中需加以优化。

图 8-14 2013—2017 年西安市开放维度首位度分析

2. 2013—2017 年西安市进出口总值首位度比较分析

2013—2017 年西安市进出口总值首位度比较分析计算结果如图 8-15 所示。与其他 5 个城市比较,西安的进出口总值首位度总体位居第一,处于[20,45]之间,但在 2013 年和 2016 年略低于郑州。在数值位阶中,南京、杭州依然位于最小位阶[0,1],尤其南京的首位度数值都小于 0.2。此外,武汉居于[9,11]之间,成都位于[13,30]之间,郑州位于[24,32]之间。整体看,西安与成都、郑州的进出口情况相似。2017 年西安进出口总值增加最为明显,继续保持这种优势,有利于打造西安西北地区外贸港口的经济地位。

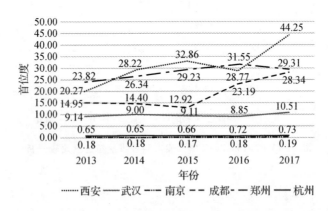

图 8-15 2013—2017 年西安市进出口总值首位度比较分析

3. 2013—2017 年西安市实际利用外商直接投资首位度比较分析

2013—2017 年西安市实际利用外商直接投资首位度比较分析计算结果如图 8-16 所示。与进出口总值情况类似,西安的实际利用外商直接投资首位度和成都同处第一梯队。在其他 4 个城市中,武汉处于第二梯队,首位度值在 10 左右;郑州和杭州处在第三梯队,首位度值在

1.5左右;南京首位度值最低,在0.6左右。此外,西安数值的整体波动更为明显,说明在利用外资方面的能力依然有待提升和加强。

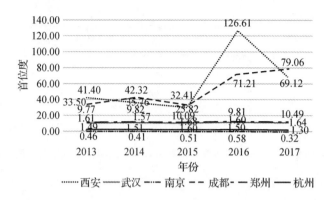

图 8-16　2013—2017 年西安市实际利用外商直接投资首位度比较分析

(五)教育维度

1. 2013—2017 年西安市教育维度首位度分析

2013—2017 年西安市教育维度首位度分析计算结果如图 8-17 所示。西安市教育维度首位度整体略高于 2,属于中首位度分布,表明西安整体上的教育要素集聚能力较强。

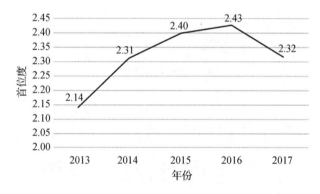

图 8-17　2013—2017 年西安市教育维度首位度分析

2. 2013—2017 年西安市普通教育在校学生数首位度比较分析

2013—2017 年西安市普通教育在校学生数首位度比较分析计算结果如图 8-18 所示。成都的普通教育在校学生数首位度最大,在 4 左右,说明四川省的教育资源相对集中在成都一个城市。西安和武汉的普通教育在校学生数首位度接近,在 2 左右,而杭州、郑州和南京的普通教育在校学生数首位度接近,都在 1 左右。整体而言,西安普通教育资源的聚集能力有待进一步增强。

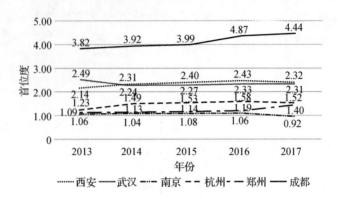

图 8‑18 2013—2017 年西安市普通教育在校学生数首位度比较分析

(六)文化维度

1. 2013—2017 年西安市文化维度首位度分析

2013—2017 年西安市文化维度首位度分析计算结果如图 8‑19 所示。西安市公共图书馆馆藏量的首位度在这 5 年中呈上升趋势,由 1.09 增至 1.42,公共图书馆数量的首位度在这 5 年中基本维持在 1 左右,而每万人公共图书馆馆藏量首位度在近 5 年中处于[0.5,0.8]之间,且 2017 年仅为 0.56,整体表明西安在文化维度首位度方面几乎无优势。

图 8‑19 2013—2017 年西安市文化维度首位度分析

2. 2013—2017 年西安市公共图书馆数量首位度比较分析

2013—2017 年西安市公共图书馆数量首位度比较分析计算结果如图 8‑20 所示。杭州和武汉的图书馆数量首位度最大,数值都在 2 左右,属中度首位分布;南京、成都和西安次之,图书馆数量首位度基本位于[1,1.4]之间;而郑州在这 6 个城市中图书馆数量首位度最小,每年数值都为 0.76。此外能看到,杭州、武汉和南京的首位度数据基本持平,表明这些城市对城市阅读环境的建立关注较早。

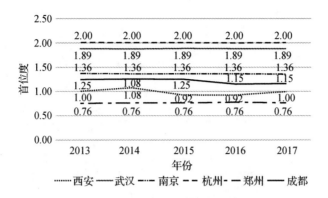

图 8-20 2013—2017 年西安市公共图书馆数量首位度比较分析

3. 2013—2017 年西安市公共图书馆馆藏量首位度比较分析

2013—2017 年西安市公共图书馆馆藏量首位度比较分析计算结果如图 8-21 所示。南京和成都的公共图书馆馆藏首位度位于第一梯队,数值处于 6~8 之间,属于高首位度分布。相比郑州和西安,杭州的图书馆馆藏首位度略高,在 2 左右,而前两者在 1~1.5 之间。此外,武汉的图书馆馆藏首位度最小,在 1 以下。由此可见,西安在图书馆馆藏量方面,需要向南京、成都和杭州看齐。

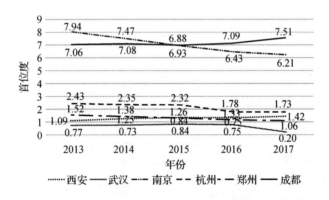

图 8-21 2013—2017 年西安市公共图书馆馆藏量首位度比较分析

4. 2013—2017 年西安市每万人公共图书馆馆藏量首位度比较分析

2013—2017 年西安市每万人公共图书馆馆藏量首位度比较分析计算结果如图 8-22 所示。南京每万人公共图书馆馆藏量首位度最大,这 5 年每年都在 7.9 以上,而其他城市每万人公共图书馆馆藏量首位度都相对小很多。杭州和成都的情况较好,其首位度分别在 2 和 1.5 左右的水平;郑州、西安和武汉的首位度总体都在 1 以下。这表明这些城市需要大力加强基础文化设施建设。

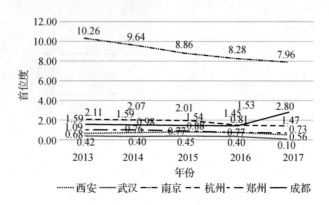

图 8-22 2013—2017 年西安市每万人公共图书馆馆藏量首位度比较分析

(七)医疗维度

1. 2013—2017 年西安市医疗维度首位度分析

2013—2017 年西安市医疗维度首位度分析计算结果如图 8-23 所示。在 3 个指标中,西安的卫生机构床位数量首位度处于较高水平,位于[1.8,2.2]之间;卫生机构数量和每万人卫生机构床位数量首位度分别位于[1.1,1.4]和[1.05,1.15]之间,数值水平较低。这种状况表明,尽管西安在省内的卫生机构床位数量有一定优势,但在人均数量上几乎无优势可言,需要大幅增加。

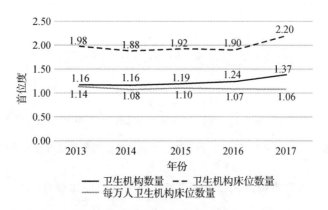

图 8-23 2013—2017 年西安市医疗维度首位度分析

2. 2013—2017 年西安市卫生机构数量首位度比较分析

2013—2017 年西安市卫生机构数量首位度比较分析计算结果如图 8-24 所示。整体看,西安、成都和武汉的首位度情况较好,近两年都高于 1,尤其武汉的发展态势值得关注;杭州的情况较为稳定,在 0.8~0.9 的水平;而南京、郑州的情况则不容乐观。

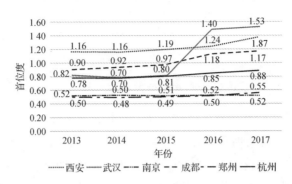

图 8-24　2013—2017 年西安市卫生机构数量首位度比较分析

3. 2013—2017 年西安市卫生机构床位数量首位度比较分析

2013—2017 年西安市卫生机构床位数量首位度比较分析计算结果如图 8-25 所示。整体看,成都和武汉的首位度排在前列,分别在 3.5 和 2.5 左右的水平;西安、郑州和杭州的水平大体相当,都在 2 左右;南京的首位度最低,为 0.8 左右。此外,各城市这 5 年的首位度变化不大。比较而言,西安的首位度低于成都和武汉,需要保持并加快医疗资源递增的态势。

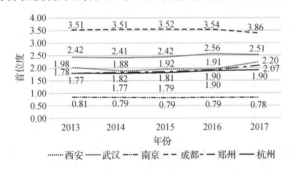

图 8-25　2013—2017 年西安市卫生机构床位数量首位度比较分析

4. 2013—2017 年西安市每万人卫生机构床位数量首位度比较分析

2013—2017 年西安市每万人卫生机构床位数量首位度比较分析计算结果如图 8-26 所示。整体看,郑州和杭州的首位度排在前列,分别在 1.95 和 1.8 左右;成都和武汉的水平大体相当,后两年分别在 1.4 和 1.3 左右;而西安和南京的水平最低,都在 1 左右。比较而言,西安的首位度在这部显出劣势,更需要加快医疗资源的供给。

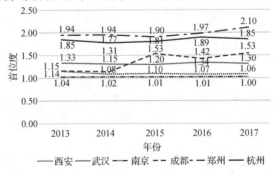

图 8-26　2013—2017 年西安市每万人卫生机构床位数量首位度比较分析

(八)公共服务维度

1. 2013—2017 年西安市公共服务维度首位度分析

2013—2017 年西安市公共服务维度首位度分析计算结果如图 8-27 所示。这 5 年西安的一般公共预算收入首位度有明显提升,从 2013 年的 1.93 提升为 2017 年的 2.72;一般公共预算支出首位度变化不明显,保持在 1.9 左右;人均一般公共预算支出首位优势最弱,仅为 0.7 左右。综合看,尽管西安的一般公共预算收入和一般公共预算支出的首位度较高,但在人均一般公共预算支出首位度上处于劣势,说明城市居民人均享受的公共服务还较少。

图 8-27 2013—2017 年西安市公共服务维度首位度分析

2. 2013—2017 年西安市一般公共预算收入首位度比较分析

2013—2017 年西安市一般公共预算收入首位度比较分析计算结果如图 8-28 所示。整体看,成都和武汉的首位度排在前列,分别在 8.8 和 7.5 左右;郑州和西安的水平大体相当,分别在 3.2 和 2.5 左右;杭州和南京的水平较低,分别在 1.2 和 0.6 左右。比较而言,西安的首位度与成都、武汉差距明显,与此同时,西安的首位度增加较快。未来,西安需要继续保持收入增速,为公共服务提供更加充足的资金支撑。

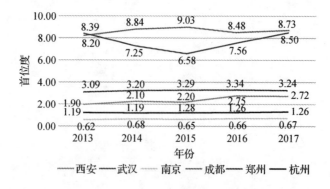

图 8-28 2013—2017 年西安市一般公共预算收入首位度比较分析

3. 2013—2017年西安市一般公共预算支出首位度比较分析

2013—2017年西安市一般公共预算支出首位度比较分析计算结果如图8-29所示。整体看,仍然是成都和武汉的首位度排在前列,分别在3.8和2.8左右;郑州和西安的水平相当,分别在2.3和1.9左右;而杭州和南京的水平仍然较低,分别在1.0和0.7左右。比较而言,西安的首位度与成都差距明显,且后两年有下滑趋势(成都、武汉和郑州都有增长)。未来,西安需要继续保持支出增速。

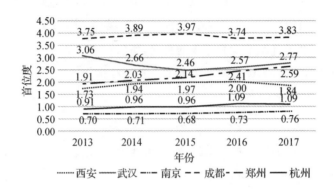

图8-29 2013—2017年西安市一般公共预算支出首位度比较分析

4. 2013—2017年西安市人均一般公共预算支出首位度比较分析

2013—2017年西安市人均一般公共预算支出首位度比较分析计算结果如图8-30所示。整体看,郑州位列第一,其首位度为2.3左右,而西安在这一项排名居于末位,只在0.7左右,较郑州差距较大。此外,成都和武汉处在1.7和1.2的水平左右,南京和杭州后两年是在0.9的水平。这说明在人均支出上,西安与其他五个城市相比,都有不同程度的差距,显示人均享有的公共服务资源少、水平低,亟待提升。

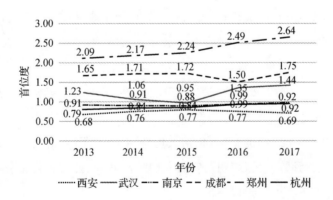

图8-30 2013—2017年西安市人均一般公共预算支出首位度比较分析

五、西安城市首位度的整体分析与评价

(一)西安城市首位度的整体分析

下述将在第三、四部分各维度具体分析的基础上,对西安城市首位度的整体状况进行纵向历史分析,以期较为全面地刻画西安城市首位度的发展现状。因为一些测度维度上的指标结果过大,一定程度上失去了首位度及其比较的意义,所以在本节的雷达图分析部分(包括纵向、横向),对其统一做了剔除处理,涉及科技维度的专利授权量、开放维度的进出口总值和实际利用外商直接投资共3个指标。

表8-1给出了10个维度及其20项指标的2013—2017年西安城市首位度的完整数值。在此基础上,图8-31给出了做出剔除处理后,覆盖8个维度及其17项指标的2013—2017年西安城市首位度整体状况的雷达图,其中,字母a~q依次代表了从年末常住人口至人均一般公共预算支出等共17个指标。综合表8-1和图8-31,有以下分析:

首位度(均)值超过10的指标,包括专利授权量、进出口总值、实际利用外商直接投资,表明西安的科技实力、对外开放水平在省内遥遥领先;

首位度(均)值在6~10之间的指标,包括全市金融机构本外币存、贷款余额,表明西安的金融实力在省内有绝对优势,需要继续巩固;

首位度(均)值在4~6之间的指标,为第三产业增加值,表明西安的服务业在省内优势明显,需要继续加强;

首位度(均)值在2~4之间的指标,为GDP,普通教育在校学生数和一般公共预算收入,表明西安的经济总量、教育规模、政府财力在省内处在领先地位,需要进一步强化;

首位度(均)值在1~2之间的指标,为年末常住人口、第二产业增加值、公共图书馆馆藏量、卫生机构数量、卫生机构床位数量、每万人卫生机构床位数量、一般公共预算支出,表明西安的人口规模、工业产值、公共文化设施数量、卫生资源、民生支出规模在省内相对领先,但急需扩大优势;

首位度(均)值在0~1之间的指标,包括人均GDP,公共图书馆数量,每万人公共图书馆馆藏量和人均一般公共预算支出,表明西安的人均财富创造、公共文化服务水平、居民获得感等方面处于劣势,必须下大力气予以补足!

案例八 基于城市首位度的西安发展策略探析

表8-1 2013—2017年西安城市首位度的整体状况

2013—2017年西安城市首位度变化

维度	人口	经济		产业		金融		科技	开放		教育	文化			医疗			公共服务		
指标	年末常住人口	GDP	人均GDP	第二产业增加值	第三产业增加值	本外币存款金额	本外币贷款余额	专利授权量	进出口总值	实际利用外商投资额	普通教育在校学生数	公共图书馆数量	公共图书馆藏量	每万人公共图书馆藏量	卫生机构数量	卫生机构床位数量	每万人卫生机构床位数量	一般公共预算收入	一般公共预算支出	人均一般公共预算支出
2013年	1.61	1.72	0.67	1.04	3.74	5.72	4.88	18.49	20.27	41.40	2.14	1.00	1.09	0.68	1.16	1.98	1.14	1.93	1.73	0.68
2014年	1.61	1.88	0.74	1.12	3.84	5.85	6.14	15.56	29.22	35.76	2.31	1.08	1.25	0.76	1.16	1.88	1.08	2.18	1.94	0.76
2015年	1.62	2.33	0.91	1.40	4.19	6.46	6.87	14.23	32.86	29.82	2.40	0.92	1.25	0.77	1.19	1.92	1.10	2.20	1.97	0.77
2016年	1.64	2.27	0.87	1.31	4.16	6.43	7.85	16.61	28.77	126.61	2.43	0.92	1.33	0.77	1.24	1.90	1.07	2.75	2.00	0.77
2017年	1.77	2.25	0.80	1.24	4.31	5.98	8.53	14.01	44.25	69.12	2.32	1.00	1.42	0.56	1.37	2.20	1.06	2.72	1.84	0.69
指标平均值	1.65	2.09	0.80	1.22	4.04	6.09	6.85	15.78	31.07	60.54	2.32	0.98	1.27	0.71	1.22	1.98	1.09	2.36	1.90	0.73

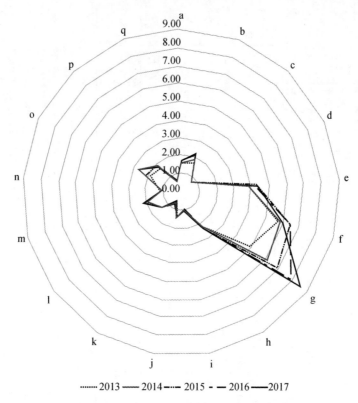

图 8-31 2013—2017 年西安城市首位度的整体呈现

(二) 西安城市首位度的整体评价

1. 整体首位度的计算

由前可知，对应个别指标的首位度值极大，已经超出了首位度的基本内涵，如果这样的指标进入整体首位度评价，那么结果是存在一定失真的。因此，本部分在剔除专利授权量、进出口总值和实际利用外资投资额 3 个极端指标后，对各个城市的整体首位度进行评价，以期更为客观地进行比较。表 8-2 给出了修正计算条件下的加权首位度的赋权和求值过程的大体呈现。

表 8-2 部分指标加权首位度赋权表

类别	维度	占比	指标	占比
规模首位度 (1/2)	人口	1/4	年末常住人口	1/4
	经济	1/4	GDP	1/8
			人均 GDP	1/8

续表

类别	维度	占比	指标	占比
功能首位度（1/2）	产业	1/12	第二产业增加值	1/24
			第三产业增加值	1/24
	金融	1/12	全市金融机构本外币存款余额	1/24
			全市金融机构本外币贷款余额	1/24
	教育	1/12	普通教育在校学生数	1/12
	文化	1/12	公共图书馆数量	1/36
			公共图书馆馆藏量	1/36
			每万人公共图书馆馆藏量	1/36
	医疗	1/12	卫生机构数量	1/36
			卫生机构床位数量	1/36
			每万人卫生机构床位数量	1/36
	公共服务	1/12	一般公共预算收入	1/36
			一般公共预算支出	1/36
			人均一般公共预算支出	1/36

2. 2013—2017年西安修正整体城市首位度的比较分析

根据表8-2进行计算，得到2013—2017年各个城市部分指标加权首位度情况，见图8-32。

由图8-32可以看到，做出修正以后，在6个城市的整体城市首位度排序中，成都位居第一位，且优势明显；武汉、西安、郑州分列第二、三、四位，杭州、南京仍然分别处于第五、六位。

从各城市的整体城市首位度评价值及其变化趋势来看，成都的城市首位度都在4以上，且逐年增加，2017年已接近4.5的水平；武汉的城市首位度都在2以上且逐年增加（增幅略小于成都），2017年有较大幅度增加，达到2.6；西安的城市首位度是在2左右，且整体呈逐年增加（2014和2015年的增幅较大，2016年的增幅较小），2017年较2016年有小幅下滑，但稳定在2.17以上；郑州的城市首位度在2以下，但整体也呈逐年增加，2017年达到1.78；杭州的城市首位度在1.4左右，整体呈逐年增加，近3年稳定在1.45以上；南京的城市首位度在1.2左右，整体呈逐年减小，2017年下降到1.17。

综上所述，成都作为高首位度城市，发挥了其在省内的显著增长极的作用，值得西安积极借鉴；武汉、郑州作为西安的前后"夹兵"，需要西安高度引起重视，要想办法追上武汉、超过郑州，在中西部地区树立增长极的地位；由于南京的首位度实际上是在降低，这对西安也是一种机遇，要善于利用；最后，杭州的城市首位度水平，是西安乃至关中城市群内主要城市在自身经济发展综合实力上了一个大的台阶以后，应该着力去参照的对象。

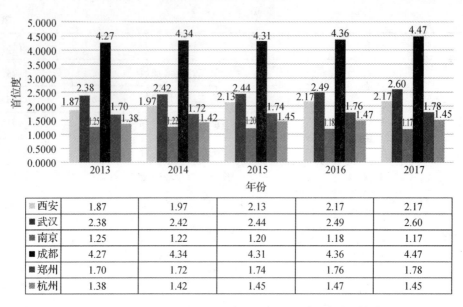

图 8-32 2013—2017 年西安市部分指标加权首位度的比较分析

六、西安城市首位度的提升策略

针对西安城市首位度的测度及比较分析,在一定程度上反映了省域范围内西安城市首位度的大体状况以及省与省之间西安城市首位度的可能参照。与此同时,每一个城市都是独一无二的,其资源禀赋、发展路径与惯性、当前优势与短板、捕捉机遇的能力、敢于突破创新的勇气,特别是根植于地域空间的文化观念和现实的省、市间府际关系等因素,都在影响着城市首位度的发展与变化。

为此,西安城市首位度的提升策略,既需要立足已有的研究分析,更需要超越首位度的视野局限,从更高的层面来谋划城市的未来发展。

(一)做大城市体量,提升人口规模

2017 年,西咸新区由西安托管,使西安自改革开放以来第一次拥有大西安的体量和格局,实现了城市能级大提升、城市空间大拓展、城市资源大整合。特别是形成了高新区、经开区、曲江新区、浐灞生态区、航天基地、航空基地、国际港务区 7 个开发区和西咸新区下辖空港新城、沣东新城、秦汉新城、沣西新城、泾河新城 5 个新城的发展格局,已成为引领支撑西安经济发展的核心增长极。下一步应深入贯彻落实《关中平原城市群发展规划》,加快西咸一体化进程,统筹实施"北跨、南控、西进、东拓、中优"城市发展战略,进一步优化城市功能,强化区域资源整合,理顺开发区与行政区关系,充分释放大西安的能量和活力。

1. 优化城市空间格局,推进行政区划调整

实施"北跨、南控、西进、东拓、中优"战略,为发展成国家中心城市和国际化大都市打下坚实城市本底。北跨,向北跨过渭河,打造渭河世界级滨水景观带,使渭河成为交通带、经济带、生态带、文化带、旅游带;推进富阎一体化,使渭北区域成为工业新重镇、城市新组团。南控,把秦岭作为国家中央公园来打造,不搞大开发,齐抓大保护,使秦岭北麓成为绿色经济带、旅游休闲带、生态大屏障、城市大花园,重现"悠然见南山"的田园生活。西进,对标雄安新区,建好西咸新区,推进西咸一体化,使大西安进入"双子城"时代。东拓,超前谋划、主动推进富阎一体化、西渭一体化,整合东部板块,使东部区域成为开放新高地、国际化大通道、服务业增长极、城市新组团。中优,凸显核心区九宫格局,延续城市肌理,提升历史街区,实施城市有机更新,疏解人口、降低密度、提升品质,彰显千年古都底蕴,建设中华民族共有精神家园标识地。在此基础上,形成大西安"三轴三带三廊一通道多中心多组团"的城市发展格局,使西安从城墙时代走向"八水"时代,构筑起大西安都市圈。

借鉴成都合并简阳、济南合并莱芜的经验,实质推进西咸一体化、富阎一体化,力求达到优化城市功能,强化资源整合,加快西咸一体化进程,理顺开发区与行政区关系,促进中心城区、西咸新区、副中心和城市组团协调发展等预期目标,为加快国家中心城市和国际化大都市建设提供战略支撑。

此外,目前全市城三区(新城区、碑林区、莲湖区)存在资源分割、发展空间受限、边界地区社会管理责权不清、管理成本过高等问题,特别是城三区行政区域与古城保护区范围基本重合,并分别承担了相应的古城保护任务,不利于整体保护和统一规划、建设、管理。合并城三区,则有利于整合资源、精简机构,加快实施皇城复兴计划,做大做强中心城区,有效提升城市综合功能、内涵品质和可持续发展能力。

2. 强化人才支撑,做大人口规模

持续推出升级版户籍新政、人才新政和创新创业新政,下大力气抓好招才引智工作。组织开展好"20城30校70场"秋季赴外精准招聘活动,不断营造大西安求贤纳才的浓厚氛围,吸引更多高层次人才来我市创业兴业,为城市的建设发展提供人才和人力资源保障。深入实施人才"5531"和"城市合伙人"计划,集聚一批全球顶尖科学家和产业领军人才,培养一支高素质企业家队伍和一批高素质的专业人才、技能人才,让大西安成为国内外年轻人向往的创新创业热点城市、研发机构落户的首选城市。不断提升众创载体的数量和档次,继续发展"五大创新创业经济",扎实开展"两个百万"和"创业西安行"活动,着力打造"创业西安"城市品牌。加强城市基础设施建设,提供良好的生活工作环境,增加生活便利性和居民幸福感,确保让各类人才能够引得进、用得好、留得住。

(二)做大经济总量,打造西部经济中心

2017年,西安追赶超越进位到副省级城市第9位,但与成都和武汉相比,GDP总量差距还是在拉大,要实现逆转差距,还需要跑出更快的加速度,还需要找到"换道超车"的新跑道。GDP要连续迈上8千亿元、9千亿元、1万亿元的台阶,就要保持GDP年均增速8.5%以上。未来几年的高速发展,必须是高质量前提下的高速发展,必须以高质量发展统筹高端产业和高速增长,做大战略性新兴产业,做强先进制造业,做优现代服务业,加快产业集群培育发展,打造产业能级高、集聚辐射能力强、资源配置效率优的西部重要经济中心。

1. 大力发展新经济

以新经济新业态引领新供给,把新经济作为推动高质量发展的引爆点、培育新动能新优势的关键点,打造中国新经济之都。促进智慧零售、无人零售、绿色零售等新业态、新模式发展,优化商圈、街区、综合体等商业设施规划布局,加强信息、物流、旅游、交通等商务基础设施建设,搭建更多"买全球、卖全球"购物平台,打造具有国际影响力的大西安消费品牌。大力发展数字经济。数字经济是推动新旧动能转换的重要引擎。

深入实施"互联网+""机器人+"发展战略,以智能制造为主攻方向,引导推动数字技术和实体经济深度融合,支持传统制造业通过企业上云、智能化改造等手段转型升级,推动制造业加速向数字化、网络化、智能化发展。加快电子商务发展壮大,加快国家电子商务示范城市建设。实施"大数据+",推动数据开放、加强技术研发、深化应用创新,培育一批具有较高知名度和影响力的大数据技术研发、数据分析、挖掘和服务等方面的龙头企业,加快构建西安特色大数据产业生态体系。

2. 持续推进招商引资

提高招商引资针对性和实效性,绘制招商地图和客商清单,突出产业集群培育,按照"全产业链"方式抓招商引资,突出产业招商、精准招商,加大对产业链条中对世界500强、中国500强、民企500强企业的招引,坚持一业一策、一链一策甚至一企一策,精准招商、精细服务、精确投入,实现建链、补链、强链。

(三)建设创新引领的现代产业体系,提升城市经济竞争力

聚焦高端产业与产业高端,统筹创新链、产业链、人才链、资金链、政策链,加快构建以电子信息为主的高新技术产业,以新能源汽车和航空制造、智能制造为主的先进制造业,以枢纽经济、门户经济、流动经济为主的商贸物流业,以及文化旅游大产业等"3+1"万亿级产业为支撑,实体经济、科技创新、现代金融、人力资源协同发展,富有竞争力的现代产业体系。

积极培育新一代信息技术、生物医药、新材料、高端装备制造、航空航天、节能与新能源汽车6个千亿级战略性新兴产业集群,支持文化、旅游、现代物流、金融4个千亿级特色产业集群发展。

坚持链群齐抓、赶转并重,深入实施产业链群培育工程,着力打造一批高端产业集群。加快实施企业集聚、要素集约、技术集成、产业集群、服务集中的"五集"发展模式,推进现代产业园和小微企业科创园创新发展。

1. 建设先进制造业中心

着力推进"机器人+""数字化+""标准化+""互联网+"行动计划,构建"优势制造产业引领示范、传统产业转型升级、新兴产业崛起壮大"的先进制造业体系。

大力发展战略性新兴产业,打造具有全球影响力的3D打印、生物医药、新材料、集成电路、人工智能等产业集群,形成战略性新兴产业高地。

着力实施工业强基工程,加快工业互联网创新中心建设,强化高端装备制造、航空航天、新材料等优势产业关键领域创新,推动产业由价值链低端向高端攀升。

深入实施"龙头培育"行动、"中小企业梯队成长培育行动"和"中小企业成长工程",加快形

成一批大企业、大集团和行业龙头企业,发展一批"专、精、特、新"中小企业,培育"小巨人企业""单打冠军企业"和"独角兽企业"。

着力构建"龙头大企业＋中小微企业"的产业链、价值链的产业发展模式。着力推进制造业智能化、绿色化、服务化发展,推动产业形态、生产方式、商业模式变革,实现西安制造向西安智造、西安创造转变。

2. 大力发展现代服务业

推动服务业升级计划,着力发展商贸、物流、会展、信息服务及电子商务等五大重点服务业,加快培育研发设计、教育培训、检验检测、特色旅游、家庭服务和健康服务等六大新兴服务业,做大做强文化、旅游、金融和科技服务等四大支柱性服务业。深化商业与旅游、文化联动,推进国际名品城、机场高端商品展示区和特色街区建设,全面优化国际化商业中心空间布局。

培育壮大科技服务业。发挥科教资源丰富、创新能力强大的优势,创新科技服务新模式、培育科技服务新链条、发展科技服务新业态,形成科技服务专业化、网络化、规模化发展的新格局。推进西安以科技服务为主线的国家现代服务业综合试点建设,重点在研发设计服务、技术转移服务、工程技术服务、检验检测服务、创业孵化与科技咨询服务、知识产权服务等领域,建立健全科技服务链,培育一批科技服务新业态和知名品牌。

大力发展总部经济。依托高新科技园区、浐灞生态区、国际港务区、曲江新区等特色总部经济集聚区,进一步加强总部经济的功能整合,建立高效优质的法律制度环境,培育包容性的文化氛围,打造多中心、多层次的总部经济空间格局。推动总部集聚区建设,重点引进世界500强、全国500强和国内行业100强企业的综合性总部、区域性总部,以及销售中心、投资中心、结算中心等职能性总部。

3. 大力发展绿色产业

坚持把"生态＋"理念融入绿色发展,推进生态建设产业化、产业发展生态化,加快构建以创新为支撑、以绿色低碳循环为重要标志的现代化产业体系。不断优化产业空间布局,加大新技术推广应用,全面推进传统制造业绿色化改造,培育壮大节能环保产业、清洁生产产业、清洁能源产业,重点发展节能环保汽车、新能源汽车等产业。充分运用互联网、大数据、人工智能等新技术,发展现代农业、生态工业,有序淘汰高污染、高环境风险的工艺、设备和产品。加快优化调整能源结构,严格控制煤炭消费总量,增加清洁能源利用规模。

(四)加快建设丝路国际金融中心,支撑大西安追赶超越发展

1. 培育壮大十大金融产业

以高新区丝路国际金融中心核心区为龙头,培育壮大科技、文化、军民融合等十大现代金融产业,加快推进金融创新改革和对外开放,形成"三个三"(打造金融"金三角",形成"三个示范区",构建"三个功能区"),多点支撑的发展格局,打造立足关中,带动西北,辐射中西亚、欧洲的丝路国际金融中心。

"一个核心":高新区丝路国际金融中心核心区。把高新区的核心区打造成"西安陆家嘴",打造成金融机构最聚集,金融要素最齐全,金融市场最活跃,金融生态最有序、最高效的丝路国际金融中心核心区。金融"金三角":高新区、经开区、曲江新区;三个示范区:科技金融示范区、

文化金融示范区、军民融合金融示范区；三个功能区：沣渭能源金融功能区、丝路物流金融功能区、浐灞生态区绿色金融功能区；十大现代金融产业：科技金融、文化金融、军民融合金融、能源金融、物流金融、汽车金融、绿色金融、离岸金融、消费金融、农村金融；10个金融特色小镇：培育壮大灞柳基金小镇、陆港金融创意小镇、民间金融街等金融特色小镇。同时，要积极争取省委、省政府在金融政策、机构审批、财政税收等方面给予西安更多的倾斜，更好地服务全省经济社会发展。

2. 做精做细金融服务

制定出台西安市《建设丝绸之路国际金融中心发展规划》，吸引更多国内外金融机构和资源落户西安、投资西安、兴业西安。大力实施"龙门行动"，力争推动企业境内外上市取得新突破，确保企业通过证券市场融资额超过300亿元。大力开展差异化、精准化融资对接活动，鼓励商业银行增加向西安的信贷投放，助推更多创投资本与我市产业深度结合，为高质量发展注入源源不断的金融活水。

（五）做强创新驱动，打造丝路科创中心

谋创新就是谋未来。大西安应加快推进全面创新改革试验，加快建立大西安科技创新体系，促进科技与经济融合，促进创新链和产业链精准对接，抢占未来产业发展的制高点。

1. 推动军民融合创新

重点支持"两园＋三基地＋十小镇"建设（高新区军民融合产业园，经开区军民融合创新示范园，阎良国家级航空高技术产业基地、国家民用航天产业基地、兵器工业科技产业基地），加快推进军民融合创新改革，突破体制机制瓶颈，提升"民参军"层次，创新"民参军"模式，打造军民融合深度发展示范区，加快与咸阳、宝鸡、商洛等构建大西安军民融合创新示范走廊。

加快军民融合创新平台建设，推广西安光机所、西北有色研究院创新模式，支持建设军地或军民共建共用的联合实验室、产业技术研究院、产业技术联盟等协同创新平台，支持军工科研人员用科技成果入股方式创办高新技术企业或参与民口企业发展，推进军民标准通用化建设，推行分等级"民参军多证合一"评价制度等，加速技术、资本、市场和人才等资源军民双向转化，加快发展航空、航天、船舶、兵器、军工电子等五大优势产业，增强"军转民"动力，打通"民参军"通道，建设以西安为中心、横贯关中平原的军民融合产业带，打造一批示范行业、示范园区、示范企业，形成军民融合西安样板。

2. 打造全球硬科技之都

大力发展光电芯片、新能源、新材料、智能制造、信息技术、生命科学、人工智能、航空航天等硬科技"八路军"产业。顺应新一轮科技革命和产业变革趋势，大力发展以高技术产业为支柱、以智力资源为依托、以信息产业为主导的新经济，着力在集聚高端要素、培育前沿产业、发展高端产业、扩大经济开放度上实现新突破。

3. 推动政产学研创新

强化企业创新主体地位，发挥创新性领军企业引领作用，面向产业链上下游企业，构建创新支撑服务体系，培育科技型中小企业。建立健全科技成果转化平台，消除科技资源信息"孤岛"，推动创新成果就地转化精准对接，实现服务高新技术项目、孵化高新技术企业、培育高新

技术产业的目的。

培育五大创新经济。发展"大学生创业经济",定期开展"创业西安行"活动,激发大学生创业梦想;发展"校友经济",实施"梦回长安——百万校友回归"工程,挖掘校友资源"金矿",拓宽科技成果转化渠道,支持高校科技成果转移转化;发展"院士经济",组织"院士专家行"活动,支持院士与企业共建院士工作站,推动重大科技成果转化;发展"院所经济",深化成果处置权、分配权和收益权改革,鼓励科研院所与企业联合开展科研攻关、成果转化;发展"教师经济",鼓励支持高校教师兼职、在职创办企业、在岗创业、到企业挂职、参与项目合作、离岗创业。

(六)做实开放通道,打造内陆开放高地

大西安从内陆腹地转变为面向亚欧的开放前沿,是离欧洲最近的国家中心城市,要发挥好这最大的优势,全面融入国家开放发展战略,在更高起点谋划推进改革开放,大胆闯、大胆试、自主改,实施更大范围、更具活力的开放,大力发展门户经济、枢纽经济、流动经济,全方位提升开放型经济水平,打造开放层次更高、营商环境更优、辐射作用更强的内陆开放新高地。

1. 积极构筑对外开放大通道

要以自贸区为统领,加快航空港实验区、海关特殊监管区域等国家载体平台建设,打造"陆上、空中、海上、网上"立体式开放大通道,培育国际竞争新优势。依托国际航空港,开通西安到中亚、西亚、欧洲航线及货运班列,加快建设向西直通中西亚、中西欧空中开放大通道,加密全球货运航线网络。以"长安号"国际班列为依托,强化与天津港、青岛港、宁波港等国内港口合作,构建"陆海一体"集散国内、面向国际的陆上和海上开放大通道。依托"米"字形铁路网和高速公路网,建设"东西双向、南北互通"的国内开放通道。高水平规划国家临空经济示范区,充分利用国际航运、口岸功能、保税物流、跨境电商等综合优势,重点发展临空物流、跨境电商、智能制造、临空总部。积极申报中国(西安)跨境贸易电子商务综合试验区,依托阿里巴巴、京东、海航、传化等,建设物流信息服务平台,打造万亿级商贸物流聚集区,构建网上对外开放大通道。

2. 推动国际贸易大通关

按照"三化五最"要求,加快转变政府职能,探索建立与国际高标准投资和贸易规则体系相适应的行政管理体系。实施行政审批清单、政府权力和责任清单管理,推行"一枚印章管审批""一支队伍管执法",全面推行审批服务"马上办、网上办、就近办、一次办",建立以"一站式服务"为核心的政府公共服务平台。加快通关一体化改革,加快建成国际贸易"单一窗口"国家标准版,推进"互联网+"口岸服务、报关报检"并联"模式,提升通关贸易便利化水平。

3. 大力发展枢纽经济、门户经济和流动经济

做强枢纽经济,推进"国际运输走廊""国际航空枢纽"建设,加快发展综合交通、枢纽交通,增强丝绸之路经济带乃至全球资源配置能力。做优门户经济,推进"一带一路"交通商贸物流中心、国际产能合作中心、科技教育中心、国际文化旅游中心和丝绸之路金融中心等五大中心建设,高标准建设自由贸易试验区,强化口岸功能,切实发挥向西开放、向东集散、辐射全国的门户作用。做大流动经济,大力发展临空经济、高铁经济、总部经济等,增强国际高端资源要素吸附力和整合力,促进人流、物流、信息流、资金流畅通汇聚融合,推动建设西安自由贸易港。

4. 开展对外开放大合作

坚持"引进来"和"走出去"并重，统筹利用国际国内两个市场、两种资源，深度参与国际产业竞争与合作，实施交通商贸、国际产能合作、科技教育、国际旅游等"一带一路"建设重点工程。鼓励支持有实力的大型企业集团走出去跨国经营，在有条件的国家（地区）布局境外经贸合作区。积极承接产业转移，打造以西安为核心，其他城市分工协作、合理布局的产业转移示范区。大力引入世界500强企业总部落户，支持更多的跨国企业机构在西安设立区域性总部、研发总部，形成以跨国企业为核心的产业集群，吸引配套企业落户集聚。推进国际产能合作，支持中欧、中德、中瑞、中意产业园建设，引进一批龙头企业、科技创新型企业、关联协作型企业、配套加工型企业、生产服务型企业，培育有全球影响力的先进制造基地。

5. 加强国内区域交流合作

加快推进大西安都市圈建设，优化疏解功能布局，完善外围组团功能，推动西安—咸阳一体化发展，打造带动西北、服务国家"一带一路"建设、具有国际影响力的现代化都市圈。加快区域经济一体化发展，加强与西北地区城市群协调互动，聚焦规划对接、改革联动、创新协同、产业协作、市场开放、设施互通、服务共享、环境共治，努力打造优势互补、合作共赢的区域发展共同体。强化与京津冀、长三角、粤港澳地区在技术研发、生态环保、公共服务、投资、金融等领域对接合作，建立与长江中游城市群、成渝城市群合作机制，推进与中原城市群、山西中部城市群、呼包鄂榆城市群联动发展，实现战略规划、文化旅游、基础设施、产业发展方面的互惠协作。

6. 建设高水平自贸试验区

围绕建设全面改革开放试验田、内陆型改革开放新高地、"一带一路"经济合作和人文交流重要支点，以制度创新为核心，以可复制、可推广为基本要求，加快推动服务贸易，促进体系建设，拓展科技、教育、文化、旅游、健康医疗等人文交流的深度和广度，用好物流中心、保税区、出口加工、高新综合保税区等平台，积极开展资本项目收入支付审核便利化试点工作，探索建设内陆自由贸易港，放大自由贸易试验区辐射和溢出效应，建成投资贸易便利、高端产业聚集、金融服务完善、人文交流深入、监管高效便捷、法制环境规范的高水平、高标准自由贸易园区。

7. 加快建设对外交往中心

提升欧亚经济论坛、世界西商大会、中国国际通用航空大会、全球程序员节等品牌展会及重大活动的功能和影响，策划和承办更多高层次国际会议会展，加快大型会议场馆和国际型酒店群等配套设施建设，培育引进专业会议组织机构，提升举办国际会议承载服务能力，打造国际交流合作平台。深化发展友好城市和友好交流城市，高水平举办中德历史文化名城对话会和中法文化论坛，大力开展文化、旅游、教育、经贸等多领域国际务实合作。鼓励高校提高国际化办学水平，大力发展留学生教育。优化西安留学环境，构建留学生社会服务体系，建设西安外国留学生实践基地和中国文化体验基地，扩大留学生来源国别、留学类别和规模，使西安成为留学生的集聚地、人才的汇聚地、创新创业的新高地。广泛开展民间对外交往，鼓励海外社团、商会、企业等机构，通过项目合作、人才交流、搭建平台等方式聚集世界各地优秀资源，增强合作的深度和广度。

（七）实施"教育强市"战略，切实把教育优先发展落到实处

1. 不断增加优质教育资源供给

坚持教育"六个优先"，深化教育综合改革，创新教育供给模式，持续推进优质教育资源均衡覆盖。加快推进城市新区学校建设，改善农村地区、贫苦地区办学条件。推广"名校＋"模式，探索城乡学校互建联合体，持续扩大优质教育资源总量，实现学有优教，解决"上学难"。

2. 构建现代化教育体系

把教育事业作为振兴大西安的基础性工程，紧抓百姓关切、社会关注的教育热点、难点问题，深化公办学校改革，赋予公办学校更多自主办学权，积极落实《教育保障落实人才、户籍新政攻坚行动方案》，持续加大中小学、幼儿园学位供给，深化办学体制、考试招生、人才培养模式等领域的改革，释放办学活力。组建专业教育投资平台和基金，加大各方资源投入，多建、快建学校，支持大学发展留学生教育，大力推动人才国际化。进一步办好特殊教育和民族教育，构建具有西安特色的现代终身教育体系。

（八）做精文化旅游，打造丝路文化高地

大西安要传承弘扬丝路文化精神，以文化认同增进经济、文化、科技、旅游等各行各业开放交流，让中华民族优秀传统文化焕发出更强大的生命力、影响力、感召力。

1. 打造"一带一路"文化改革示范区

按照"马克思主义中国化＋中华优秀传统文化现代化＋世界优秀文化融合化"的原则，在文化产业发展和文化"走出去""引进来"方面大胆创、大胆试，把西安建成文化特区。要扩大文化产品和服务出口，加快丝绸之路文化艺术品线上国际交易平台建设，积极申办"丝路文博会"，把更多优秀文化产品"卖"出去。

2. 大力发展文化创意产业

深入挖掘西安的文化资源潜力，通过"文化＋"，以市场的力量、科技的力量、金融的力量，做到有中拉长，把"有"的东西形成产业化，切实把资源优势，转化为文化产业优势、发展优势。积极推动文化与大数据、云计算、人工智能、3D打印等新技术深度融合，积极培育数字出版、动漫制作、创意设计、网络游戏、网络音乐等文化产业新业态，推进文化产业转型升级。

大力提升新闻出版、广播影视和文化艺术原创力，加快发展一批动漫、音像、传媒、视觉艺术等文化创意产业园区，培育发展一批具有较强竞争力的创新型文化企业和艺术品经营机构。

3. 建设世界一流旅游目的地

实施"旅游国际行动计划"，加强与丝绸之路沿线城市旅游合作，加快构建全域旅游大格局，全力塑造丝路旅游品牌，打造"一带一路"旅游文化黄金走廊。深入实施"旅游产业倍增计划"，推进科教旅游、高端旅游和商贸消费，打造世界旅游时尚之都。加快推进旅游公共服务体系建设，建设高层次、高水平旅游信息服务中心、旅游集散中心，为游客提供更加多元化、更具文化内涵的旅游服务，打造世界旅游时尚之都。

4. 加强"一带一路"人文交流

响应"一带一路"倡议,创新国际合作交往机制,拓展对外交流渠道,加快国际化软、硬环境建设,不断增强对国际优质要素的吸附力,壮大西安对外合作共赢"国际朋友圈"。以文化年、艺术节、研讨会、智库对话等人文合作项目为载体,深化科技、教育、文化、卫生、智库、青年、城市、社会组织等各领域合作,不断拓展人文交流的宽度和深度。

打造国际会展品牌。借助欧亚经济论坛、丝路工商领导人峰会、丝绸之路经济带城市合作圆桌会、丝绸之路国际博览会、全球硬科技创新大会、世界西商大会等品牌优势,全方位、高标准、深层次推动政治交往、文化交流、产业合作、科技创新合作等。

(九)加快健康西安建设,努力解决"看病难看病贵"问题

持续推进医药卫生体制综合改革,加快完善公共卫生服务、医疗服务、医疗保障、药品供应保障、综合监督管理五大体系。全面深化公立医院综合改革,优化资源布局,通过"互联网+医疗",促进医疗资源下沉,提升基层卫生服务能力,加快建立"首诊在基层、大病到医院、康复回社区"的分级诊疗制度。加快发展健康服务业,鼓励社会资本办医,推进医疗卫生服务与养老服务融合发展。加快发展养老事业,逐步建立"以居家养老为基础、社区服务为依托、机构养老为补充"的养老服务体系,解决"养老难"。

1. 树立大健康理念

坚持把以治病为中心转变为以人民健康为中心,加强健康教育引导,让广大群众养成健康生活方式和良好习惯。进一步树立大卫生、大健康理念,不断提升公共卫生服务水平,加强疾病预防控制,普及健康生活、完善健康保障、建设健康环境。

2. 坚持预防为主

把"治未病"放在首位,抓好重大疾病防控、抓好重点人群健康服务。加强覆盖城乡的疾控网络和应急处置体系建设,健全监测、预警、防治和分工协作机制,确保各类疫情早预见、早发现、早预防、早控制。实施慢性病综合防控策略,加大慢性非传染性疾病的防治力度,扎实开展基本和重大公共卫生服务项目,推动流动人口卫生计生公共服务均等化,加大公立医院对公共卫生的支撑力度,切实落实以预防为主的方针,真正实现防治结合。

3. 深化综合医改

加快公立医院综合改革,不断完善分级诊疗体系,取消药品加成政策,实行"零差率"销售,加快推进家庭医生签约服务,加强精细化管理,全面深化以病人为中心的服务理念,提升群众就医体验,优化资源配置,强化基层医疗机构基础建设和服务保障,推动优质医疗资源向基层下沉,让群众就近享有优质医疗服务,努力解决群众"看病难、看病贵"问题。

4. 发展健康产业

坚持以"医"为基础做好社会办医,以"药"为重点打响中医药品牌,加快推进医养结合模式探索。推进中医国粹走进社区,大力发展社会办医,完善社会资本办医政策配套,强化医疗服务行为监管,改善医疗市场服务秩序,让医改红利惠及西安市民,夯实健康西安的基础。

5. 推进全民共建共享

强化组织和投入保障,鼓励社会力量参与,培养健康人才,补齐基层短板,营造尊医重卫风

气,构建和谐医患关系,做实百姓的"幸福账单"。不断完善全民医保制度,实现新型农村合作医疗制度与城镇居民基本医疗保险整合,完善城乡居民大病保险制度,推进城乡居民基本医保支付方式改革,加大医疗救助力度,让普通群众看病有了"兜底网"。对患病农村贫困人口和因病致贫户,采取多种措施进行精准帮扶,切实解决群众"因病致贫、因病返贫"的问题。

(十)完善公共服务设施,持续增进民生福祉

城市的发展是为了人民。建设西安国家中心城市,要通过进一步完善基础设施服务的功能配套,持续增进民生福祉。

1. 加强住房保障

着力构建政府提供基本保障、市场满足多层次需求的住房供应体系,积极推进货币化保障和安置,大力发展房屋租赁市场,突出解决低收入群体住房问题,不断完善住宅小区公共服务配套,实现住有宜居,解决"住房难"。

2. 强化基础设施建设

大力推广公共交通导向的开发(Transit Oriented Devewment,TDD)、政府和社会资本合作(Public Private Patnership,PPP)等模式,用 TOD 确定开发导向,用 PPP 解决资金来源,用工程总承包(Engineering Procurement Consmuction,EPC)推动项目建设,超前布局生产、生活、生态等基础设施,引领城市有序开发,不断提高城市承载能力。按照"上盖物业是常态,不建是例外"的原则,加大地铁上盖物业开发力度,与公共交通、商务办公、购物休闲等无缝衔接,让地铁成为城市时尚生活线、黄金财富线。

3. 大力优化发展环境

以三大革命为抓手,在提升硬环境上下功夫,持续深化烟头革命、厕所革命,深入践行绿水青山就是金山银山发展理念,坚决打赢秦岭保卫战;在提升软环境上下功夫,持续推进"互联网+政府服务",加快完善"四张清单一张网",对标浙江杭州完善西安政务服务网,不断提升"一网通办"水平,实现群众企业办事"最多跑一次"。

七、补充材料

[1] JEFFERSON M. The Law of the Primate City[J]. Geographical Review,1939(29):226-232.

[2] 周一星.城市地理学[M].北京:商务印书馆,1995.

[3] 许学强,朱剑如.现代城市地理学[M].北京:中国建筑工业出版社,1988.

[4] MARSHALL J. The structure of urban systems[M]. Toronto:University of Toronto Press.

[5] ADES A F. GLAESER E L. Trade and circuses:explaining urban giants [J]. Quarterly Journal of Economics,1995(110):195-227.

[6] LUISITO B,ERIC S. Urban concentration and economic growth in developing countries[J].

Urbanization Working Paper,2003(12):221-232.

[7] HENDERSON J V. Urban development:theory, fact, and illusion [M]. Oxford: Oxford University Press,1988.

[8] BAIROCH P. Cities and economic development:from the dawn of history to the present[M]. Chicago:The University of Chicago Press,1988.

[9] MILLS E S, HAMILTON B W. Urban economics [M]. 5th ed. New York:Harper Collins College Publishers,1994.

[10] BARRO R J, LEE J W. International comparisons of educational attainment [J]. Journal of Monetary Economics,1993(32):363-94.

[11] HENDERSON J V. Ways to think about urban concentration:neoclassical urban systems versus the new economic geography[J]. International Regional Science Review,1999(19):31-36.

[12] 严重敏,宁越敏.我国城镇人口发展变化特征初探[M].上海:华东师范大学出版社,1981.

[13] 许学强,叶嘉安.我国城市化的省际差异[J].地理学报,1986(1):8-12.

[14] 周一星,杨齐.我国城镇等级体系变动的回顾及其省区地域类型[J].地理学报,1988(2):97-111.

[15] 顾朝林.中国城镇体系:历史、现状、展望[M].北京:商务印书馆,1992.

[16] 汪明峰.中国城市首位度的省际差异[J].现代城市研究,2001(3):27-30.

[17] 徐幸子,赵涛.中国城市首位度浅析[J].企业导报,2011(13):29.

[18] 沈迟.走出"首位度"的误区[J].城市规划,1999,23(2):39.

[19] 卢学法,申绘芳.杭州城市首位度的现状以及对策研究[J].浙江统计,2008(6):32-34.

[20] 陈彪,张锦高.基于城市首位度理论的湖北省城市体系结构研究[J].科技进步与对策,2009,26(12):50-52.

[21] 孔凡文,才旭,王英华.沈阳经济区城市首位度分析[J].辽宁经济,2009(2):59.

[22] 孟令勇,韩祥铭.县域城市首位度及其城镇体系等级规模结构分析[J].小城镇建设,2010(6):77-81.

[23] 于向英.郑州与中部省会城市首位度比较[J].中国统计,2007(5):56-57.

[24] 于向英.郑州城市首位度提升研究[J].中国统计,2008(8):50-51.

[25] 王馨.区域城市首位度与经济增长关系研究[D].天津:天津大学,2003.

[26] 徐盈之,彭欢欢,刘修岩.威廉姆森假说:空间集聚与区域经济增长:基于中国省域数据门槛回归的实证研究[J].经济理论与经济管理,2011(4):95-102.

[27] 王家庭.城市首位度与区域经济增长[J].经济问题探索,2012(5):35-40.

案例九　A市Q区城市驿站"微阵地"彰显服务"大作为"

近年来,Q区作为A市的"东大门",城市化进程、老城区改造步伐加快,群众结构引起需求的多样化,城市社区职能由"管治"到"服务"的转变,造成各方面矛盾相互并存,这些都给基层社会治理带来了新挑战。对此,Q区坚持问题导向,紧盯打通服务群众"最后一公里",在城区人流密集点建起了城市驿站,推动社区职能延伸,发挥"5+X"职能,打造了群众家门口的"微阵地",引领城市基层治理。

一、建立背景与起因

(一)社区覆盖面的扩大给基层治理带来新挑战

从2010年至今,Q区城市社区由原来的30个增加到68个,其中"村改居"型社区占到了55.9%,更多的新建小区被纳入社区管理范围,服务对象类型多、数量大、覆盖面广成了社区工作的新特点、新焦点,社区覆盖面的扩大也带来了新的问题,例如新建小区与社区办公地点距离远、居民办事不方便、惠民政策传达不及时、实现全覆盖有差距等,这就给社区基层治理带来了更多的压力和挑战,急切需要一个缓冲矛盾的过渡带。

(二)居民多样化的需求给城市党建提出新要求

随着区域棚户区改造步伐的加快,老城区居民物质条件得到很大改善,与此同时,居民了解时事新闻、知晓方针政策、读书、看报、上网等精神追求也随之增加;此外,新建小区吸引了更多的年轻业主,他们需要高效、优质、便捷、精细化的服务,这就需要街道社区打破社区服务界限的"无形墙",探索新的服务载体和形式,满足群众多样需求。

(三)相互不充分的融合给共驻共建提出新思考

由于街道社区与驻地共建单位间无隶属关系、业务联系不紧密,除组织共建联席会议、认领服务群众微心愿、共同开展环境卫生整治外,缺乏一个长效参与基层治理的平台。原有的社区网格化管理仅局限在社区内部,没有把驻地单位、沿街商铺的积极性调动起来,没有实现社区整体全覆盖,基层社会治理存在一定漏洞,需要就如何实现社区内外联动进行深入思考,构建社区和驻地单位、临街商铺联动推进基层治理格局。

二、主要做法

（一）定位"微而全"，发挥五站基本功能

在统筹规划的基础上，经过不断的摸索和实践，围绕为居民提供贴心、周到的服务，城市驿站发挥着"五站"基本功能。

1. 基层支部流动站——党建走上街头

采取"一支部一驿站"连片包抓的形式，把城市驿站作为社区党组织的"第二现场"和"移动工作室"；将党的十九大报告摘编、党建文化宣传、惠民政策传递、服务居民展示等党建元素合理有序融入驿站内部规划；管理人员以党员为主，上班期间佩戴党徽、亮明身份；放置了《党章》《党的十九大报告》等党建图书，把驿站作为党员学习党的理论、增强党性修养的加油站；社区班子成员轮流在驿站值班，直接服务群众；制定党员志愿者服务制度，在职党员轮流到驿站当义工，为居民提供力所能及的服务。

2. 政策方针宣传站——正能量持续发声

作为政策法规宣传窗口，坚持"滚动屏＋公示栏＋口袋书＋口头问"四种方式并用，宣传党的最新理论成果、大政方针政策和群众关心的低保、养老等民生问题；区级民生部门、街道职能科室定期到驿站开展业务宣传，现场答疑解惑；对养老金交纳、低保申请等阶段重点工作，动态更新公示栏；利用城市驿站宣传招商引资、人才新政、干部作风监督等内容。

3. 城市管理工作站——问题闭环解决

落实"城市管理应该像绣花一样精细"的要求，提升完善驿站硬件设施的同时，注重从老城区实际出发，发挥驿站承接群众、商户、管理者三方作用，对群众反映的市容环境、出店经营、噪声污染等问题"打包"上报、"项目化"落实，分解到路长、网格，并及时向当事人反馈结果，实现了群众反映问题处理的闭环。

4. 为民便民服务站——温暖感动群众

突出"开放关爱"的理念，配置了饮水机、沙发、集成式充电器、免费 wifi、电视机等，满足群众多样化需求；设置"读来读去"专区，引导群众"以捐换借"，推动书香城市建设；配备急救药箱、温度计、血压计等医用急救物品，社区卫生服务站也安排医护人员，定期到驿站开展免费测血压等活动；提供老花镜、针线包等生活必需品，方便了群众，凝聚了民心。

5. 社情民意搜集站——工作更接地气

注重民意收集功能，通过"我想做、我需要"两个板块，建立微心愿登记办结制度，保证群众心愿的实现；建立群众意见登记、转办、反馈制度，意见当天上报，包片科长 8 小时反馈，职能科室 24 小时处理；设置民意收集箱，主动倾听群众对民生热点方面的需求及诉求，不断提升服务群众的效率水平。

(二)突出"个性化",提供 X 多样化服务

结合各驿站所处位置、服务对象不同,创设各具特色的"X"个性化服务功能。

(a) A 城市驿站,关注附近老居民偏多的实际,用老照片展现城市变迁,成为附近居民茶余饭后回顾历史、畅谈人生的好去处。

(b) B 城市驿站,坐落于生活区中心位置、多路公交站点,聚焦片区 4 万多老年人,用新 24 孝文化墙弘扬孝老敬老的良好社会风尚。

(c) C 城市驿站,充分发挥其学区的地理优势,以"水果+文字+笑脸墙+专题讲座"形式,关注幼儿健康教育。

(d) D 城市驿站,以弘扬榜样力量、宣传身边道德模范为特色,更好地发挥正能量的带动作用。

(e) E 城市驿站,突出党建引领社会治理"5+5+N"格局特色,着力打造城管文化展示平台。

(f) F 城市驿站,把关注青少年心理健康作为特点,成了中学生读书、化解心理压力的好去处。

(三)建立"子网格",完善互联共建机制

延长社区网格手臂,依托城市驿站建立辐射辖区驻地单位、非公和社会组织、临街商铺、公共资源的子网格,吸纳经营主、党员骨干和优秀分子进入子网格"三长三员"队伍,形成以社区网格为主,多个子网格相互交织的全覆盖网格化城市治理模式,在门前卫生治理、治安联防通报、清扫积雪、解决突发事件上实现了联动。

三、工作成效

(一)创新锤炼作风理念,打通联系服务群众"最后一公里"

自城市驿站建立以来,已经先后接待党员群众 10 余万人次,"累了渴了到驿站休息、有啥烦心事找驿站反映、咨询政策直接来驿站"已成为群众对驿站的印象,区级部门、驻地单位、社区工作人员把工作服务延伸到驿站、送到街头巷尾,缩短了社区党组织和群众之间的距离,打通了服务群众的"最后一公里",解决了一批群众关心的问题,受到了广泛好评。据统计,城市驿站自建成使用以来,结合书香城市建设,已接受收群众捐赠图书 4 672 册,居民在驿站提出的 127 个微心愿已全部被区、街、社区干部认领并落实到位;反映城市治理方面的 39 个问题,3 个通过"项目发包"得到了解决,17 件具体事情已解决到位,19 件不符合政策规定全部解释到位;179 名群众用留言记录下城市驿站带来的便捷和优质服务。

(二)创新问题处理方式,延伸了社区党建服务群众链条

对机关干部来说,通过在驿站当义工、做服务,将过去"背对背""纸对纸"征求意见,变为直接与群众的"面对面",不仅听到了群众最真实的声音和诉求,也帮助机关干部直观地了解群众,增强了群众立场,主动放下身段、沉下身子,把群众关心的事情办好。对于社区党员干部来说,将过去坐在办公室"等人上门",变为了主动走上街头、深入群众"上门服务",延伸跟踪入户,实地了解群众的困难,坚定了他们为民办事的决心和信心,打通了社区党组织和群众之间无形的壁垒。区级共建单位和驻地单位借助城市驿站平台,开展政策宣讲、免费义诊等,受到了中央、省、市媒体的广泛关注和群众的普遍好评。

(三)创新干群互动路径,彰显了政府引领基层治理成果

过去对于普通群众来说,党组织离自己很远,有问题到社区还不一定能解决,现在有想法或心气不顺的时候,可以到驿站向工作人员现场诉说,也可自己写投进意见箱,工作人员定期整理上报,限时办结回复,只要是群众反映的问题就不会落空。翻开驿站内的留言本、民意收集本,不仅有感言,而且每一个问题后边都有反映时间、办结情况、反馈情况,真正实现了问题闭环处理,让干部和群众的心连得更近了,关系更加密切了。电建社区居民方某在城市驿站微心愿墙上反映的独生子女补助金的问题,社区党总支书记兼驿站站长上门了解情况,积极和纺织城街道计生办沟通协调,不到3天就落实到位,方某专程到驿站表示感谢。

四、几点启示

近年来,城市驿站在为民服务、解决突出问题、推进共驻共建上都取得了一定的成绩,也对我们不断推进城市治理工作带来了三点启示:①坚持党建引领,有效整合基层治理力量。始终坚持党的领导,用习近平新时代中国特色社会主义思想武装头脑、指导工作,注重发挥党组织党员"两个作用",基层社会治理才有了主心骨,才能示范并调动各方面力量,形成共同提升基层社会治理水平的合力。②敢于探索实践,有效破解城市治理瓶颈。强化日常管理,畅通群众诉求快速办理渠道,高效解决突出问题,借鉴先进地区的好经验好做法,更要立足当地实际找准突破口,敢于解剖麻雀,敢于打破固有思维,敢于探索创新,真正提升城市治理水平。③增强服务意识,有效提升城市功能。进一步延伸扩展驿站功能,落实落细每项工作,为群众提供更优质服务,只有站在群众立场想问题办事情,不断提升城市的服务能力,把群众关心、关注、期盼的事情办好,群众才能增强获得感、幸福感,才能更好地为城市建设添砖加瓦。

案例十 "大气十条保卫战"：区域协同治理过程透视

摘要：2013年国务院发布"大气十条"政策，核心目标是到2017年，京津冀、长三角、珠三角等区域细颗粒物(PM2.5)浓度分别下降25%、20%、15%左右，北京市PM2.5年均浓度控制在60微克/立方米左右，对于2017年的北京来说，这是个不可能完成的任务。2013—2016年，北京的PM2.5年均浓度从2013年的90微克/立方米降到2016年的73微克/立方米，四年削减18%，而要在2017年这个"大气十条"的收官之年完成60微克/立方米的目标，意味着一年内要再削减18%。但在2018年1月3日，北京市环保局却宣布超额完成国家"大气十条"任务目标。在这短短一年时间，北京的空气质量是如何获得大幅改善的？而各地政府又为此做了哪些努力？分析此案例有助于了解中国城市大气环境政策的贯彻及协同治理情况，同时思考如何提升城市区域协同治理政策的有效性，怎样提升城市治理效率并更好完善区域治理政策等问题。

关键词：行动计划，环境保卫，协同治理，政策执行

一、案例描述

（一）引言

党的十八届三中全会提出，创新社会治理体制，改进社会治理方式，必须坚持系统治理，发挥政府的主导作用，鼓励和加强社会参与，实现政府治理、社会自我调节和居民自治的良性互动。社会本质上是一个开放包容和具有协同适应性的复杂网络系统，由于社会事务和环境的复杂与不确定性，传统的由政府垄断的自上而下的线性管理模式已不能对复杂的社会问题给出科学合理的解释和有效的应对方案，因此有必要引入新的社会管理模式，而多中心治理视域下的社会协同治理体系正迎合了时代的这一发展需要，其注重社会治理的系统性、整体性、协同性和适应性，强调建立和完善新的社会治理格局和体制机制，从而实现国家治理体系和治理能力的现代化，已经成为加强中国社会建设的必然要求[①]。

社会协同治理模式就是为了促进社会善治管理格局目标的实现，保证政府在社会治理中发挥主导性作用的前提下，尊重并保护公民社会的主体地位，通过推动落实相应的制度建设和

[①] 央广网.深化党和国家机构改革是推进国家治理体系和治理能力现代化的必然要求：https://baijiahao.baidu.com/s？id=15946989915621100895&wfr=spider&for=pc

政策措施,建立健全社会沟通渠道和参与平台,从而充分发挥社会力量在社会治理中的重要作用。区域生态环境协同治理的核心是环境利益如何在地方政府、社会、企业之间实现最大限度的普惠性与共享性。在日益恶化的生态环境和多元社会力量参与的现状下,转向社会多元主体是生态治理的根本性转变。从系统上来说,生态治理应是政府、市场和社会共同作用的过程,应当建立跨区域生态治理机构以协同地方政府行为,利用市场机制实现生态资源的合理配置,并鼓励公众参与和社会监督,以最终形成区域政府、市场和社会的有效协同。2013年"大气十条"政策的出台到2018年年初政策的收尾为这次空气区域协同治理画上了一个圆满的句号,具体该政策是如何执行和实施的?是如何实现多地区协同治理的?一切都得从这件事的背景说起。

(二)案例背景

2011年10月下旬,众人纷纷在微博上吐槽北京的空气质量,并形容其所处的北京地区为一个硕大的煤气罐,全部首都人民笼罩在一片雾霾之下。而北京市环保局对当天的空气质量测定与美国大使馆数据存在明显差距,原因在于中国当时实行的空气质量常规监测项目仅包括粒径在10微米以下的可吸入颗粒物(PM10)、二氧化氮和二氧化硫,臭氧和细颗粒物(PM2.5)等指标并未纳入其中。而在美国、加拿大、欧盟等,后者早已纳入强制监测范围,因此空气质量监测结果与民众感受明显不符。

2012年2月,新修订的《环境空气质量标准》发布,新标准增设PM2.5等污染监测项目,并将世界卫生组织过渡时期目标的年均限值35微克/立方米作为国家二级标准年限[①]。2013年9月,国务院正式印发《大气污染防治行动计划》(以下简称《行动计划》),目标为经过五年努力,使全国空气质量总体改善,重污染天气较大幅度减少;京津冀、长三角、珠三角等区域空气质量明显好转。力争再用五年或更长时间,逐步消除重污染天气,使全国空气质量明显改善。核心目标是到2017年,京津冀、长三角、珠三角等区域细颗粒物(PM2.5)浓度分别下降25%、20%、15%左右,北京市PM2.5年均浓度控制在60微克/立方米左右。为实现以上目标,《行动计划》确定了十项具体措施:①加大综合治理力度,减少污染物排放。全面整治燃煤小锅炉,加快重点行业脱硫、脱硝、除尘改造工程建设。综合整治城市扬尘和餐饮油烟污染。加快淘汰黄标车和老旧车辆,大力发展公共交通,推广新能源汽车,加快提升燃油品质。②调整优化产业结构,推动经济转型升级。严控高耗能、高排放行业新增产能,加快淘汰落后产能,坚决停建产能严重过剩行业违规在建项目。③加快企业技术改造,提高科技创新能力。大力发展循环经济,培育壮大节能环保产业,促进重大环保技术装备、产品的创新开发与产业化应用。④加快调整能源结构,增加清洁能源供应。到2017年,煤炭占能源消费总量比重降到65%以下。京津冀、长三角、珠三角等区域力争实现煤炭消费总量负增长。⑤严格投资项目节能环保准入,提高准入门槛,优化产业空间布局,严格限制在生态脆弱或环境敏感地区建设"两高"行业项目。⑥发挥市场机制作用,完善环境经济政策。中央财政设立专项资金,实施以奖代补政策。调整完善价格、税收等方面的政策,鼓励民间和社会资本进入大气污染防治领域。

---

① 中国能源网:环保部:空气质量新标准增设PM2.5浓度限值:http://www.china-nengyuan.com/news/28455.html

⑦健全法律法规体系,严格依法监督管理。国家定期公布重点城市空气质量排名,建立重污染企业环境信息强制公开制度。提高环境监管能力,加大环保执法力度。⑧建立区域协作机制,统筹区域环境治理。京津冀、长三角区域建立大气污染防治协作机制,国务院与各省级政府签订目标责任书,进行年度考核,严格责任追究。⑨建立监测预警应急体系,制定完善并及时启动应急预案,妥善应对重污染天气。⑩明确各方责任,动员全民参与,共同改善空气质量。

(三)一场大规模的跨区域空气协同治理运动

中国工程院院士贺克斌说:"要一年内从73微克/立方米降到60微克/立方米,北京本身要付出很大的努力,周边的省市也要做超常规的协同。"大气治理,难就难在大气是流动的,北京处于河北、河南、山西、山东等重工业污染地带包围之中,如果周围地区空气污染不能有效降低,北京再下功夫也无济于事。也因此,北京如期完成"大气十条"目标,尤其是2017年一年PM2.5年均浓度直降20.5%,这与2017年初开始不断加码的大气污染防治联合行动有直接关系。在"大气十条"和2016年6月环保部与北京、天津、河北联合印发《京津冀大气污染防治强化措施(2016—2017年)》的基础上,2017年2月17日,环保部、发改委、财政部、能源局四部委又联合北京、天津、河北、山西、山东、河南等六省市,印发《京津冀及周边地区2017年大气污染防治工作方案》(下称《工作方案》),将京津冀大气污染传输通道城市增至28个①(即"2+26"城市),对28城提出了非常具体而严格的大气治理要求。

2017年8月18日,环保部、发改委、工信部、公安部、财政部、住建部、交通部、工商总局、质检总局、能源局等十部委和六省市再次发布更为细致和严厉的《京津冀及周边地区2017—2018年冬季大气污染综合治理攻坚行动方案》。为了切实推动解决大气污染防治突出问题和弥补薄弱环节,环保部从全国抽调5 600名环境执法人员,对"2+26"城市开展为期一年的大气污染防治强化督查,这也是系列超常规手段中的一环。在2017年4月5日环保部对媒体的通报中,称该次督查为"环境保护有史以来,国家层面直接组织的最大规模行动"。

(四)区域环境协同治理的手段

1. 新政策的出台

2014年7月21日,环保部等六部委联合发布《大气污染防治行动计划实施情况卡和办法(试行)实施细则》,将空气质量改善程度作为检验大气污染防治工作成效的最终标准,从2013年起对各个省市PM2.5或PM10的年均浓度较2012基数年的下降比例进行考核,在设定2017年底需要达到的总目标的同时,2014—2016年分别设计了各阶段的目标,合理分解,以确保任务有规划地进行实施。除此之外,2016年底以来环保政策频出,也体现了国家对此次计划的重视。

(a)2016年1月新修订的《大气污染防治法》生效,提出政府部门要加大对大气污染防治

---

① 28个城市分别为北京市,天津市,河北省的石家庄、唐山、廊坊、保定、沧州、衡水、邢台、邯郸市,山西省的太原、阳泉、长治、晋城市,山东省的济南、淄博、济宁、德州、聊城、滨州、菏泽市,河南省的郑州、开封、安阳、鹤壁、新乡、焦作、濮阳市。

的财政投入,并对大气环境质量改善目标、大气污染防治重点任务完成情况进行考核,把环境治理与经济发展提到同等重要的水平。

(b)2016年6月《水污染防治法(修订草案)》(征求意见稿)发布,提出完善水污染防治监督管理制度,做好排污许可与总量控制、达标排放等制度的衔接,完善环境监测制度。

(c)2016年12月《环境保护税法》通过,实现排污费制度向环保税制度的平衡转移,以现行排污收费标准作为环境保护税额下限,允许各地在规定基础上进行上浮。

(d)2017年1月举行月度例行宏观数据发布会,在对地方党政领导的考核中,对生态环境质量等指标赋予高分值和权重,关于环境,能源资源的权重首次远超GPD。

(e)2017年2月国务院出台《关于钢铁行业化解过剩产能实现脱贫困发展的意见》,提出严格执行环保、能耗、质量、安全、技术等法律法规和产业政策,达不到标准要求的钢铁产能要依法、依规退出。

(f)2017年3月《政府工作报告》提出坚决打好蓝天保卫战。

(g)2017年3月环保部等联合印发《京津冀及周边地区2017年大气污染防治工作方案》,提出石家庄、唐山、邯郸和安阳等重点城市,采暖季钢铁产能限产50%。

(h)2017年7月环保部发布钢铁工业排污许可证申请与核发技术规范的正式稿,预计2018年底前,将对全国约500余家钢铁企业完成新排污许可证的核发。

2. 新政策的执行困局

尽管《行动计划》前期做了很多计划修订和工作细化,但由于环保工作过往欠账太多,2013年启动的大气治理在具体执行政策方面仍然很仓促。河北省廊坊市环保局副局长称"从国家到基层都没有什么思想准备。2013年治霾时起步艰难,一是对于污染成因和污染源是什么、应该怎么去治茫然不知,二是治理对象因利益受损对治理不理解。"因此廊坊市在2013年主要做了三件事,一是工业企业控煤,二是取缔黄标车,三是控制工地扬尘。环保局副局长说,要求工地苫盖,增加了工地成本,工地不乐意;有的黄标车还很新,给他补偿把车拆解了,车主不乐意;让企业改燃煤锅炉和控煤,企业认为是掏他腰包、断他财路,企业主也不乐意。

山东省聊城市环保局污防科科长回忆称,"大气十条"出台后,要对电厂实现超低排放,山东省的经济和信息化部门和环保部门为此扯皮了一年多,经济和信息化委员会觉得环保部门的目标超前,行业管理难度大。他表示,2013—2015年这一时期,环保部主要抓工业企业的达标排放,涉及跟别的部门协调的事比较少。但从2016年开始,推动企业治污、压减燃煤、增加清洁能源、淘汰落后产能等工作已经做到一定程度,环保部门感觉使不上力了。作为基层环保官员,他能明显感到:"也是到了2016年,各地空气质量的改善幅度变小,甚至有些地方还出现了反弹。"

2016年7月,中国工程院发布"大气十条"中期评估报告。贺克斌院士表示,全国城市PM2.5、PM10浓度呈下降趋势,从此次评估对各项主要措施执行效果的定量分析来看,PM2.5浓度改善,贡献最大的措施是重点行业提标改造,贡献了31.2%。产业结构调整、燃煤锅炉整治和扬尘综合整治是对PM2.5浓度改善较大的另外三项措施,贡献率分别达到21.2%、21.2%和15.2%。以上四项措施合计贡献了85%以上的PM2.5浓度改善,潜力得到较大释放。

然而,2016年底、2017年初的两场重雾霾天气又给"大气十条"的贯彻执行敲响了警钟,因为时间长度和污染强度都与前三年(2013年1月、2014年2月和2015年12月)的重雾霾相当。南开大学冯银厂教授通过这次的重污染事件提出:"之前的治理力度仍显不够,①执行措施的力度不够,压力传导的机制不够;②污染是结构性的,如果不从结构上去大动干戈,表面上修修补补无法支撑目标的实现。"

正是在这样的背景下,自2017年2月开始,一场超常规的保卫战在政府的强力推动下展开。

3. 相关部门采取的主要措施

(1) 限产与限运

"大气十条"收官之年,京津冀地区的钢铁企业在限产"紧箍咒"的强制下,在2017年的采暖季进入史上最严的限产期。各地政府主要依据"宁多勿少"的原则将限产措施落实到企业的具体设备,而且基本保证本地区所有钢铁企业均被纳入限产名单。邢台市在2017年采暖季,对本地区除钢铁企业外10多个行业共876家工业企业实施了停产和限产措施,对钢铁企业更严格执行停产50%的要求。

2017年2月印发的《京津冀及周边地区2017年大气污染防治工作方案》,将错峰生产进一步扩展到电解铝、化工行业、医药和农药行业。而具体针对钢铁行业,《工作方案》要求石家庄、唐山、邯郸、安阳等重点城市,2017年采暖季钢铁产能限产50%。这四个城市共有钢铁企业100多家,拥有钢铁产能2.2亿吨,占全国钢铁产能四分之一。除上述四个城市外,京津冀范围内的天津、山西的长治与晋城、山东淄博、河南焦作也发布了地方的大气污染防治行动方案,同样在供暖季对钢铁企业限产50%。

"大气十条"收官之年,打破地域隔阂、打破部际利益藩篱的非常之举,以天津港禁止散煤汽运最为亮眼。《京津冀及周边地区2017年大气污染防治工作方案》要求天津港7月底前不再接收柴油货车运输的煤炭;9月底前,天津、河北及环渤海所有港口全面禁止接收柴油货车运输的煤炭。事实上,天津港在4月底就禁止了"汽运煤"。河北港口集团旗下秦皇岛港、曹妃甸港区、黄骅港区也于9月15日零时起全面停止接收柴油货车运输的集疏港煤炭,提前15天终结"汽运煤"时代。

在河南,2017年11月30日,省长主持召开省环境污染防治攻坚战领导小组会议,称完成"大气十条"终考目标任务是一项严肃的政治任务,要在当年最后一个月"铁腕治污"。宣布了从第二天即开始实行的十大污染管控措施,其效果立竿见影。与往年冬季重污染天气频发的情况不同,2017年11月,北京市的PM2.5浓度低至46微克/立方米,入冬后的北京只出现了四天重度污染,频次和程度均创下五年来最低。

(2) 京津冀大督查

冯银厂认为,通过这五年"大气十条"的执行,最大的收获之一是,从媒体到官员到大众都形成了一个共识,即污染防治不仅是环保部门的事情,而且是各个部门和全社会的事情。他表示,与这个共识所匹配的机制是各地都在"大气十条"启动后,建立起了大气污染防治工作领导小组及其下设的大气污染防治工作办公室(简称大气办)。领导小组组长一般是党委、政府的主要领导,大气办不仅仅有环保局的人在里边,其他很多部门也在里面,相当于政府的一个职能部门,"大气办这种机制发挥了非常重要的作用"。

邯郸市环保局执法专员说,为严格执行各项管控措施,邯郸市政府人员专门建立了"大气攻坚战"微信群,里面有市政府秘书长和两名副秘书长,各县县长每天亲自汇报检查进展,还有第三方专家在里面做技术指导。除了"大气攻坚战"微信群,执法专员还加入了"邯郸市空气质量保障群""邯郸市环保工作群""环保督查群"等多个微信群组。

从 2017 年 4 月初,环保部对京津冀及周边传输通道 28 个城市开展为期一年的多轮次大气污染防治强化督查。此次督察查集中在六个方面,包括地方各级政府及有关部门落实大气污染防治任务情况,固定污染源环保设施运行及达标排放情况,"高架源"自动监测设施安装、联网及运行情况,"散乱污"企业排查、取缔情况,错峰生产企业停产、限产措施执行情况,以及涉挥发性有机污染物企业治理设施安装运行情况等。环保部表示,本次督查要起到督促地方尤其是基层区县一级政府落实环境保护责任的目的。在"督政"方面,要突出县级党委、政府大气污染防治工作责任落实、工作落实情况;在"督企"方面,要紧盯大型企业的达标排放情况,认真督促落实排污许可制度和全面达标排放计划,同时严查"散乱污"企业整治和取缔情况。

除了环保部一竿子插到底,各省也开展了省级的督查。河北省环保厅自 2017 年 9 月以来,每月都开展一个轮次(为期 20 天以上)的大气环境执法专项行动,前三次专项行动发现问题企业 7 332 家,涉及各类环境问题 8 258 个,取缔关停违法企业 357 家,停产限产违法企业 532 家。2017 年 12 月 7 日启动、持续到月底的第四轮行动,除复查外,还要采取突击检查、夜查、杀回马枪等检查形式,将重污染企业集中区域环境违法问题作为打击重点,对钢铁、焦化、水泥、玻璃、电力、石化等涉气重点行业企业开展"体检式"执法全覆盖。

(3)科技项目支持

2017 年 4 月 26 日的国务院常务会议,审议通过了《大气重污染成因与治理攻关方案》,确定开展由环保部牵头,科技部、中科院、农业部、工信部、气象局、卫计委等多部门和单位协作的"集中攻关",明确提出"实行'包产到户'的跟踪研究工作机制"。

2017 年 9 月 1 日,环保部官网公示《大气重污染成因与治理攻关项目》(下称大气攻关)的主要研究内容与预期成果,共 4 大专题,28 个子课题。同年 10 月 9 日,环保部宣布,成立"国家大气污染防治攻关联合中心"(下称攻关联合中心)作为大气攻关的组织管理和实施机构。

攻关联合中心以中国环境科学研究院为主体,联合中国环境监测总站、环保部环境规划院、北京大学、清华大学、中科院、中国气象科学研究院等共同组成。中国工程院院士贺克斌介绍,大气攻关涉及中央和地方的专家和技术人员达 1 500 人。

国家层级的 28 个跟踪研究工作组下到地方后,会同地方环科院、监测站以及相关科研单位,共同完成三件事:①大气污染源排放清单;②污染来源解析;③提出"一市一策"的综合解决方案。除了完成科研任务,28 个跟踪团队还帮助地方培养科研力量,确保在大气攻关结束之后,地方"后继有人"。

科技项目支持不仅体现在各地开展多项治理雾霾的基础科技工作上,也体现在环保部对地方监管的科技创新。5 600 人为期一年的"人海式"督查结束以后,京津冀执法力度如何维持?如何创新技术研究?环保部环监局从 2016 年底开始探索研发的热点网格技术,或为答案的一部分。

热点网格技术能够较好反映一个城市圈中大气污染现状,让督查人员快速、直观地了解该城市的大气污染情况,明确重点污染区域。参与京津冀大督查的武汉市环境监察支队副支队长雷鸣说:"被划为热点网格的区域一般有三种可能性:①有高污染企业,如钢铁、火电、煤矿等;②城市中心,有汽车尾气、集中供热的影响;③小型企业集中的区域,大型运输车辆多,污染物直排的企业多。雷鸣所在督查组根据这三种可能性,排查城市中心区域,标记重点污染源企业,划出小型企业集中区,以指导每天的督查。"

(五)"大气十条"区域协同治理的成效与不足

1. 协同治理的成效

"大气十条"五年治霾的第一阶段如今已成功收官。早在 2016 年,京津冀、长三角、珠三角三个区域的 PM2.5 平均浓度就已经分别降到 71 微克/立方米、46 微克/立方米、32 微克/立方米,与 2013 年相比,分别下降 33.0%、31.3%、31.9%。作为最大的难点也是热点,北京顺利达标,意味着这三大重点区域均提前、超额完成"大气十条"的治霾目标。2017 年,全国 338 个地级及以上城市 PM10 平均浓度比 2013 年下降 22.7%;京津冀、长三角、珠三角等重点区域 PM2.5 平均浓度比 2013 年分别下降 39.6%、34.3%、27.7%;北京市 PM2.5 平均浓度从 2013 年的 89.5 微克/立方米降至 58 微克/立方米。2018 年 1 月 1 日—28 日,全国 338 个地级及以上城市 PM2.5 浓度同比下降 20%(见图 10-1、图 10-2)。

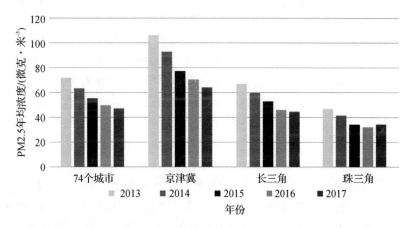

图 10-1 2013—2017 年我国重点区域和重点城市 PM2.5 年均浓度情况

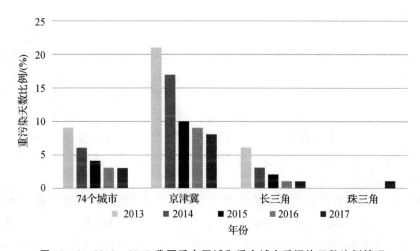

图 10-2 2013—2017 我国重点区域和重点城市重污染天数比例情况

在全面实现改善目标的同时,全国整体空气质量大幅改善。2017 年,全国 338 个地级及以上城市二氧化硫浓度较 2013 年下降 41.9%，74 个重点城市优良天数比例为 73.4%，比 2013 年上升 7.4 个百分点，重污染天数比 2013 年减少 51.8%。相比 2013 年，京津冀、长三角、珠三角区域优良天数比例分别增加 19%，京津冀区域优良天数比例增幅达到 74 个城市平均水平的 1.52 倍；京津冀区域重污染天数比例由 2013 年的 21% 降至 2017 年的 8% 左右，向中长期基本消除重污染天气迈出坚实一步。

大气十条确定的 45 项重点工作任务全部按期完成，我国产业、能源和交通结构调整取得重大突破。全国煤炭消费占一次性能源消费的比重由 67.4% 下降至 60% 左右。京津冀大气污染传输通道城市完成电代煤、气代煤 470 万户，削减散煤 1 000 余万吨。全国燃煤机组累计完成超低排放改造 7 亿千瓦，占煤电装机容量 71%。淘汰地条钢 1.4 亿吨。10 205 家国家重点监控企业全部安装在线监测，实现 24 小时实时监管。

2. 面临的问题

(1) 后续监管力度还需下苦功

在空气质量监测网络方面，全国 338 个地级及以上城市布设 1 436 个国控监测站点，全部具备 PM2.5 等 6 项指标监测能力；在地表水环境质量监测网络方面，国控断面扩展到 2 050 个，覆盖全国十大流域 1 366 条河流和 139 座重要湖库，基本满足水环境质量评价与考核需求。饮用水源地监测覆盖 338 个地级及以上城市和 2 856 个县；在土壤环境监测网络方面，建成由 38 800 多个点位组成的国家土壤环境监测网，基本实现了所有土壤类型、县域和主要农产品产地全覆盖，同时形成了以卫星遥感与地面核查相结合的生态监测体系。

目前，媒体报道的案件多是环保部通过相关机制自查发现的。发现问题后，环保部均致函给地方人民政府和省环保厅，责成地方立即调查，严肃处理，并将处理结果报环保部。

针对环境监测数据弄虚作假行为，环保部零容忍，绝不姑息，发现一起、查处一起、通报一起。各地环保部门已经将环境监测数据弄虚作假行为纳入当地"12369"举报受理平台，公众可以随时举报，并对地方查处结果进行监督。环保部环境监测司司长刘志全说，地方政府应树立正确的政绩观，将环境质量改善重点放在优化产业布局、调整产业结构、加大污染治理、严格环境执法等削减污染的硬措施上，从根本上解决当地环境污染问题，绝对不能在环境监测及数据质量上打歪主意、动手脚。

(2) 巨大的社会经济代价

在空气质量大幅改善的同时，各地也付出了巨大的社会和经济代价。最典型的莫过于为实施冬季清洁取暖而进行的散煤治理和煤改气、煤改电工程。京津冀及其周边区域对工业企业大规模限产停产，为民生取暖排污提供空间的同时，也在大力整治农村散煤，尽可能削减排污增量。四部委和六省市联合下发的《工作方案》，要求将"2+26"城市列为北方地区冬季清洁取暖规划首批实施范围，全面加强城中村、城乡接合部和农村地区散煤治理，北京、天津、廊坊、保定等被划定为"禁煤区"，2017 年 10 月底前"禁煤区"完成小燃煤锅炉"清零"工作，全部"2+26"城市完成以电代煤、以气代煤 300 万户以上。

每年 11 月 15 日前后是中国华北地区开始供暖的日子，但由于工期太紧，2017 年一些地方未能按时完成煤改气(电)施工，一些已经完工的地区又由于气源紧张、供应不足，而导致部分居民到供暖期无法获得供暖。在河北曲阳县，多个乡镇的乡村学校未按时供暖，学生在寒冬的操场跑步取暖，或在有阳光的室外上课，因为"太阳底下比室内暖和"；在更多的华北农村，由于燃煤炉已被拆除并禁止再烧煤取暖，留守的老人和孩子们在寒夜中瑟瑟发抖。

在层层加码的行政指令和巨额财政补贴强力推动下,华北地区煤改气、煤改电大干快上,加剧了 2017 年冬天的天然气短缺,上游气源增量和管道负荷有限,以及气源地的不确定性,导致一场区域性能源安全危机发生。

这里面有很多问题待解。原本有良好初衷的清洁能源替代、大气污染治理,在行政指令和财政补贴这"一硬一软"的双重推动下,固然会掀起一场大干快上的会战,但为了某个高尚的改造社会的目的,由权力发起并经由官僚科层以政治正确或政绩考核叠加执行驱动力,最后却让全社会付出惨痛代价的教训并不鲜见。事实上,国家能源局、环保部和中石油、河北省,先后在 2017 年夏天和秋天就意识到"煤改气"已成脱缰之马,冬天的供气供暖会有大麻烦,可是箭已射出,他们只能眼睁睁看着雪球越滚越大,黑天鹅再一次变身灰犀牛。

在胜利完成"大气十条"第一阶段后,北京市下一阶段已知的目标是城市总体规划中提到的"PM2.5 到 2020 年下降到 56 微克/立方米,到 2035 年大气环境质量得到根本改善",另外,2017 年北京达到的 58 微克/立方米与国家标准 35 微克/立方米还有非常大的距离,那么,北京应该去哪里要这么大的改善空间?

(六)结束语

《大气污染防治行动计划》已圆满收官,无论是全国、74 城市还是重点区域和北京,空气质量改善都超额完成了任务。但事实是,我国大气污染依然严重,在全国 338 个地级及以上城市中环境空气质量达标的仅占 29%。

"大气十条"不可否认是一次成功的区域协同治理的范例,但这其中也有很多的问题,可以看出,在治理过程中,过度依靠行政手段是不可持续的,在"大气十条"的下一阶段,对企业的污染治理应更多考虑使用经济手段,而非行政命令,例如用征收环境税的方法,以污染者付费为原则,将税率定在企业治理成本之上,使得企业有经济动力去减排,进而推动技术创新。利用经济手段去达到减排目标,要花时间和精力去设计、测算、执行,见效周期较长;行政命令决策成本低,见效快。比如,达不成指标,就把一半的车停了,把所有工厂都停了,就可以交差完成任务,但缺点是执行成本很高,容易反弹。相比之下,运用市场化手段来治理污染的机制,是一个相对渐进的过程,但其好处在于可以大大减少转型阵痛,包括转型带来的员工失业以及企业家的资金设备闲置等社会经济成本,而且是长效机制。那我们又该如何平衡好这些措施之间的实施关系呢?

"大气十条"任务虽然完成了,但要在未来继续打好蓝天保卫战,进一步明显降低 PM2.5 浓度、减少重污染天数、改善大气环境质量、增强人民的蓝天幸福感,却需要各区域政府乃至民众一起努力,提升协同治理能力与保护环境的能力。

(七)思考题

(a)在"大气十条"的下一阶段,如何平衡地使用行政手段及经济手段来改善空气质量?
(b)"大气十条"的背后,政府的做法有哪些不足?为什么?
(c)对于恶劣的空气质量,大众能做些什么?

二、案例说明

(一)跨区域大气污染协同治理的含义

协同治理是在全球化时代下,由跨越组织、部门和空间边界的公共部门、市场组织、社会组织或个人相互协调合作,共同解决棘手公共问题的整个过程[①]。由此,可以将跨区域大气污染协同治理界定为:政府、私人组织、公民团体(个人)等主体之间或各主体内部之间,为解决跨区域的大气污染问题,以共同确定的规则为基础,通过多种互动方式,协同治理跨域大气污染的集体行动过程。作为一种新型治理策略,协同治理的重要价值在于能够通过鼓励公民参与新兴民主,并通过多元协同提升公共物品和公共服务的供给质量。近年来,随着长三角及珠三角协同治理的成效不断彰显,特别是京津冀跨域协同发展上升为国家战略,我国已悄然进入跨域协同治理的新时代。

(二)大气污染协同治理面临的障碍与挑战

从目前大气污染协同治理的政策以及实施环境、公众参与和利益机制来看,目前,区域协同治理面临诸多严峻的挑战,如公众与政府的协同障碍、企业与政府的协作困难、地区经济与政府的治理间存在利益博弈[②]、治理模式及实施手段的单一等问题。要解决这些问题需要进一步探究协作治理的动因及紧迫性,以更好地推动治理工作。

回顾"大气十条"的案例,我们发现其主要针对的治理对象是京津冀及周边城市。作为重点区域,在国家层面,其实除了这几个地区之外,像成都平原地区、陕西关中地区,空气质量也都不好。但国家对这些地区的政策倾斜力度不大,虽然各区域也出台了相应的措施,但目前看来,效果并不明显。国家对这些地区也应相应地给予高度关注,毕竟大气是流动的,同时大气污染又具有地域传输快、污染范围广的特点。因此,国家需要打破区域界线进行大气污染的协同治理,从国家整体上打好大气治理保卫战。

另外,近年来严重的大气污染现象频发从根本上说是由于我国长期以来经济粗放增长以及"先污染后治理"的发展理念所导致的。加之我国产业结构、能源结构、工业布局的不合理等问题从而进一步加剧了污染的程度。其中,从煤炭燃烧排放量来看,一吨散煤排放相当于10吨火电燃煤,而且散煤的燃烧没有任何的治理设施,在环境保护部联合京津冀三地开展的冬季燃煤煤质专项检查中,发现大概有1/4到1/3的抽样燃煤煤质达不到相应的国家标准或者地方标准。也就是说,农村散烧取暖的这部分煤的煤质相对比较差,灰分、挥发分含量比较高,硫含量也有超标的现象。目前北京市主城区已经基本上实现了无煤化,但是城乡接合部和农村

[①] 张贤明,田玉麒. 论协同治理的内涵、价值及发展趋向[J]. 湖北社会科学,2016(1):30-37.
[②] 司林波,聂晓云,孟卫东. 跨域生态环境协同治理困境成因及路径选择[J]. 生态经济,2018,34(1):171-175.

地区还有大量的居民使用散煤取暖,整个京津冀区域散煤治理或者散煤替代工作任务艰巨。虽然在"大气十条"政策中,政府对散煤清洁化的替代工作已经开始动作,但是由于涉及电网改造、输气管道建设、电价补贴等工作,保障工序、质量、相关政策并没有完全落实到位,在供暖期到来之前并没有完成相关替代工作,以至于影响了部分地区的居民冬季取暖。

大气既不同于可以明确界定产权的私人物品,也不同于由一个可清晰界定的群体共享的共有物品,因而,大气污染的治理不可能通过私有产权的确权或者民间多元共治来很好地实现,而是需要国家的更大干预力度。依此逻辑,跨区域大气污染协同治理首先应当是政府之间的协同。对于一些地方政府环保压力的传导不够,强化措施不落实,污染防治工作没有进行考核、应急预案编制不合理、修订不及时,甚至有个别地方红色预警的减排效果只相当于蓝色预警等情况,这些都是不严不实的问题。对于有些企业涉嫌违法的案件,也需要公安部门的介入。对于地方政府和部门督查出来的问题,根据具体个案情况,应该依法实施约谈、限批、问责等措施,督促相关地方查清这些问题的出现原因和责任。持续保持环境监管高压态势,确保"大气十条"之前做的这些相关工作,能够在后期真正地保持、见效。

2017年4月初,环保部对京津冀及周边传输通道的28个城市开展为期一年的多轮次大气污染防治强化督查。督查发现不少企业说要减产70%,但实际上远远没有达到他们口中所说的目标,这就说明后续督查并没落实到位。因此,在后期对政策效果的可操作性和可核查性都需要考虑周全。通过核查发现暴露出的问题,集中进行整改,这样重污染天气督查的工作效果才会越来越凸显。

(三)未来的环境质量对区域治理的能力提出了更高的要求

中国科学院地理科学与资源研究所的孙鸿烈院士强调管理并非仅是政府所为,它还包括非政府组织和机构以及民众的参与,在这里,我们也可以把协作治理理解为"合作共事"或者"合作治理"。在对"大气十条"的实施效果进行评估后发现,需要建立起地方政府、市场、公民社会共同参与的协同治污机制,同时建立包含政府、企业、公民和社会团体等在内的区域治理机构来对区域大气污染进行协同治理。从而使政府与社会各主体之间形成一种良性互动,探索出区域大气污染治理中多元主体间协同治污的新思路。2017年,全国338个地级及以上城市中仅99个城市达标[1],说明我国大气环境形势依然十分严峻,全面达到国家空气环境质量标准任重道远。针对"大气十条"的实施效果,提出以下对策建议:

(a)加快形成源头防控体系,把清洁能源战略摆在突出位置。要破解空气质量持续改善的瓶颈,必须将污染防治的重心前移,加快形成有利于大气环境保护的空间格局、产业结构、生产方式、生活方式。在产业布局调整方面,基于"生态保护红线、环境质量底线、资源利用上线和环境准入负面清单"约束,落实主体功能区定位要求,制定严格的行业准入条件,推进产业布局的优化。在产业结构调整方面,以"散乱污"企业综合整治和工业企业全面达标为切入点,倒逼产业结构和布局优化调整;重点区域全面开展"散乱污"企业及集群大排查,按照先停后治原则,打响综合整治攻坚战;提高污染物排放标准,强化工业企业无组织排放管控要求,实施工业

---

[1] 搜狐网:生态环境部. 2017年,全国99个地级及以上城市空气质量达标. https://www.sohu.com/a/233575075_313745

企业全面达标行动计划,明确排放不达标企业最后达标时限,逾期一律关停,为经济发展腾出环境容量空间。

(b)做好联动协作相关机制评估。主要包含两个层面:一是省、市、县三级组织领导机制纵向评估,重点评估工作信息调度机制、年度工作方案落实保障机制、重点工作巡查督办机制、年度任务考核评价机制等;省级大气污染防治相关责任部门协作机制横向评估,重点评估协作平台建设情况、部门联席会议、联络员会议落实情况、重点任务协同推进情况、部门与地方工作互动情况等。鉴于大气污染涉及的职能部门较多,横向评估工作应未雨绸缪、统筹考虑、适度超前。以大气污染防治攻坚战为突破口,结合中央环保督察、重点区域和领域大气污染防治强化督查工作的实践成果,创新性提前运用到省级层面的责任部门,进一步改革完善联动协作机制,为将来工作格局的转换提供一定的实践基础和模式借鉴。由于地方政府主体之间的平等关系,需要发挥中央政府的主导作用,以解决平等主体间集体行动的困境,以及治理过程中的利益冲突。与此同时,结合财政转移支付,将大气污染防治资金的分配和空气质量改善的效果挂钩,激励地方改善空气质量。将"自上而下"的责任分配、追究、激励机制和"自下而上"的城市限期达标管理机制相结合,制定财政税收、市场机制、生态补偿、环境价格等一揽子经济手段,为实现国务院、省(区、市)下达的城市空气质量改善约束性指标并最终达标提供有力保障。

(c)做好重点工作"回头看"评估:①针对本地工作短板,运用系统性工作思路深挖问题原因,从加快结构调整、转变绿色发展方式和生活方式、出台地方标准、完善政策激励、落实财政保障、强化考核问责等方面入手,制定详细的专项整改工作路线图并向社会公示,明确时间节点和阶段性目标,短时间内实现突破。②对于已经完成的重点任务,要适时开展"回头看",尤其对重点行业挥发性有机物治理、油气回收、燃煤锅炉改造、黄标车拆解和限制转入、机动车禁限行等工作,强化跟踪、现场巡查督办,确保工作成果落实落地、长期坚持。在能源结构调整方面,以北方地区清洁供暖为切入点,加快推进能源结构调整优化;加大天然气和电力供给保障力度,增加的天然气主要用于散煤的替代,重点区域完成散煤清零攻坚行动,在能源结构调整上率先实现突破;对实施"双替代"的居民,要在气源、电源及价格上予以保障,确保供得上、用得起。

(d)坚持持续提升大气环境管理的精细化管理和科学化水平①。将"问题诊断—来源解析—对策制定—科学评估"的模式加以固化,并向其他非重点地区推广,提升全国大气环境管理的精细化水平。增强对重污染天气过程的调控能力,持续推进预测预报体系建设,力争区域、省、市三级重污染天气预测预报体系全覆盖,实现7~10天的区域空气质量预报能力;完善重污染天气应急预案,加严启动标准;强化区域联防联控,提前采取应急减排措施,实现污染积聚到重度污染时间向后推迟,削减最高浓度值。针对不同污染时段采取差异化控制措施,在采暖季等重污染时段,坚持科学经济的工矿企业错峰生产和错峰运输,坚持重点行业企业实行差异化错峰生产。

(e)强化政府空气质量监管工作。如分析区域环境空气质量变化趋势、明确区域空气质量改善目标、污染防治措施和重点治理项目,协调解决影响空气质量改善的突出环境问题等。严

---

① 搜狐网:加强精细化管理,"科学治气",切实提升大气污染防治化水平. https://www.sohu.com/a/338274183_99970550

格落实区域内各地方政府的责任。根据空气质量达标情况,制定空气质量达标方案或空气改善方案,将各项工作任务分解落实到各地方政府,强化监督考核,确保按期实现空气质量改善的目标。要通过网格化的方式,一个网格、一个网格进行排查,把每个网格的散乱污企业、燃煤锅炉、城市卫生、道路清扫等治理工作落实到人,落实到单位。只有采取精细化的管理,把责任落到每一个细节上,才能够使得空气质量进一步改善,使得《行动计划》的成果得以保持。

(四)补充材料

[1] 郄建荣. 生态环境部"千里眼"执法效力初显 城市热点网格无连续二次预警[EB/OL]. (2018 - 09 - 11)[2019 - 06 - 30]. http://www.xinhuanet.com/politics/2018-09/11/c_1123409526.htm

[2] 赵利利. "大气十条"收官,蓝天保卫战捷报可期[EB/OL]. (2017 - 11 - 30)[2019 - 06 - 30]. http://news.sciencenet.cn/htmlnews/2017/11/395728.shtm

[3] 中国报告网. 2017年我国防治大气污染措施阐述及环保政策梳理[EB/OL]. (2017 - 09 - 14)[2019 - 06 - 30]. http://zhengce.chinabaogao.com/gonggongfuwu/2017/09142954942017.html

[4] 国务院. 国务院关于印发"十三五"生态环境保护规划的通知[EB/OL]. (2016 - 12 - 05)[2019 - 06 - 30]. http://www.gov.cn/zhengce/content/2016-12/05/content_5143290.htm

[5] 寇江泽,靳博. "十三五"明确城市空气指标,优良天数如何超八成[EB/OL]. (2016 - 03 - 19)[2019 - 06 - 30]. http://www.xinhuanet.com/politics/2016-03/19/c_128813148.htm

[6] 王尔德. 环保部2017年确保完成"大气十条"目标任务,北京治霾艰巨[EB/OL]. (2017 - 01 - 11)[2019 - 06 - 30]. https://www.qcwp.com/news/407636.html

[7] 周扬胜,张国宁. 环境空气质量标准还需法律准绳[EB/OL]. (2015 - 07 - 09)[2019 - 06 - 30]. https://www.chinanews.com.cn/ny/2015/07-09/7394744.shtml

[8] 高敬. 中国将制定蓝天三年计划[EB/OL]. (2018 - 02 - 05)[2019 - 06 - 30]. http://society.people.com.cn/n1/2018/0205/c1008-29805764.htmll

[9] 王金南等. "大气十条"实施与评价:改善空气质量的中国模式. (2018 - 02 - 01)[2019 - 06 - 30]. https://huanbao.bjx.com.cn/news/20180201/878250.shtml

[10] 寇江泽. "大气十条"目标全面实现[EB/OL]. (2018 - 02 - 01)[2019 - 06 - 30]. http://www.gov.cn/xinwen/2018-02/01/content_5262720.htm

[11] 周泰来等. "大气十条"保卫战[EB/OL]. (2018 - 01 - 08)[2019 - 06 - 30]. https://weekly.caixin.com/2018-01-05/101193925.html

[12] 杨翼,蒋琪. 六省区市协同治理大气污染 深化协调联动机制[EB/OL]. (2015 - 05 - 29)[2019 - 06 - 30]. http://env.people.com.cn/BIG5/n/2015/0529/c1010-27074356.html

[13] 中国环境报. 厘清突出问题 提出针对性建议:《大气污染防治行动计划》实施情况中期评估解读之一[EB/OL]. (2016 - 07 - 06)[2019 - 06 - 30]. http://www.mee.gov.cn/zcwj/zcjd/201607/t20160706_357206.shtml

[14] 赵佳. "大气十条"实施情况评估应重点关注什么?[N]. 中国环境报,2018 - 02 - 27(3).

[15] 王金南,雷宇,宁淼. 改善空气质量的中国模式:"大气十条"实施与评价[J]. 环境保护,2018,46(2):7 - 11.

案例十一　基层协商民主的"台州样本"

摘要：浙江台州一直是中国基层民主创新最活跃的地区之一。党的十八届三中全会以后，台州市委统战部围绕"谁具体抓协商、在哪里协商、与谁协商、协商什么、怎么协商、协商以后怎么办"等问题，积极探索构建了统战性"1+X+4"，即以统战部门为主导、以乡镇（街道）民主协商会为主渠道、以多样化多层次的"X"支渠道为拓展、以'四个三'为运行程序，延伸至村（社区）、企事业单位的广泛多层制度化且富有效率的基层协商民主"台州经验"，向打造基层协商民主中国方案"台州样本"迈出了扎实的一步，打通了统一战线"协商、民主、包容、共赢"理念贯穿到基层社会领域的通道，畅通了基层社会各界人士代表有序政治参与的制度化渠道，推动了基层协商民主广泛多层制度化发展，激活了基层协商善治的"细胞核"，促进了基层治理体系和治理能力现代化。

关键词：基层协商民主，统战性，治理能力现代化

一、案例描述

某日，台州市黄岩区富山乡召开了一场别开生面的协商民主议事工作会，来自各行各业的30余名乡贤，围绕如何建设家乡，发展西部旅游，各抒己见。

会议在富山乡政府4楼会议室召开，会场摆设简单，每人桌上只放一杯清茶，横幅则是电子屏，节约环保。

上午9:30分，会议准时开始。乡党委副书记先开口主持会议，竟然是一口方言。他的讲话，也为这次会议定下了接地气的基调。距离黄岩城区60千米的富山乡，海拔近千米，是台州3个主城区中海拔最高、最为偏远的乡镇。虽然交通不便，但是富山风景优美，空气清新，生态环境优越。如何在富山实践"两山"理论，发挥当地生态资源禀赋优势，实现农民增收，村庄致富，议事团成员展开了激烈的讨论……①

近年来，台州市统战委开展基层协商民主，形成了统战性"1+X+4"基层协商民主"台州经验"，向打造基层协商民主中国方案"台州样本"迈出了扎实的一步。

台州作为"草根"经济、民营经济的先发地区，到底如何开展基层协商民主？其开展的意义是什么？"台州经验"的具体做法是什么？有何独特之处使其脱颖而出？带着这些问题，让我们一同探索"台州经验"的奥秘。

---

① 台州市区海拔最高乡 基层协商民主议事会这样开-浙江新闻. https://zj.zjol.com.cn/news/731443.html

(一)创新背景

1. 国家背景

近年来,国内关于基层协商民主的研究逐渐兴起,并成为我国政治生活的热点话题。党的十八届三中全会指出,发挥统一战线在协商民主中的重要作用。习近平总书记强调,要按照协商于民、协商为民的要求,大力发展基层协商民主,重点在基层群众中开展协商。党的十九大报告指出:有事好商量,众人的事情由众人商量,是人民民主的真谛。基层是"众人"实现人民民主的主阵地,开展基层协商民主,无论对人民群众实现自身利益,还是对基层党委政府推动现代化治理等,都有重要意义。党的十九大把协商民主提升到"是实现党的领导的重要方式"的高度,并将"推进协商民主广泛、多层、制度化发展"作为推进社会主义政治文明建设、推进国家治理体系和治理能力现代化的重大方略,载入新修订的《中国共产党章程》。

2. 台州背景[①]

肇始于温岭的民主恳谈成为台州探索基层协商治理的起源。"民主恳谈"在台州的兴起,源于20世纪90年代末温岭市松门镇的"农业农村现代化建设论坛";2001年5月台州市委对全市范围内的基层民主制度和形式加以规范,将这一民主形式统一定名为"民主恳谈";2004年3月,"民主恳谈"获得了第二届"中国地方政府创新奖"。在党中央提出的"健全社会主义协商民主制度"的背景下,台州市委和人民群众积极探索基层协商民主的形式。2015年12月2日至3日,由浙江省社会主义学院与中共临海市委统战部联合举办的"统一战线与基层协商民主"学术研讨会在临海召开,65名来自全国各地的与会领导、专家学者研讨"台州经验",形成了统一战线和协商民主理论理念高度关联性、内容涵盖高度融合性、功能作用高度互益性等理论共识。

台州市委顺势而为,及时将"民主恳谈"的经验加以总结升华,并将其作为全市党建工作的重要抓手进行推广,使之不断走上制度化、规范化和程序化的轨道。经过十几年的探索实践,浙江台州的"民主恳谈"正如中央领导所肯定的"从最初主要是农村思想政治工作载体,逐步转向以民主参与、民主决策、民主监督为核心的乡镇基层政府治理模式[②]。

(二)台州实践

1. 实施

在政策制定出台方面,台州市人民政府将统战部门推动协商民主工作写入《中国共产党台州市委员会统一战线工作实施办法(试行)》,建立市、县、乡三级由同级党委书记担任组长的党委统一战线工作领导小组,出台《台州市统一战线推进基层协商民主的实施意见》,为开展统战部门主导的基层协商民主工作提供了政策依据和组织保障。

---

① 市社科联"八八战略"在台州系列研究课题组. 基层社会治理[N]. 台州日报,2019-03-27(5).
② 临海创新基层协商民主纪事-浙江日报. http://www.dangjian.cn/djgz/jc/201301/t20130104_1011744.shtml

在具体实施方面,按照先试先行、总结完善、可复制可推广的原则,台州市在临海、天台等地试点统战性协商民主平台及运行机制建设,主要工作包括建立乡、村两级民主协商会组织、组织开展协商活动、对民生决策达成共识、推动重点项目顺利实施以及化解矛盾纠纷等。

2. 典型案例①

为什么有的惠民决策,却得不到百姓的理解与支持?为什么有的干部满腔热情做事,却得不到群众点赞?② 这不仅是基层干部常遇到的困惑,也是基层社会治理亟待解决的一个难题。

(1)聆听好声音:问计于民常协商

"强台风'杜鹃'虽然是虚惊一场,但给我们敲响了警钟,利用秋冬时节抓排涝工程进度,是当务之急。"在临海市大田平原排涝一期工程现场,负责人李亮正忙着和村干部一起丈量土地、核查青苗,"多亏各村有协商民主议事会,首批22个村的土地报批组件工作快完成了。"

临海市大田平原排涝一期工程是浙江省重点项目,总投资达13.3亿元,工期为36个月。对这一民生工程的上马,饱受洪涝之苦的当地人无不欢欣鼓舞。但由于工程涉及村子多、征地量大,村民们各有顾虑。

"邵家渡街道的工程建设用地达1392亩,征地涉及22个村,一开始我们压力很大。"街道党工委书记项慧明说到,当时正值市里推行协商民主议事制度,"我们思量再三,决定放手试一试,大家的事情大家商量着办嘛。"

率先"吃螃蟹"的是大路章村。2015年4月28日,大路章村召开首次协商民主议事会,由村两委干部、村老年协会代表、党员代表、村民代表等组成的22名成员,你一言、我一语,气氛相当热烈。不少人提出:"我们是农民,祖祖辈辈以土地为生。这些年因为搞建设,村里土地陆续被征用,以后的生活怎么办?"

要让群众理解和支持,得先让群众受益。街道负责人有问必答,并当场承诺:"土地政策处理,街道不会与民争利。失地后的养老保险等问题,一定按照政策兑现,请大家放心。"

很快,议事会达成一致意见。两天后,村民代表会议表示认可,同意征地。

结果,22个村只用了32天,就全部完成征地村民代表签字这项艰巨任务。对这一惊人速度,大路章村民主协商议事会成员周远跃解释:"议事会上,什么需求都可以说,什么意见都可以提,问题全摊开了,大家心中的疙瘩自然也消除了。"

有矛盾不回避,有问题不掩饰,有意见不搪塞。临海规定,每月定期召开协商民主议事会议,凡是涉及各村设施、服务、秩序、安全、土地征用、财务收支等与村民公共利益有关的事务,全部公开透明,通过充分协商讨论做出决策、予以解决。

"基层协商民主议事的核心,就是'民事、民议、民决',百姓的事由百姓商量着办。"临海市委宣传部负责人认为,以法治思维和法治方式开展基层协商民主议事,将有效保障群众的知情权、发言权、决策权,筑起党委、政府与群众之间的协商平台,确保决策科学、民主,也能得到干部群众的理解、信任和支持。

---

① 有事多和群众商量——临海创新基层协商民主纪事-浙江日报. http://zjrb.zjol.com.cn/html/2015-10/23/content_2920843.htm?div=-1

② 基层协商民主在台州的先行探索与实践-党建网. http://www.taizhou.com.cn/news/2015-10/23/content_2484784.htm

(2)汇聚正能量:问需于民知冷暖

古道悠悠,沿途枫叶渐次变红,漫步在落叶缤纷的石板路上,犹如穿越上千年历史。

位于临海与天台交界的黄南古道,始建于北宋,是国内迄今保存最好的古道之一,也成了周边村民的致富之路,每天来徒步的游客络绎不绝。

连接白水洋镇山下的下宅村和古道起点的大泛村,有一条全长3.67千米的盘山公路,如今正在拓宽。令村民欣慰的是,原本拥堵不堪、隐患重重的交通问题,有望得到缓解。

"从提出需求到做出决策,镇、村协商议事会发挥了不可或缺的作用。"白水洋镇党委书记林明大说到,镇里举行协商民主议事时,公路沿线14个村的支部书记和村委会主任坐到一起,商量如何合力将这件民生实事办好,"看到此情此景,熟悉当地民风的人,都会深感震惊和感动。"

原来,白水洋镇地处临海西部,由于地理及历史原因,人们的性格普遍刚毅强悍、宗族观念根深蒂固,当地矛盾多、上项目难,信访事件时有发生,发展速度远远落后于其他省级中心镇。

如何突破困境?在深入调查后,白水洋镇于2014年4月率先开始试行基层协商民主议事制度,成立镇、村两级协商民主议事会。

要取信于民,就得善于和群众商量。"凡涉及基层群众利益的事情,都要在群众中广泛商量、充分探讨,让群众议、由干部做。"林明大说,实施基层协商民主议事制度以来,群众气顺了,政府理直了,干事创业同心协力了。

(3)激发新活力:问效于民促和谐

在尤溪镇会议室,召开了这样一场气氛热烈、掌声不断的协商民主议事会议。

"龙岭区块的旅游开发应该尽快实施,早开发,群众就早受益。"

"我认为要有发展眼光,应立足长远,做好规划,确保村民长远收益。"

"旅游发展起来后,环境卫生要跟上。"

该镇组织两代表一委员、各村代表、知联会、社会各阶层代表等30多人,这天协商讨论"龙岭区块旅游开发"。龙岭区块峰峦叠嶂、环境优美,群众对休闲生态旅游项目开发的呼声很高。

讨论中,各种意见建议不断汇总、商讨。宝田村党支部书记说:"农民反映,征地后万一旅游项目经营不善,租金无着落,后续怎么保障?"岭脚金村村民提出:"旅游业要发展,交通道路等基础配套设施也要加快建设。"

受现场气氛所感染,临海市农商银行尤溪支行负责人当场表示:"只要有需要,我们将优化服务,并在贷款利率上提供优惠,切实搞好资金保障。"

做任何事,干群都要心连心、手拉手。"以前老百姓说机关单位脸难看、门难进、话难听。这些年反过来了,我们主动走到基层,才发现老百姓对我们有诸多误会,干部进村入户同样面临脸难看、门难进、话难听。"临海市委有关负责人说。干群之间的感情,关键在于多沟通,通过协商议事,干群之间接触、交流多了,感情自然深了。这也有利于促进干部作风转变,激发干事创业的新活力,营造同心同力的好氛围。

为确保基层协商民主议事高效可行,临海搭建了三个平台:建立镇、村基层民主协商议事会议平台,其中非党人士必须占50%以上;建立圆桌会商平台,议事会成员进村入户与群众面对面开展圆桌会商,或围坐田间地头讨论;建立网络互动平台,依托互联网开展参政议政。

3. 成果

台州市围绕"谁具体抓协商、在哪里协商、与谁协商、协商什么、怎么协商、协商以后怎办"等问题,积极探索构建基层民主协商"1+X"平台,即以统战部门为主导、以乡镇(街道)民主协商会为主渠道、以多样化多层次的"X"支渠道为拓展、以"四个三"为运行程序,形成了多层次、制度化且富有效率的基层协商民主"台州经验"。

(三)主要做法

1. 试点运行+顶层设计:完善"1+X"协商平台运行的制度环境

针对协商民主广泛多层易导致基层协商散乱、无序、低效的现状,统筹好提高效率和发扬民主的关系,探索出了以乡镇(街道)民主协商会为主渠道,以多样化、多层次支渠道为拓展,延伸到村居社区、企事业单位的广泛多层常态化且富有效率的"1+X"基层协商网络构架。

(a)构筑主渠道,推动"精英"协商。"1"即构筑基层协商民主主渠道——建立经社会各界协商推选并由同级党组织聘任的各界别代表人士为议事员的乡镇(街道)民主协商议事会(党外议事员占50%以上,体现统战性),明确民主协商议事会全会、主任会议、专题协商会、小组协商会以及列席本级党代会、人代会等常规协商形式,重点围绕基层"四公一热"即重大公共决策、公共事务、公共利益、公益事业和民生热点难点等公共事务开展"精英"协商。

(b)搭建支渠道,推动"草根"协商。"X"即不断探索丰富乡镇(街道)民主协商议事会面向村(社区)、面向企事业单位、面向涉及协商议题的利益相关群体、面向广大群众的多样化、多层次协商支渠道,保障基层群众广泛多层次参与民主协商。主要包括请进来民主恳谈,凡是协商议题涉及群众利益的,邀请利益相关方代表与相关部门开展面对面恳谈,在充分协商中求同存异达成共识;走出去圆桌会商,充分发挥议事员在所联系群众中的威望,建立议事员联系村(社区)制度,进村入户与群众围坐开展圆桌会商,定期不定期地听取诉求、疏导情绪、化解问题;随时进行书面协商,协商意见建议或议事员反映的社情民意、意见建议,经民主协商议事会直通车形式向党委政府及有关部门反映;广覆盖网络问政,议事会运用网络媒体问政和建立网议互动日等措施,拓宽社会公众参与民主协商渠道。

(c)引进第三方,推动公正协商。民主协商议事会视情邀请相关专家学者、乡土人才组成民主协商评议团,以客观中立的第三方身份对议题所涉及的法律、政策、专业性等问题做出解读并接受协商主体咨询,对协商结果做出客观公正评价。黄岩区出台《基层协商民主综合评价工作指标体系(试行)》,试行以评议团为主体的全程民主协商第三方标准化评价工作,评价结果作为年度党建目标责任考核基层协商民主内容的重要依据。

2. 主渠道+支渠道+第三方:搭建"1+X"协商平台的运行体系

坚持科学性和有效性相兼顾,构建"四个三"运行机制,解决好"如何协商并保障协商出成果"的问题。直接借鉴中国共产党领导的多党合作和政治协商运行机制,围绕协商前、协商中、协商后三个重要环节,总结形成了切合实际、富有成效的"四个三"协商运行机制。一是民主提事"一梳理二提交三确定"。"一梳理"即年初根据同级党组织年度工作计划和工作报告,梳理出年度协商议题。"二提交"即研究确定年度协商计划报同级党组织审定。"三确定"即同级党组织会商民主协商议事会确定并公开年度协商计划。二是民主议事"一制定二准备三组织"。"一制定"即根据年度民主协商计划或专题议题,制定具体民主协商方案报同级党组织审定。"二准备"即根据审定的民主协商方案,做好协商人员通知、协商知情等工作。"三组织"即按照拟定的协商议事方案,精心组织协商议事活动,事后及时形成《协商纪要》或建议案。三是民主理事"一报送二办理三反馈"。"一报送"即体现协商成果的《协商纪要》或建议案在规定时限内报送同级党委政府、相关部门。"二办理"即相关单位对采纳的协商成果,纳入重点督办范围,制定具体落实方案。"三反馈"即各承办单位在规定时限内反馈办理结果,未落实的要做出说明。四是民主评事"一通报二评议三办结"。"一通报"即协商成果办理落实情况及时向协商员和利益相关方代表通报,接受监督。"二评议"即协商成果落实情况可接受协商员评议,进行满意度测评。"三办结"即评议结果为基本满意的,要及时办结并做好整理归档工作;评议结果为不满意的,可经有关程序提请复办后办结,确保协商"说了不白说"。

(四)工作成效[①]

1. 找到了基层大众协商"金钥匙",推动基层协商民主广泛多层制度化发展

统战性"1+X+4"基层协商模式,直接"复制"中国共产党领导的多党合作和政治协商运行模式,坚持以乡镇(街道)为基层协商的中枢,通过建立乡镇(街道)民主协商会,并探索延伸至村(社区)、企事业单位的多层次、多样化的乡镇(街道)民主协商会支渠道,或将乡镇(街道)民主协商会直接复制推广到村(社区)、企事业单位,推行"四个三"协商运行机制,精准解决了协商民主"广泛多层"与"有序高效"不得兼顾的症结,形成了既富有效率又广泛多层制度化的基层协商民主新局面。

2. 激活了基层协商善治"细胞核",促进基层治理体系和治理能力现代化

统战性"1+X+4"基层协商模式,打通了统一战线"协商、民主、包容、共赢"理念贯穿到基层社会领域的通道,顺应了广大民众的民主愿望,为更广泛的基层群众有序表达利益诉求、协调平衡关系、解决意见争议提供了多层次制度平台,最大限度地扩大了公众的知情权、参与权、表达权和监督权,促进了党委政府在决策上由封闭式向开放式转变,在治理模式上由堵向疏转变、在民主政治上由为民做主向让民作主转变,推动形成了党委领导、政府运行、社会联动、群众协商的多元共治模式,达到了基层群众"民事、民议、民决、民办"的自觉自愿效果,促进了社会包容共生、和谐共处。以前常对政府工作冷嘲热讽的临海市白水洋镇议事员李昌枝深有感触地说:"以前干部总指令我们干这干那,不舒坦;现在能跟我们商量,气顺了,对台戏少了、干群合力干事就多了。"

3. 画大了基层统一战线"同心圆",巩固党的阶级基础和群众基础

统战性"1+X+4"基层协商模式,特别是建立的乡镇(街道)民主协商会,相当于在乡镇

[①] 摘自《浙江在线》,网址:http://cs.zjol.com.cn/system/2017/08/27/021583041.shtml

(街道)建立了类似政协的最广泛乡镇级爱国统一战线组织,有效地替补政治协商、参政议政、民主监督和政治安排在乡镇级的断档,不仅强化了基层统战职能,畅通了基层社会各界人士代表有序政治参与的制度化渠道,增强了基层党的统一战线凝聚力、向心力,而且有利于发现培养更多的基层群众代表,特别是游离于体制外的"能人",并包纳到党的统一战线旗帜下,扩大了党的统一战线团结面,巩固发展了最广泛的爱国统一战线。

(五)结语

新时代,我国在政治与经济体制改革的推动下,社会结构发生了巨大变化,在经济转轨和社会转型的背景下,面对基层民主政治建设的现状,基层协商民主的出现为我国提供了一种新的治理机制,为我国基层民主发展提供了一个新的契机。

"台州经验"使得我国基层协商民主在基层社会中生根发芽并日益壮大,其建设发展能够更好地将依法治国的治国方略落实到基层建设之中,充分发挥党和政府的作用,提升地方自我建设的积极性。"台州经验"的发展说明了基层协商民主要符合中国的国情以及当地的经济、政治和文化现状,从宏观角度来讲,这种因地制宜的基层协商民主为中国基层协商民主提供了具有推广意义的实践模式,推进基层协商民主由理论民主向实效民主转变;从微观角度来讲,符合国情和地方特点的基层协商民主实践形式能够提升基层干部的专业素养,同时增强了基层民众的政治参与意识,扩大了基层民众政治参与途径,进而提升了基层民众的政治参与能力。

(六)思考题

(a)您认为台州的基层协商民主有哪些独特之处?
(b)统战性"1+X+4"基层民主协商模式中,统战部、市委常委以及基层政府扮演了什么样的角色,起到了哪些作用?
(c)您对台州模式有怎样的评价?

二、案例说明

(一)课前准备(略)

(二)适用对象

台州统战性"1+X+4"基层协商民主的实践涉及基层治理、社会治理、协商民主等问题,因此它的适用对象主要是基层政府的管理者,基层治理、社会治理及协商民主领域的学者,以及和社会治理专业相关的研究生和本科生。

(三)教学目标

本案例适用于公共管理、政治学和公共服务与社会管理等课程,希望达到的主要教学目标是:

(a)让学生在充分了解台州统战性"1+X+4"基层协商民主模式的基础上,对基层协商民主在基层治理中所起到的作用有清晰的认知,特别是对案例中协商前、协商中、协商后的机制有准确的判断。

(b)结合统战性"1+X+4"基层协商民主具体实践,引导学生建立起基层社会协商的基本概念,对党政关系、多元协商等形成较为全面的认知。

(四)教学内容及要点分析[①]

"协商民主"一词由美国学者约瑟夫·毕塞特提出并加以释义。此后,伯纳德·曼宁和乔舒亚·科恩在此基础上进一步研究和发展了协商民主理论,使协商民主理论得以不断充实。20世纪80年代末,著名学者哈贝马斯也开始投入到协商民主理论的研究中,促进了协商民主理论的发展。到上世纪末,协商民主理论已经成为政治学者们津津乐道的话题,无论是围绕协商民主理论规范还是依据协商民主实践所开展的研究都取得了丰硕的成果[②]。党的十九大报告指出,"有事好商量,众人的事情由众人商量,是人民民主的真谛",其目标在于构建程序合理、科学完整的协商民主体系,推进国家治理体系和治理能力现代化。协商民主与治理现代化在目标、主体、过程和对象等方面存在理论上的耦合,大力发展协商民主是提高基层治理能力、促进基层治理能力现代化的重要路径和现实选择。

台州是我国经济比较发达的地区,具有良好的经济社会治理基础,其社会治理创新中协商民主的形式丰富多样,体现为城乡社区治理与协商民主、乡镇治理与协商民主、城市治理与协商民主等各个方面,为发展协商民主,实现治理能力现代化提供了有益借鉴[③]。本案例侧重运用基层协商民主理论,对台州统战性"1+X+4"基层协商模式进行深入探讨。

1.统战性"1+X+4"基层协商平台

台州市地处浙江省沿海中部,人口约569万,由椒江、黄岩、路桥3个区组成,辖临海、温

---

① 中国共产党新闻网—构建统战性"1+X+4"协商模式 推进基层协商民主建设. http://theory.people.com.cn/n1/2016/1230/c401815-28990267.html

② DRYZEK J. Theory, Evidence and the Tasks of Deliberation？[M]//ROSENBERG S W. Deliberation,Participation and Democracy:Can the People Govern. New York:Palgrave Macmillan, 2007.

③ 王河江,陈国营,巫丽君. 协商民主:提升治理能力现代化的路径选择——基于浙江社会治理创新的探讨[J]. 山西大学学报(哲学社会科学版),2017,40(5):115-120.

岭、玉环3个县级市和天台、仙居、三门3个县。台州市的经济高度发达,民众的生活水平日益提高,与此同时推动了民众参与社会治理的意识觉醒和民主技能的日渐提升。在国家层面上,作为基层民主制度建设中心的村民自治制度,在地方政府和基层民众共同努力下,台州市委统战部围绕"谁具体抓协商、在哪里协商、与谁协商、协商什么、怎么协商、协商以后怎么办"等问题,积极探索构建了统战性"1+X+4"基层协商平台,不断深化基层协商民主内涵,充分拓展协商民主的发展空间。

2. 统战性"1+X+4"基层协商模式的价值意蕴

(1)强化统战思维,解决好"协商由谁来抓"的问题

统一战线是党的三大法宝之一,是在革命战争年代形成并发展起来的[①]。"党的统战思维"是党在长期统一战线工作实践中逐步形成的,它表现为坚持团结和联合,争取人心、凝聚力量、求同存异、体谅包容,最大限度地壮大革命队伍,通过建立统一战线的形式来团结一切可以团结的力量。

统战性"1+X+4"基层协商模式探索初期,中发[2015]3号文件只强调党的领导,没有明确谁来主抓,导致台州市委面临着基层协商"无牛拉车、原地不动"或"五牛拉车、不知所往"的困境。当时市委统战部门"跳出统战"抓基层协商,运用统一战线的理论理念、价值取向、渠道平台、方式方法、程序规则等来引领和推进基层社会各界人士的协商,以理论和实践成果来取得统战部门主导推进基层协商民主建设的地位,最终形成了基层协商民主和基层统战工作"互融共赢"的新局面。

(2)构建协商渠道,解决好"在哪里协商"的问题

新时代协商民主为我国社会治理模式的转型、化解社会矛盾分歧、维护社会和谐稳定提供了有效的实现形式。但在大多数协商实践中,人们过多倚重民主的技术、民众平等表达的过程,忽略了精英的作用,精英引领的协商民主提高了决策效率[②]。当然,民主不仅仅是目的,更是一种手段,民众希望通过民主的方式保障自身的基本权益,与选举民主相比,协商民主在促进民生问题改善方面效果更明显,它重视在协商中达成共识,并做出最后的决定。那么,这就需要拓宽协商渠道,尽最大可能找到各方利益主体,使最终决定符合民众的最大利益需求。

台州市委统筹提高效率和发扬民主的关系,既注重效率,坚持以代表人士为重点,建立了乡镇(街道)民主协商会,推动精英协商,又兼顾了广泛性,坚持以基层群众为主体,不断探索以乡镇(街道)民主协商会为主渠道的统分结合的多样化多层次民主协商支渠道,形成了以乡镇(街道)民主协商会为主渠道、以代表人士为引领,延伸到村居社区、企事业单位的广泛多层常态化且富有效率的基层协商网络。

(3)落实协商主体,解决好"谁来协商"的问题

我国正处于经济社会快速发展所带来的大转型时期,社会的转型一方面意味着社会结构的分化和利益主体的多元化,形成了多样化、开放性以及充满活力的社会基础,另一方面也意味着如何在一个高度分化和多元化的社会中构建共同的社会秩序和规则体系,这也是当下社

---

① 韩莹莹."和同"思想与党的统战思维论析:基于一致性与多样性关系的视角[J].理论学刊,2018(5):89-95.
② 尹利民,邱观林.民主促民生:精英引领下的基层协商民主治理实践——基于SQ村协商民主实践的案例研究[J].中国行政管理,2018(2):58-64.

会实现有效治理所面临的难题。因为对于一个多元化的社会而言,任何政府包办的单向度治理要么面临"众口难调"导致的成本高昂问题,要么产生"难以服众"的治理合法化危机。

台州市委统战部注重统筹协商主体的代表性与广泛性相统一,参加协商的代表要涵盖基层党组织、机关企事业单位群团、村(社区)群众、民营企业、社会组织、有一定威望的乡贤等"六类"社会群众代表。同时兼顾了民主协商公平性和科学性原则,通过设置"X"非固定成员,视情邀请涉及协商议题的利益相关方代表和相关专家学者、专业技术人员、第三方机构参加。

(4)明确协商内容,解决好"协商什么"的问题

基层民主在基层扎根的一个强大动力来源于民众的民主诉求,民主利益诉求推动着中国协商民主的发展①。台州从"温岭恳谈协商"到"1+X+4"协商民主的转变,协商主体从执政党、政府和公民及其组织扩展到企事业单位、社会组织甚至第三方监督评估机构等,协商力量由原来的国家性力量和社会性力量扩展到市场性力量,总之,协商模式开始了从政府主导转向多元推动的新动向,协商民主正以其特有的内部精神原则及其演化的协商规范调节着多元主体对于同一价值的追求②。

台州市按照协商于民、协商为民的要求,根据基层经济社会发展实际,针对不同渠道、不同层次、不同地域特点,合理确定协商内容,重点把"四公一热"即重大公共决策、公共事务、公共利益、公益事业和民生热点难点问题纳入了基层协商范围。

(5)规范协商程序,解决好"如何协商并保障协商出成果"的问题

程序具有重要的价值,民主制度建设的核心就是程序建设。协商的程序是指进行协商、达成共识过程中所遵循的方式、步骤、时限和顺序。协商的程序实质上就是对协商的基本规范、要求与限制,因而程序是协商民主有效运行的必要条件。台州市委统战部围绕协商前、协商中、协商后三个重要环节,进一步健全了"协商议题的提出和确定、协商活动的准备、协商活动的组织、协商成果的报送、协商意见的处理和反馈、协商成果的跟踪问效"等程序规范,特别是建立健全了协商成果办理和反馈制度,确保协商"说了不白说"。

3. 小结

台州"1+X+4"基层协商模式依托东南沿海发达的经济和开放的思想,敢于发展,勇于创新,逐渐成了我国基层协商民主实践的典型形式。基于对台州基层协商模式的分析,可以更好地为中国协商民主在基层的推广与发展提供有益的借鉴。

(五)教学安排(略)

(六)补充材料

[1] 钱再见.同心与共识:新时代中国特色社会主义参政党思想政治建设研究[J].南京师大学报(社会科学版),2019(6):103-111.

---

① 郎友兴,万莼.基层协商民主的系统构建与有效运行:小古城村"众人的事由众人商量"的经验与扩散[J].探索,2019(4):98-109.
② 王洪树,张明.协商合作:多元政治冲突的民主消融方式探索[J].领导科学,2013(17):4-8.

[2] 刘俊杰.中国共产党领导协商民主的逻辑进程与动力分析[J/OL].理论探讨,2019(6):147-150[2019-12-12].https://doi.org/10.16354/j.cnki.23-1013/d.2019.06.024.

[3] 张锋.乡村振兴背景下农村社区协商治理机制研究[J].上海行政学院学报,2019,20(6):82-90.

[4] 秦攀博.公众参与的多维审思:分化与融合[J].求实,2019(6):15-27,107-108.

[5] 姚茂华,舒晓虎.技术理性与治理逻辑:社区治理技术运用反思及其跨越[J].吉首大学学报(社会科学版),2019,40(6):108-116.

[6] 胡炎平,姜庆志.基于共建共治共享的"1+N"社区协商治理模式研究:以J市F社区为例[J].中国行政管理,2019(10):156-157.

[7] 方雷,孟燕.新中国成立70年来基层协商民主发展的历史逻辑[J].中共中央党校(国家行政学院)学报,2019,23(5):30-38.

[8] 李军鹏.70年协商民主理论发展和制度创新[J].人民论坛,2019(27):34-36.

[9] 罗依平,汤资岚,刘思思.协商民主视角下的地方政府公共政策议程优化研究[J].理论探讨,2019(5):64-69.

[10] 王永香,陆卫明.中国协商民主建设70年的历史成就与基本经验[J].教学与研究,2019(8):15-23.

[11] 黄君录.协商民主的地方治理模式及其内生机制:基于村民自治地方经验的四种模式[J].南京农业大学学报(社会科学版),2019,19(4):69-77,158.

[12] 李德虎.基层协商民主的制度性追求与制度化路径[J].探索,2019(4):76-86.

[13] 董石桃.基层协商民主中公民参与模式的理论模型与实践样态[J].探索,2019(4):64-75.

[14] 李传兵.社会主义协商民主的制度逻辑与路径选择:兼析中西方协商民主的制度差异[J].马克思主义研究,2019(6):120-129.